KB049849

개정판

국제인도법

김영석 저

INTERNATIONAL
HUMANITARIAN LAW

박영사

개정판 머리말

이 책의 초판을 발행한 지 10년이 지났다. 시간의 **빠른** 흐름을 다시 느끼게 된다. 이 책을 개정하는 시점에도 러시아와 우크라이나간의 전쟁이 진행 중이다. 우리나라도 여전히 북한과 휴전상태이며, 북한의 핵무기 개발 시도 등으로 불안정한 평화를 누리고 있다.

국제인도법은 전쟁 등 무력충돌 상황에서도 지켜야 하는 법규범으로서 수천년 전의 고대 전쟁에도 부분적으로 존재하여 왔다. 기독교 성경의 「신명기」는 여성과 어린이의 살해를 금지하는 성문 전쟁 법규 중 가장 오래된 법규를 포함하고 있다. 고대 인도의 「마누 법전」이나 고대 중국의 관습도 인도주의적인 정신을 나타냄으로써 국제인도법의 초기 모습을 보이고 있다. 그러나 19세기에 스위스 제네바의 앙리 뒤낭(Henri Dunant)이 「솔페리노의 추억」을 1862년 저술하여 인류의 양심에 크게 호소하고, 국제적십자위원회(ICRC)가 설립되며, 1864년 최초의 제네바협약이 채택되면서 국제인도법이 본격적으로 발전하여 왔다. 곧 이어서 각국의 적십자사들이 설립되었고, 우리나라도 1903년 제네바협약에 가입하여 1905년에 대한적십자사가 설립되었다.

이 책은 국제인도법의 주요 원칙들을 간결하고 쉽게 설명하려고 하였다. 이 책의 초판에서 의도한 다른 목표들도 이 책에 그대로 적용이 된다. 개정판은 초판을 부분적으로 수정하면서 특히 중립법규에 관한 내용을 제9장으로 추가하였다. 1945년 설립된 국제연합(UN)은 UN 회원국 간의 무력사용을 원칙적으로 금지함으로써, UN의 창설자들은 UN 설립 이후의 세계에서는 전쟁이 사라지고, 전쟁을 전제로 한 중립제도와 중립법규도 사라지게 될 것이라는 희망을 가지고 있었다. 그러나 오늘날에도 전쟁 등 무력충돌이 세계에서 벌어지고 있는 현실에서 중립법규는 여전히 그 적용 가능성이 상존한다고 할 수 있다.

이 개정판을 준비하며 국제적십자위원회(ICRC)와 대한적십자사 인도법연구소가 주신 도움에 감사를 드린다. 저자가 근무하는 이화여자대학교 법학전문대학원의 정현미 원장님, 강동범 전 원장님, 최희경 교무부원장님을 비롯한 여러 교수님들께 감사를 드린다.

저자의 박사논문 지도교수이신 일리노이대 법대의 프란시스 보일(Francis Boyle) 교수님과 신각수 전 주일대사님, 김영원 전 주네덜란드 대사님, 백진현 국제해양법재판소 재판관님께 감사를 드린다.

이 개정판을 훌륭하게 출판해주신 박영사의 안종만 회장님과 이영조 부장님, 이승현 차장님, 이후근 과장님 등 박영사의 관계자들께 감사를 드린다.

이 책을 쓸 수 있도록 저자에게 생명을 주시고 은혜를 주신 하나님의 자비하심에 감사드리면서, 국제인도법의 근본정신이 전쟁 중에도 자비를 베풀라는 가르침에 있음을 기억하며, 다음 성경 구절을 인용하며 이 글을 마치고자 한다.

"너희 아버지가 자비로우심 같이 너희도 자비로운 자가 되라."

(누가복음 6장 36절)

2022년 8월 11일
서울에서

저 자

머 리 말

　오늘날의 세계에는 크고 작은 전쟁과 무력충돌이 진행 중이다. 우리나라도 법적으로는 아직도 북한과 휴전상태라고 보는 학자들이 많이 있다. 국제인도법은 전쟁과 무력충돌이라는 극단적인 상황에서도 최소한 인간으로서 지켜야 하는 법규범이라고 할 수 있다.

　이 책은 이러한 국제인도법의 주요 원칙들을 간결하고 쉽게 설명하려고 집필하였다. 즉, 저자는 이 책이 무력충돌에 직접 참가하는 군장병과 군대에서 지휘관이 국제인도법을 준수할 수 있도록 보좌하는 군법무관, 국가적 차원에서 국제인도법의 준수를 확보하여야 할 외교통상부, 법무부, 국방부 등 국가의 정책당국자들이 국제인도법을 쉽게 이해하고 적용할 수 있는 지침서로서의 역할을 하기를 기대한다.

　또한, 이 책은 저자가 이화여대 법학전문대학원과 법과대학, 대한적십자사의 인도법 교육과정 등에서 국제인도법을 강의하기 위한 교재로서 활용하려는 목적도 가지고 있다. 이 책에서 나타날 수 있는 잘못에 대한 책임은 저자에게 있으며 여러분들의 지적과 충고를 기다린다.

　이 책을 쓰면서 감사를 드려야 할 많은 분들이 있다. 저자의 일리노이 대학교 법학박사학위(JSD) 논문 지도교수이었던 프란시스 앤서니 보일(Francis Anthony Boyle) 교수께 감사한다.

　국제적십자위원회(ICRC)는 이 책의 출판을 환영하면서, 출판비의 일부를 지원하여 주었는데 이 점을 깊이 감사하고, 대한적십자사의 인도법연구소에도 감사드린다.

　또한 지금은 고인이 되셨지만 우리나라의 대표적인 국제법 교과서인 "국제법 강의"를 집필하셨던 이한기 교수님, 서울대학교에서 저자에게 국제법을 가르쳐 주셨던 배재식 교수님, 백충현 교수님께 감사드린다. 이 분들의 가르침이 없었다면 저자가 이 책을 쓰는 것은 불가능하였다고 생각한다. 아울러, 서울대학교의 이상면 교수님, 정인섭 교수님, 이근관 교수님과 송상현 국제형사재판소 소장님, 권오곤 구 유고재판소 부소장님, 신각수 주일대사님, 김영원 전 주네덜란드 대사님, 한양대학교의 최태현 교수님께 감사드린다.

저자가 근무하는 이화여대 법학전문대학원의 송덕수 원장님, 강동범 부원장님을 비롯한 여러 교수님들이 저자에게 베풀어 주신 후의와 지도에 대해 이 기회를 통해 감사를 드린다.

다음으로 이 책을 만들기 위해 수고해 주신 박영사의 안종만 회장님, 조성호 부장님, 이강용 편집위원님, 저자의 집필을 도와준 이화여대 대학원에서 수학 중인 이시온, 김은미, 채수지 조교에게 깊은 사의를 표한다.

언제나 저자를 이해해 주고 지원해 주신 부모님, 사랑하는 아내 김세영 교수와 소중한 자녀들, 현정, 태윤, 은택에게 감사한다.

끝으로, 국제인도법의 의미를 생각하게 하는 다음 구절을 인용하면서 이 글을 마치고자 한다.

"긍휼히 여기는 자는 복이 있나니 그들이 긍휼히 여김을 받을 것임이요"(마태복음 5:7).

2012년 6월 26일
미국 일리노이 대학 방문교수 연구실에서

저 자

차   례

제4장 | 부상자와 병자, 난선자

제5장 | 민간인의 보호

제6장 | 점　　령

제7장 | 해전법규

제8장 | 국제인도법 위반에 대한 제재

제9장 ┃ 중   립

제1장

국제인도법의
기본 규칙과 원칙

제1절 서 론

1. 국제인도법의 의의와 목적

(1) 의 의

국제인도법(International Humanitarian Law, IHL)은 국제법의 한 분야로서 전쟁과 무력충돌상황을 규율하는 법이라고 할 수 있다. 국제인도법은 무력충돌시에 군인, 민간인, 상병자 등 개인의 대우를 규율하기 위한 국제법규범을 의미한다.[1] 1994년 채택된 해상무력분쟁에 적용될 국제법에 관한 산레모 매뉴얼[2]은 '국제인도법'은 분쟁당사국이 선택하는 전투수단 및 방법을 사용할 권리를 제한하거나 분쟁에 의해서 영향을 받거나 받을 수 있는 국가, 사람 및 물자를 보호하는 조약 또는 관습에 의해서 확립된 국제규칙을 말한다."고 정의하고 있다.[3]

국제인도법은 비교적 최근에 성립된 용어로서 전쟁법(The Law of War)과 유사한데, 전쟁법은 전투수행 중에 적용되는 규범이라는 점을 강조하는 용어인 반면 국제인도법은 전쟁과정에서 고려하여야 할 인도적 의무를 강조하는 이름이라고 할 수 있다. 전쟁법은 교전법규(Law of Warfare, 전쟁당사국 상호간에 적용되는 법규)와 중립법규(Law of Neutrality, 전쟁당사국과 중립국간에 적용되는 법규)를 포함하는 개념으로서 전쟁법에는 인도적 성질을 가진 규범도 있고 인도적 성질과 관련이 적은 규범(중립법규)도 있다.[4] 그러나 국제인도법은 전쟁법 중에서 인도적 성격을 지닌 규범과 엄밀한 의미에서 전쟁법으로 보기 어렵지만 인도적 성격을 지닌 규범(자연환경의 보호 등)을 모두 포함한다. 따라서 전쟁법과 국제인도법이 완전히 일치하지는 않으나 양자는 상당히 중첩되는 범위를 가지고 있다.

다만, 이 책에서는 논의의 편의상 국제인도법을 전쟁의 피해를 최소화하기

---

1) Dieter Fleck, *The Handbook of International Humanitarian Law 11*(2nd ed. 2008).
2) San Remo Manual on International Law Applicable to Armed Conflicts at Sea(이하 '산레모 매뉴얼'이라고 함): 산레모 매뉴얼은 조약은 아니나 국제인도법 전문가들이 오랜 기간 연구하여 1994년 이탈리아 산레모에서 채택한 것으로서 해전에 관한 국제관습법을 확인하고 있는 문서라고 평가받고 있다.
3) 산레모 매뉴얼 제13항(a). 이 조항의 국문번역은 이민효, 해상무력분쟁법(2010, 한국학술정보)에 수록된 번역문을 참조하였다.
4) 이용호, 전쟁과 평화의 법, pp. 78-79(2001).

위하여, 무력충돌시에 적용되는 인도적인 성질의 모든 국제법 규범을 의미하는 용어로서 사용하고자 한다. 이 용어에는 교전법규, 중립법규 등 전쟁법과, 전쟁법은 아니지만 인도적 성격의 규범을 모두 포함하는 규범이 포함된다. 또한 무력충돌 이전에 평시에 국제인도법을 준수하기 위한 여러 규범도 포괄하며, 전쟁개시에 관한 법(Jus ad bellum)도 필요한 범위에서 서술하고자 한다. 즉, 이 책은 엄밀한 의미에서 국제인도법에 해당되지 않는다고 하더라도 무력충돌에 적용되거나 관련되는 광범위한 내용의 국제법규칙도 다루려고 한다.

(2) 목 적

전쟁은 인류의 역사와 함께 계속 존재하여 왔다. 제2차 세계대전이 끝나고 UN이 UN회원국간의 모든 무력사용을 원칙적으로 금지하여 전쟁을 방지하고자 하였으나, 전쟁은 계속 발생하였고 1945년 이후 현재까지 180건이 넘는 전쟁이 발생하였다.[5] 그리고, 이 전쟁으로 인한 피해자의 대부분이 민간인이었다.

국제인도법은 전쟁의 피해를 축소시키려는 목적을 가지고 있다. 이 목적을 위해 국제인도법은 1) 전투원(combatant)과 비전투원(noncombatant) 모두를 불필요한 고통으로부터 보호하고, 2) 전쟁포로, 상병자, 민간인 등 적의 수중에 들어간 사람들의 기본적인 인권을 보장하며, 3) 평화의 회복을 촉진하는 역할을 한다.

즉, 국제인도법은 무력충돌이 야기하는 고통을 감소시키기 위하여 필요한 법이며, 상병자, 포로, 민간인 등 방어수단이 없는 전쟁희생자들을 보호하고 전투행위와 수단을 규제함으로써 그 기능을 수행한다고 할 수 있다.

(3) 상호주의(reciprocity)의 배제

국제적십자위원회(ICRC)의 제네바협약에 대한 해설서에 의하면, 국제인도법은 상호주의를 기반으로 하는 조약상의 의무가 아니라, 다른 국제인도법조약의 당사국들에 의해 대표되는 세계에 대한 특정 조약 당사국의 일방적인 의무라고 설명된다.[6] 따라서 한 교전당사자가 국제인도법을 위반하였다는 것이, 상대방 교전당사자가 국제인도법을 위반하는 것을 정당화할 수 없다. 다만, 복구(reprisal)의 경우에는 예외적으로 상대방의 국제법인도법 위반에 대해 비례하는 정도의 국제인도

---

5) Michel Deyra, *Le Droit dans la Guerre*, p. 17(2009).

6) Jean Pictet, *Commentary*, Vol. IV, p. 15.

법 위반행위를 할 수 있다.

또한 20세기 이후의 국제인도법조약에는 무력충돌의 모든 당사국이 그 조약의
당사국이어야만 조약이 적용될 수 있다는 "총가입조항"(general participation clause)이
포함되어 있지 않다. 따라서 무력충돌시 일부 교전당사국이 특정 인도법조약의
당사국이 아니더라도 조약의 당사국간에는 인도법조약이 적용될 수 있다.

(4) 국제인권법(International Human Rights Law)과 국제인도법(International Humanitarian Law)

국제인권법과 국제인도법은 개인의 보호를 위한 법규범이라는 공통점을 갖는
다. 그러나 양자는 다음과 같은 중요한 차이점이 있다. 1) 국제인권법은 평화시와
무력충돌시에 모두 적용되는 규범이지만, 국제인도법은 기본적으로 무력충돌시에
적용되는 규범이다. 2) 국제인권법이 무력충돌시에 적용되지만, 국제인권법은 무
력충돌이나 비상상황시에 그 적용이 면제(derogation)될 수 있다. 그러나 국제인도
법은 무력충돌시에도 지켜져야 하는 규범으로서 비상상황임을 이유로 그 적용이
면제될 수 없는 것이 원칙이다.

만일 무력충돌시에 국제인권법과 국제인도법이 같이 적용되는 경우에는 어떠
한 법이 우선하는가? 이에 대한 답은 국제인도법이 특별법(Lex Specialis)으로서 우
선 적용되어야 한다는 것이다. 국제사법재판소는 핵무기에 관한 권고적 의견에서
국제인권규약의 생명권 조항이 무력충돌시에 적용되는 경우에는 국제인도법의
관련 규범을 우선적으로 적용한 다음 적용하여야 한다고 판시하였다.[7]

(5) 헤이그법과 제네바법

"헤이그법"(Hague Law)은 군인의 관점에서 작성된 무력충돌법을 의미한다. 헤
이그법은 무력충돌시 군대의 권리와 의무를 규정하고 있다. 이 헤이그법의 출발은
미국 남북전쟁(1861~1865) 당시에 북군의 훈령으로서 작성된 1863년의 리버법전
(Lieber Code)라고 한다.[8] 이 법전은 총 157개의 조문으로 작성되었으며, 무장한 적
만을 공격할 것, 비무장한 민간인과 그 재산을 존중할 것, 포로와 상병자는 인도
적으로 대우할 것, 포로교환, 휴전과 정전의 절차 등을 규정하고 있다. 특히 이 법

---

7) *ICJ Reports 1996*, p. 226, para. 25.
8) Dieter Fleck, *supra note 1*, p. 21.

전은 미국의 내전상황에 적용되는 것으로서 그 의미가 크다고 할 수 있다. 이 리버법전이 1874년의 브뤼셀선언에 영향을 주었고, 이 브뤼셀선언을 발전시킨 것이 1899년과 1907년의 헤이그만국평화회의에서 채택된 많은 규칙들이다. 이 중 가장 중요한 것은 1907년 육전에서의 법과 관습에 관한 협약(헤이그 제4협약) 그 부속규칙(헤이그규칙)이다.

"제네바법"(Geneva Law)은 상병자, 조난자, 포로, 민간인 등 무력충돌의 "피해자"의 관점에서 작성된 법을 의미한다. 제네바법은 무력충돌시에 군대의 권리와 의무를 규정하는 것이 아니라 이러한 피해자를 보호하기 위한 기본적인 의무를 규정하고 있다. 제네바법의 시작은 1864년 전지의 부상자 상태개선에 관한 제네바협약이라고 할 수 있다. 이 협약은 1906년의 제네바협약에 의해 보완되었고, 1864년과 1906년의 제네바협약들은 1949년 제네바 제1협약과 제2협약에 의해 대체되었다.

그러나 오늘날 헤이그법과 제네바법의 구별은 명확하게 이루어지지 않는 부분이 많아졌고, 1977년의 제1추가의정서는 헤이그법과 제네바법의 두 가지 측면을 모두 규정하고 있다.

2. 무력사용(전쟁)과 국제법

무력사용과 관련한 국제법은 크게 두 가지로 분류할 수 있다. 첫째는 "전쟁개시권에 관한 법"(Jus ad Bellum)이다. 이 법은 어떠한 경우에 전쟁을 시작하는 것이 정당한지에 관한 법으로 정전(just war)이론과 관련이 있다. 오늘날 UN헌장 제2조 4항이 무력사용을 원칙적으로 금지한 후, 예외적으로 UN헌장 제51조의 자위권(self-defence)의 행사로 인한 전쟁과 UN헌장 제42조에 의한 UN안전보장이사회의 무력사용승인이 있는 경우의 전쟁을 합법적인 전쟁으로 허용하고 있는 것이 전쟁개시권에 관한 법으로 볼 수 있다. 이러한 법은 세계평화를 주로 추구하는 국제법이라고 할 수 있다.

둘째로, 무력사용과 관련한 국제법으로서 "전쟁과정 중의 법"(Jus in Bello)으로 분류되는 법이 있다. 이 법은 정당하고 합법적인 전쟁인지 여부를 떠나서 일단 전쟁이 발생하면, 그 전쟁과정 중에서 준수하여야 하는 국제법이다. 즉, 이 법은 전투행위를 규율하는 국제법이라고 할 수 있고, 전투과정 중에도 인도적 고려 (Humanitarian Consideration)를 하도록 하는 것이 주요 목적이다. 이 책에서 다루는 국제인도법은 바로 전쟁과정 중의 법이라고 할 수 있다. 1949년 4개 제네바협약, 1977년 2개의 추가의정서 등이 이러한 법에 해당된다.

3. 국제인도법의 법원(Sources)과 기본적 규칙

국제인도법은 조약(treaty) 또는 협약(convention)과 국제관습법(Custom, Customary International Law)이 주요 법원이다. 조약은 국가간의 명시적인 합의로써 국제법을 구성한다. 그러나 조약은 조약의 당사국에게만 적용되는 것이 원칙이다. 국제관습법은 국가 또는 국제기구 등의 관행(practice)과 법적 확신(opinion juris)이 결합하여 성립된 국제법으로서 문서의 형태로 작성되지 않은 국제법이다. 국제관습법은 일반적으로 승인된 국제법규로서 조약과 달리 모든 국가에게 적용되는 것이 원칙이다.

(1) 조 약

국제인도법의 법원이 되는 주요 조약으로는 다음과 같은 조약을 들 수 있다.

1) 1864년 전지의 부상자 상태 개선에 관한 제네바협약
2) 1868년 상트페테르부르크 선언: 400그램 이하의 작열탄 및 소이탄 금지
3) 1899년 헤이그선언과 헤이그 육전법규: 덤덤탄(dum dum bullet)과 독무기(poisonous weapon) 등 사용금지
4) 1906년 제네바 상병자 협약
5) 1907년 개전에 관한 협약(헤이그 제3협약)
6) 1907년 육전에서의 법과 관습에 관한 협약(헤이그 제4협약) 그 부속규칙(헤이그규칙)
7) 1907년 육전에서의 중립국 및 중립국인의 권리와 의무에 관한 협약(헤이그 제5협약)
8) 1907년 적대행위개시시 적상선의 지위에 관한 협약(헤이그 제6협약)
9) 1907년 상선의 군함으로의 전환에 관한 협약(헤이그 제7협약)
10) 1907년 자동촉발수뢰의 부설에 관한 협약(헤이그 제8협약): 부유기뢰(free floating mines)금지
11) 1907년 전시 해군의 포격에 관한 협약(헤이그 제9협약)
12) 1907년 10월 18일의 헤이그 제10협약(1906년 제네바협약의 원칙을 해전에 적용하기 위한 협약)

13) 1907년 해전시 포획권의 행사에 대한 특정 제한에 관한 협약(헤이그 제11협약)

14) 1907년 해전시 중립국의 권리와 의무에 관한 협약(헤이그 제13협약)

15) 1925년 제네바의정서: 독가스 및 세균의 사용금지

16) 1929년 포로의 대우에 관한 제네바협약

17) 1929년 전지상병자의 상태개선을 위한 제네바협약

18) 1949년 육전에 있어서의 군대의 부상자 및 병자의 상태개선에 관한 제네바협약(제네바 제1협약)

19) 1949년 해상에 있어서의 군대의 부상자, 병자 및 조난자의 상태개선에 관한 제네바협약(제네바 제2협약)

20) 1949년 포로의 대우에 관한 제네바협약(제네바 제3협약)

21) 1949년 전시에 있어서의 민간인의 보호에 관한 제네바협약(제네바 제4협약)

22) 1954년 무력충돌시 문화재보호에 관한 협약과 1954년 제1의정서 및 1999년 제2의정서

23) 1972년 세균무기 및 독소무기의 개발, 생산 및 비축금지와 폐기에 관한 협약 : 세균무기와 독소무기 금지

24) 1977년 환경변경기술의 군사적 및 기타 적대적 사용금지에 관한 협약(ENMOD 협약)

25) 1977년 제네바 제 협약에 대한 추가 및 국제적 무력충돌의 희생자 보호에 관한 의정서(제1추가의정서)

26) 1977년 제네바 제 협약에 대한 추가 및 비국제적 무력충돌의 희생자 보호에 관한 의정서(제2추가의정서)

27) 1980년 특정재래식무기 사용의 금지 또는 제한에 관한 협약 : 탐지불능 쇄편(碎片), 지뢰와 위장성 무기, 소이성 무기 금지

28) 1989년 용병의 모집, 사용, 재정지원과 훈련의 금지에 관한 협약(용병협약)

29) 1993년 화학무기금지협약 : 화학무기의 개발, 생산, 비축 및 사용의 금지

30) 1995년 실명 레이저무기 금지 의정서: 실명을 유발하는 레이저무기 금지

31) 1997년 대인지뢰금지협약 : 대인지뢰 금지

32) 1998년 국제형사재판소 규정

33) 2003년 폭발성 전쟁잔해(Explosive Remnants of War)에 관한 의정서 : 적대행위 종료 후 폭발성 전쟁잔해를 제거할 것 규정

34) 2005년 추가식별표장 채택에 관한 제3추가의정서

특히 1949년의 제네바 4개 협약은 매우 중요한 국제인도법의 법원이다. 1949년 제네바 제1협약은 협약의 당사국간에는 1864년 8월 22일, 1906년 7월 6일 및 1929년 7월 27일의 제네바 상병자 협약을 대체하는 효과를 가진다.9) 제네바 제2협약은 당사국간에 있어서 1906년 제네바협약의 원칙을 해전에 적용하기 위한 1907년 10월 18일의 제10 헤이그협약을 대체한다.10)

1980년의 특정재래식 무기금지협약(CCW)은 모협정이며 2007년 현재 5개의 의정서를 가지고 있다. 제1의정서는 X선으로 탐지가 불가능한 파편을 사용하는 무기를 금지한다. 제2의정서는 지뢰, 위장폭탄(booby-traps)등을 금지한다. 제3의정서는 소이성 무기의 특정 사용을 금지한다. 제4의정서는 실명을 유발하는 레이저 무기를 금지한다. 제5의정서는 폭발성 전쟁잔해를 제거할 것을 규정한다. 특정재래식 무기금지협약은 제8조에서 추가적인 의정서를 계속 채택할 수 있음을 규정한다. CCW협약의 당사국이 되기 위해서는 적어도 두 개의 의정서를 수락하여야 한다.

(2) 국제관습법(Customary International Law)

국제관습법은 국가의 관행이 법적 확신을 얻어 성립된 것으로서, 국제인도법 중에도 국제관습법으로 인정되는 것이 있다. 국제관습법의 증거는 법원의 판결, 학자들의 저서, 외교서한, 그리고 다른 국가관행에 관한 문서 등에서 찾을 수 있다. 예를 들어 1907년 헤이그 제4협약은 국제관습법으로서 인정되고 있다. 국제관습법인 국제인도법은 일반적으로 승인된 국제법규로서 모든 국가에게 적용된다.

특히 헤이그 제4협약의 서문은 다음과 같이 규정하고 있다.

> 보다 완비된 전쟁법규에 관한 법전이 제정되기에 이르기까지는 체약국은 그들이 채택한 규칙에 포함되지 아니한 경우에도 주민 및 교전자가 문명국간에 존재하는 관행, 인도의 법규와 공공양심의 요구로부터 도출되는 국제법원칙의 보호 및 지배하에 있음을 선언하는 것이 필요하다고 생각한다.

또한 1949년 4개 제네바협약이 공통적으로 제네바협약으로부터의 탈퇴가 "문

---

9) 제네바 제1협약 제59조.
10) 제네바 제2협약 제58조.

명인간 사이에 확립된 관행, 인도적 법칙, 대중적 양심에서 도출되는 국제법의 원칙들로 인하여 충돌당사국이 이행하여야 하는 의무를 저해하여서는 안 된다."고 규정하고 있다.11)

이러한 조항을 소위 마르텐스 조항(Martens Clause)이라고 한다. 마르텐스(Friedrich von Martens) 교수는 러시아의 니콜라스 2세가 1907년 만국평화회의에 파견하였던 러시아 대표단의 일원이었다.

(3) 우리나라의 헌법상 조약과 국제관습법의 효력

국제인도법의 법원인 조약과 국제관습법은 우리나라 헌법 제6조 1항에 따라 국내법과 같은 효력을 가진다. 즉, 동 조항은 "헌법에 의하여 체결·공포된 조약과 일반적으로 승인된 국제법규는 국내법과 같은 효력을 가진다."고 규정하고 있다. 따라서 국제인도법은 우리나라의 국내법과 같은 효력을 갖기 때문에 우리나라의 군인과 민간인들은 국제인도법을 국내법과 같이 준수하여야 한다.

4. 국제적 무력충돌과 비국제적 무력충돌

(1) 전쟁과 무력충돌

전쟁(war)은 국가간의 무력충돌을 내용으로 하는 법적 상황이라고 정의될 수 있다. 전쟁은 보통 무력사용행위를 수반하지만, 무력사용행위 이전이나 그 이후에도 전쟁상태는 존재할 수 있다. 전쟁의 시작은 과거에는 선전포고(declaration of war)에 의해 개시되는 것이 원칙이었으나, 근래에는 선전포고에 의한 전쟁개시가 잘 이루어지지 않는다. 예를 들어 UN안보리의 승인을 얻어 평화를 강제하는 무력사용이나 무력공격에 대한 자위권의 행사로 인한 무력충돌, 또는 지역기구가 UN안보리의 승인을 얻어 무력을 사용하는 경우에는 선전포고 없이 무력충돌이 개시된다.

한편, 오늘날은 전쟁(war)이라는 용어보다는 무력충돌(armed conflicts)라는 용어를 더 많이 사용한다. 무력충돌은 선전포고 유무에 관계없이 시작되며, 전쟁보다는 보다 넓은 의미로 이해된다.

국제인도법은 선전포고에 의한 전쟁이든 선전포고가 없는 다른 무력충돌이든 모든 경우에 적용된다. 관습국제인도법은 충돌당사자의 어느 일방이 전쟁상태를 부인하여도 적용된다. 또한 관습국제인도법은 그 점령이 무력저항 없이 이루어지

---

11) 제1협약 제63조; 제2협약 제62조; 제3협약 제142조; 제4협약 제158조.

더라도 외국 영토의 무력점령의 경우에 적용된다.

분쟁당사자가 상대방을 국가로 승인하지 않더라도 국제인도법은 적용될 수 있다.12)

전쟁상태(State of War)가 존재할 때, 전쟁에 참여하지 않는 국가와 교전국가와의 관계에는 중립법(law of neutrality)이 적용된다.13) 중립법이 적용되는 상황이 전쟁에만 한정되는가 아니면 어떠한 형태의 국제적 무력충돌에도 중립법이 적용되는가에 대해서는 논란이 있다.14) 그러나 중립법의 적용상황을 전쟁에만 한정하는 것은 오늘날의 현실을 볼 때 지나치게 제한적이라고 생각된다.

(2) 국제적 무력충돌

국제적 무력충돌(International Armed Conflicts, IAC)은 국가와 국가 사이의 전쟁 또는 기타 무력충돌을 의미한다. 그러나 특정 무력충돌이 본래 국가와 국가간의 충돌이 아닌 비국제적 무력충돌이었으나 제3국의 개입이나 UN의 강제조치에 의한 군대의 개입으로 인하여 국제적 무력충돌로 변하는 경우도 있다. 또한, 교전단체의 승인(Recognition of Belligerency)이 있는 경우에 관련된 충돌은 국제적 무력충돌로 인정된다.

민족해방단체와 그 대상이 되는 지배 국가간의 무력충돌도 제1추가의정서 제1조 4항에 의하여 국제적 무력충돌로 간주된다. 이러한 경우, 민족해방단체 등은 제1추가의정서 제96조 3항에 의해 동 추가의정서의 기탁처(스위스정부)에 제네바 4개 협약과 추가의정서를 준수하겠다는 선언을 하여야 한다. 그럴 때, 제네바협약들과 추가의정서가 양측 교전당사자에게 구속력을 갖게 된다. 특정재래식 무기협약 제7조 4항도 유사한 규정을 가지고 있다.

(3) 국제적 무력충돌에 적용되는 국제인도법

국제적 무력충돌에 적용되는 주요한 국제인도법으로는 다음과 같은 것을 들 수 있다.

---

12) 제네바 제1협약 제13조 3항; 제2협약 제13조 3항; 제3협약 제4조 A 3항; 제1추가의정서 제43조 1항.
13) 1907년 헤이그 제3협약 제2조.
14) Dieter Fleck, *supra note 1*, p. 54.

1) 1899년과 1907년의 헤이그협약들

1899년과 1907년에 채택된 헤이그협약들은 국가간의 "전쟁"(war)에 적용되는 것이기 때문에 국제적 무력충돌에 적용된다.

2) 1949년 4개 제네바협약

1949년 제네바협약의 공통 2조(common article 2)는 제네바협약이 원칙적으로 국제적 무력충돌에 적용된다는 점을 다음과 같이 규정하고 있다.

> 본 협약은, 평시에 실시될 규정 외에도, 둘 또는 그 이상의 체약국간에 발생할 수 있는 모든 선언된 전쟁 또는 기타 무력충돌의 모든 경우에 대하여, 당해 체약국의 하나가 전쟁상태를 승인하거나 아니하거나를 불문하고 적용된다.
> 본 협약은, 또한 일 체약국 영토의 일부 또는 전부가 점령된 모든 경우에 대하여, 비록 그러한 점령이 무력 저항을 받지 아니한다 하더라도 적용된다.
> 충돌당사국의 하나가 본 협약의 당사국이 아닌 경우에도, 본 협약의 당사국은, 그들 상호간의 관계에 있어서 본 협약의 구속을 받는다. 또한 체약국은, 본 협약의 체약국이 아닌 충돌당사국이, 본 협약의 규정을 수락하고 또한 적용할 때에는, 그 국가와의 관계에 있어서 본 협약의 구속을 받는다.

따라서 4개 제네바협약의 모든 규정은 국제적 무력충돌에 적용된다. 다만, 제네바협약의 공통3조(common article 3)는 비국제적 무력충돌에 적용된다.

한편, 제1항에서 "본 협약은… 둘 또는 그 이상의 체약국간에 발생할 수 있는 모든 선언된 전쟁 또는 기타 무력충돌의 모든 경우에 대하여, 당해 체약국의 하나가 전쟁상태를 승인하거나 아니하거나를 불문하고 적용된다."고 규정하고 있기 때문에 남북한간의 무력충돌에 제네바협약이 적용될 수 있을 것으로 보인다. 우리나라와 북한은 1950년 한국전쟁 당시에 모두 제네바협약의 당사국이 아니었고, 남북한간의 무력충돌이 본래 비국제적 무력충돌이었으나, 미국과 중국, 북한 등 관련 충돌당사자가 1949년 제네바협약을 적용할 것을 선언한 바 있다.

3) 1977년 제1추가의정서

제1추가의정서 제1조 3항과 4항은 다음과 같이 이 의정서가 국제적 무력충돌에 적용됨을 규정하고 있다.

3. 전쟁희생자 보호를 위한 1949년 8월 12일자 제네바 제 협약을 보완하는 본 의 정서는 이들 협약의 공통조항인 제2조에 규정된 사태에 적용한다.

4. 전항에서 말하는 사태는 유엔헌장 및 "유엔헌장에 따른 국가간 우호관계와 협력에 관한 국제법 원칙의 선언"에 의하여 보장된 민족자결권을 행사하기 위하여 식민통치, 외국의 점령 및 인종차별정권에 대항하여 투쟁하는 무력충돌을 포함한다."

4) 1998년 국제형사재판소(ICC)규정 제8조 2항 가호와 나호

1998년 국제형사재판소규정은 제8조 2항에서 전쟁범죄를 정의하고 있다. 이중 가호와 나호는 국제적 무력충돌시에 적용되는 전쟁범죄규정이다. 이 조항을 부분적으로 인용하면 다음과 같다.

2. 이 규정의 목적상 "전쟁범죄"라 함은 다음을 말한다.

가. 1949년 8월 12일자 제네바협약의 중대한 위반, 즉 관련 제네바협약의 규정하에서 보호되는 사람 또는 재산에 대한 다음의 행위 중 어느 하나

(1) 고의적 살해

(2) 고문 또는 생물학적 실험을 포함한 비인도적인 대우

(3) 고의로 신체 또는 건강에 커다란 괴로움이나 심각한 위해의 야기

(4) 군사적 필요에 의하여 정당화되지 아니하며 불법적이고 무분별하게 수행된 재산의 광범위한 파괴 또는 징수

(5) 포로 또는 다른 보호인물을 적국의 군대에 복무하도록 강요하는 행위

(6) 포로 또는 다른 보호인물로부터 공정한 정식 재판을 받을 권리를 고의적으로 박탈

(7) 불법적인 추방이나 이송 또는 불법적인 감금

(8) 인질행위

나. 확립된 국제법 체제 내에서 국제적 무력충돌에 적용되는 법과 관습에 대한 기타 중대한 위반, 즉 다음 행위 중 어느 하나…

즉, 가호는 제네바 4개 협약의 중대한 위반을 전쟁범죄로서 규정하고 있으며, 나호는 제1추가의정서와 1907년 헤이그 제4협약 등의 위반을 주로 전쟁범죄로서 규정하고 있다.[15] 따라서 이 조항들은 국제적 무력충돌에 적용되는 조항들이다.

(4) 비국제적 무력충돌에 적용되는 국제인도법

비국제적 무력충돌은 국가와 국가의 무력충돌이 아닌, 한 국가의 중앙정부와 반군간의 무력충돌 또는 무장단체간의 무력충돌을 의미한다. 그러나 비국제적 무력충돌이 교전단체의 승인을 얻으면, 국제적 무력충돌에 적용되는 관습국제인도법과 위에서 언급한 조약상의 규정들이 적용되게 된다. 그러나 교전단체의 승인이 없거나 무력충돌의 성격이 계속하여 비국제적 무력충돌로 남아 있는 경우에는 비국제적 무력충돌에 적용되는 국제인도법의 규율을 받게 된다. 비국제적 무력충돌에 적용되는 국제인도법으로는 다음과 같은 것을 들 수 있다.

1) 1949년 제네바협약의 공통된 3조

4개 제네바협약의 공통3조는 다음과 같이 규정하고 있어, 비국제적 무력충돌에 적용되는 규범이다.

제 3 조 일 체약국의 영토 내에서 발생하는 국제적 성격을 띠지 아니한 무력충돌의 경우에 있어서, 당해 충돌의 각 당사자는 적어도 다음 규정의 적용을 받아야 한다.

1. 무기를 버린 전투원 및 질병, 부상, 억류, 기타의 사유로 전투력을 상실한 자를 포함하여 적대행위에 능동적으로 참가하지 아니하는 자는, 모든 경우에 있어서 인종, 피부색, 종교 또는 신앙, 성별, 문벌이나 빈부 또는 기타의 유사한 기준에 근거한 불리한 차별 없이 인도적으로 대우하여야 한다.

   이 목적을 위하여 상기의 자에 대한 다음의 행위는 때와 장소를 불문하고 이를 금지한다.

   가. 생명 및 신체에 대한 폭행, 특히 모든 종류의 살인, 상해, 학대 및 고문
   나. 인질로 잡는 일
   다. 인간의 존엄성에 대한 침해, 특히 모욕적이고 치욕적인 대우
   라. 문명국인이 불가결하다고 인정하는 모든 법적 보장을 부여하고 정상적으로 구성된 법원의 사전 재판에 의하지 아니하는 판결의 언도 및 형의 집행

2. 부상자 및 병자는 수용하여 간호하여야 한다. 국제적십자위원회와 같은 공정한 인도적 단체는 그 용역을 충돌당사자에 제공할 수 있다.

   충돌당사자는, 특별 협정에 의하여 본 협약의 다른 규정의 전부 또는 일부를 실시하도록 더욱 노력하여야 한다.

---

15) 김영석, 국제형사재판소법강의, pp. 69-71(2014).

전기의 규정의 적용은 충돌당사자의 법적 지위에 영향을 미치지 아니한다.

2) 1977년 제2추가의정서

제2추가의정서의 제1조는 이 의정서의 적용범위를 다음과 같이 규정하여, 이 의정서가 비국제적 무력충돌에 적용됨을 명확히 하고 있다.

제1조 적용의 물적 범위

1. 1949년 8월 12일자 제네바 제 협약의 공통규정인 제3조를 현재의 적용조건을 변경시키지 않고 보완, 발전시킨 본 의정서는 국제적 분쟁의 희생자의 보호에 관한 1948년 8월 12일자 제네바 제 협약에 대한 추가의정서(제1의정서) 제1조 의 적용을 받지 아니하는 것으로서 체약당사국의 영토 내에서 동 체약당사국의 군대 및 책임 있는 지휘하에 있으며 지속적이고 일치된 군사작전을 수행하고 본 의정서를 이행할 수 있을 정도로 그 영토의 일부분을 통제하고 있는 반란군 대 또는 다른 조직된 무장집단 사이에 발생하는 모든 무력충돌에 적용된다.

2. 본 의정서는 무력충돌이 아닌 폭동, 고립되고 산발적인 폭력행위 및 기타 유사 한 성질의 행위와 같은 내부혼란 및 긴장의 상황에는 적용되지 아니한다.

3) 국제형사재판소규정 제8조 2항 다호와 마호

국제형사재판소규정 제8조 2항 다호와 마호는 비국제적 무력충돌에 적용되는 규범이다. 동항 다호에서 바호까지는 다음과 같이 규정한다.

다. 비국제적 성격의 무력충돌의 경우 1949년 8월 12일자 제네바 4개 협약 공통 제3 조의 중대한 위반, 즉 무기를 버린 군대 구성원과 질병·부상·억류 또는 기타 사 유로 전투능력을 상실한 자를 포함하여 적대행위에 적극적으로 가담하지 않은 자에 대하여 범하여진 다음의 행위 중 어느 하나
  (1) 생명 및 신체에 대한 폭행, 특히 모든 종류의 살인, 신체절단, 잔혹한 대우 및 고문
  (2) 인간의 존엄성에 대한 유린행위, 특히 모욕적이고 품위를 손상키는 대우
  (3) 인질행위
  (4) 일반적으로 불가결하다고 인정되는 모든 사법적 보장을 부여하는 정규로 구 성된 법원의 판결 없는 형의 선고 및 형의 집행

라. 제2항 다호는 비국제적 성격의 무력충돌에 적용되며, 따라서 폭동이나 국지적이

고 산발적인 폭력행위 또는 이와 유사한 성격의 다른 행위와 같은 국내적 소요나 긴장사태에는 적용되지 아니한다.

마. 확립된 국제법 체제 내에서 비국제적 성격의 무력충돌에 적용되는 법과 관습에 대한 여타의 중대한 위반으로 다음의 행위 중 어느 하나

(1) 민간인 주민 자체 또는 적대행위에 직접 참여하지 않는 민간인 개인에 대한 고의적 공격

(2) 국제법에 따라 제네바협약의 식별표장을 사용하는 건물, 장비, 의무부대와 그 수송수단 및 요원에 대한 고의적 공격

(3) 국제연합헌장에 따른 인도적 원조나 평화유지임무와 관련된 요원, 시설, 자재, 부대 또는 차량이 무력충돌에 관한 국제법에 따라 민간인 또는 민간 대상물에 대하여 부여되는 보호를 받을 자격이 있는 한도에서 그들에 대한 고의적 공격

(4) 군사목표물이 아닌 것을 조건으로 종교·교육·예술·과학 또는 자선목적의 건물, 역사적 기념물, 병원, 병자와 부상자를 수용하는 장소에 대한 고의적 공격

(5) 습격에 의하여 점령되었을 때라도 도시 또는 지역의 약탈

(6) 강간, 성적 노예화, 강제매춘, 제7조 제2항 바호에서 정의된 강제임신, 강제불임 또는 제네바 4개 협약 공통 제3조의 중대한 위반에 해당하는 여하한 다른 형태의 성폭력

(7) 15세 미만의 아동을 군대 또는 무장집단에 징집 또는 모병하거나 그들을 적대행위에 적극적으로 참여하도록 이용하는 행위

(8) 관련 민간인의 안전이나 긴요한 군사적 이유상 요구되지 않음에도 불구하고, 충돌과 관련된 이유로 민간인 주민의 퇴거를 명령하는 행위

(9) 상대방 전투원을 배신적으로 살해하거나 부상시키는 행위

(10) 항복한 적에 대하여 구명을 허락하지 않겠다는 선언

(11) 충돌의 타방당사자의 지배하에 있는 자를 당해인의 의학적·치과적 또는 병원적 치료로서 정당화되지 아니하며 그의 이익을 위하여 수행되지도 않는 것으로서, 당해인의 사망을 초래하거나 건강을 심각하게 위태롭게 하는 신체의 절단이나 또는 여하한 종류의 의학적 또는 과학적 실험을 받게 하는 행위

(12) 충돌의 필요에 의하여 반드시 요구되지 않는 적의 재산의 파괴 또는 몰수

바. 제2항 마호는 비국제적 성격의 무력충돌에 적용되며, 따라서 폭동이나 국지적이고 산발적인 폭력행위 또는 이와 유사한 성격의 다른 행위와 같은 국내적 소요

나 긴장사태에는 적용되지 아니한다. 제2항 마호는 정부당국과 조직화된 무장집단간 또는 무장집단들간에 장기적인 무력충돌이 존재할 때, 그 국가의 영역에서 발생하는 무력충돌에 적용된다.

국제형사재판소 규정 제8조 2항 다호는 제네바협약의 공통3조의 중대한 위반을 전쟁범죄로서 규정하고 있고, 동항 마호는 주로 제2추가의정서의 위반행위를 전쟁범죄로 규정하고 있다.

5. 선전포고가 없는 경우의 전쟁법의 적용

관습전쟁법이 선전포고 후에 시작된 전쟁뿐만 아니라 다른 국제적 무력충돌과 적국 영토의 강제점령의 경우에도 적용되기 때문에, 선전포고는 전쟁법을 적용하기 위한 필수조건이 아니다. 또한 "전쟁"이라고 헤이그조약 등이 규정하고 있더라도, 이 조약들은 선전포고 없는 전쟁에도 적용된다.

6. 전쟁영역(Area of War)

충돌당사국이 군사작전을 할 수 있는 영역은 1) 충돌당사국들의 영역, 2) 공해와 그 상공 및 하층토, 3) 배타적 경제수역(EEZ)를 포함한다. 다만, 중립국의 배타적 경제수역에서는 중립국의 권리를 존중하여야 한다. 충돌당사국의 군사작전은 이 전쟁영역 이외에서는 수행될 수 없다. 충돌당사국의 영역은 육지영토, 하천과 호수, 내수와 영해 그리고 영공을 포함한다.

그러나 일부 지역은 충돌당사국의 영역이라고 하더라도 전쟁영역이 될 수 없는 지역이 있다. 예를 들면 비무장지대(제1추가의정서 제60조), 병원과 안전지대(제네바 제1협약 제23조, 제4협약 제14조), 중립화지대(제4협약 제15조)는 전쟁영역이 아니다. 무방비지역(non-defended localities, 헤이그규칙 제25조, 제1추가의정서 제59조)은 전쟁영역이기는 하나 특별한 보호를 향유한다.

7. 전쟁법 적용의 종료

전쟁법은 원칙적으로 1) 평화조약 등에 의한 전쟁의 종료, 또는 2) 무력충돌의 한 당사자가 일방적인 무력충돌 종료선언을 하고, 다른 당사자가 적대행위를 중단하거나 또는 그 종료선언을 부인하지 않는 경우, 또는 3) 위의 1)이나 2)의 경우 이전에 적국과 그 동맹국을 완전히 정복한 경우, 또는 4) 적대행위를 단순히 중단시킴으로써 전쟁이나 무력충돌을 종료시킨 경우에 더 이상 적용되지 않는다.

그러나 1949년 제네바협약의 일부 조항은 적대행위가 종료되더라도 군사점령이 계속되는 동안에는 계속 적용된다.[16] 또한, 전시민간인보호에 관한 제네바협약(제4협약)이 더 이상 적용되지 않는 경우에도 피점령지 주민의 신체와 재산의 보호를 위하여 적용되는 관습전쟁법과 헤이그규칙은 군사점령이 끝날 때까지 적용된다.

8. 1949년 4개 제네바협약의 보급(Dissemination)

1) 제1협약과 제2협약의 보급

제1협약 제47조와 제2협약 제48조는 동일하게 다음과 같이 규정하여, 협약 당사국에게 이 협약들을 자국 내에서 가능한 한 광범위하게 보급시킬 의무를 부과하고 있다.

> 체약국은 전시·평시를 막론하고 본 협약 전문을 가급적 광범위하게 자국 내에 보급시킬 것이며 특히 군교육계획, 가능하면 민간교육계획에도 본 협약에 관한 학습을 포함시킴으로써 본 협약의 원칙을 전 국민, 특히 군인, 의무요원 및 종교요원에게 습득시킬 것을 약속한다.

2) 포로의 대우에 관한 협약(제3협약)

제3협약 제127조도 체약국은 전시, 평시를 막론하고 본 협약 전문을 가급적 광범위하게 자국 내에 보급시킬 것이며, 특히 군교육계획, 가능하면 민간교육계획에도 본 협약에 관한 학습을 포함시킴으로써 본 협약의 원칙을 전 군대와 국민에게 습득시킬 것을 약속한다. 전시에 있어서 포로에 대하여 책임을 지는 군 당국과 기타의 당국은 본 협약의 본문을 소지하고 또한 본 협약의 규정에 대하여 특별한 교육을 받아야 한다고 규정하고 있다.

3) 민간인보호협약(제4협약)

제4협약 제144조는 체약국은 전·평시를 막론하고 본 협약의 전문을 가급적

---

16) 예를 들어, 제네바 제4협약 제6조 참조.

광범위하게 자국 내에 보급시킬 것이며, 특히 군교육계획, 가능하면 민간교육계획에도 본 협약에 관한 학습을 포함시킴으로서 본 협약의 원칙을 전 군대와 국민에게 습득시킬 것을 약정한다. 전시에 있어서 피보호자에 대하여 책임을 지는 민간당국, 군 당국, 경찰당국 및 기타 당국은 본 협약의 본문을 소지하고 또한 본 협약의 규정에 대하여 특별한 교육을 받아야 한다고 규정하고 있다.

제2절　이익보호국

1. 의　　의

이익보호국(protecting powers)은 교전국(belligerent)의 이익을 보호하기 위해 지정된 국가로서 4개 제네바협약은 이익보호국에 관한 규정을 가지고 있다.[17] 이익보호국 제도는 오래전부터 존재하였으나, 조약상 규정된 것은 1929년 전쟁포로의 대우에 관한 제네바협약 제86조가 처음이다.

충돌당사국은 충돌이 시작될 때 그들의 이익을 확보하기 위하여 이익보호국을 지정하여야 한다.[18] 충돌당사국들은 상대방 국가가 이익보호국을 지정한 경우에는 그 국가가 활동을 지체 없이 허가하여야 한다. 국제적십자위원회(ICRC)가 이익보호국을 지정하는 것을 도와줄 수 있다.[19]

2. 이익보호국의 지정 및 기능

이익보호국의 기능에 관해 4개 제네바협약은 다음과 같이 규정한다.

> 본 협약은 충돌당사국의 이익의 보호를 그 임무로 하는 이익보호국의 협력에 의하여, 또한 그 보호하에 적용된다. 이 목적을 위하여 이익보호국은 자국의 외교관 또는 영사를 제외한 자국민이나 다른 중립국 국민 중에서 대표를 임명할 수 있다. 전기의 대표는 그들의 임무를 수행할 국가의 승인을 받아야 한다.
>
> 충돌당사국은 이익보호국의 대표 또는 사절단의 활동에 있어서 가능한 최대한의

---

17) 제1협약 제8조에서 제10조; 제2협약 제8조에서 제10조; 제3협약 제8조에서 제10조; 제4협약 제9조에서 제11조.
18) 제1추가의정서 제5조 1항.
19) 제1추가의정서 제5조 3항.
20) 제1협약 제8조; 제2협약 제8조; 제3협약 제8조; 제4협약 제9조.

> 편의를 도모하여야 한다.
> 이익보호국의 대표 또는 사절단은 어떠한 경우에도 본 협약에 의한 그들의 임무를 초월하여서는 아니 된다. 그들은 특히 그들이 임무를 수행하는 국가의 안전상 절대적으로 필요한 사항을 참작하여야 한다.[20)]

이익보호국을 지정하는 방법으로 첫째, 충돌당사국들과 미래의 이익보호국이 되는 중립국이 삼자가 모두 합의하는 방법이 있다. 두 번째는 삼자의 합의가 실패할 경우, ICRC가 중개를 하여 이익보호국을 지정할 수 있다. 이 경우 ICRC가 양 충돌당사국에 이익보호국이 될 수 있는 국가를 5개 이상 제시하고, 양 충돌당사국이 이 국가들 중에서 이익보호국으로서 수락할 만한 국가들을 5개국 이상 제시하면, ICRC가 이들 국가 중에서 이익보호국을 정하여 양 충돌당사자가 동의할 것을 요청함으로서 지정할 수 있다.[21)] 세번째로, 위의 방법이 실패할 경우 충돌당사국이 ICRC나 다른 중립적인 국제기구를 이익보호국의 대용단체로 지정할 수 있다.

제3협약 제126조 1항에서 3항은 이익보호국의 대표가 포로수용소를 제한 없이 방문할 수 있도록 하고 있다. 제4협약 제143조 1항에서 4항에 의하면, 이익보호국의 대표는 보호받는 사람들이 구금되어 있는 장소 등을 제한 없이 방문할 수 있다. 제4협약 제30조에 의하면 보호받는 사람은 이익보호국, ICRC 또는 다른 원조단체에 청원할 수 있다.

제3협약 제105조 5항에 의해 이익보호국의 대표는 전쟁범죄인의 재판에 참석할 권리가 있다. 제4협약 제74조 1항에 의해, 피점령지역에서 민간인의 재판을 하는 경우에도 이익보호국의 대표가 참석할 권리가 인정된다. 제4협약 제55조 3항에 의해 피점령지역에서 식량과 의료품의 보급이 충분한지 여부를 결정하는 주체도 이익보호국이다. 또한, 1954년 문화재보호협약의 이행을 위한 규칙 제5조는 이익보호국의 대표가 문화재보호협약의 위반이 있었는지를 조사할 수 있도록 하고 있다.

제1협약과 제2협약의 제8조는 이익보호국의 대표와 사절의 "활동은 군사상의 절대적인 요구(imperative military necessities)로 인하여 소요될 때에 한하여서만 예외적이고 임시적인 조치로서 제한하여야 한다."고 규정하고 있다. 따라서 제3협약과

---

21) Dieter Fleck, *supra note 1*, p. 710.

제4협약상 이익보호국의 대표와 사절의 행동은 군사상의 절대적인 요구에 의해서도 제한할 수 없다고 보아야 한다.

이익보호국의 외교관이나 영사는 자동적으로 이익보호국의 대표가 되며, 그들의 임무를 수행할 국가로부터 별도의 승인을 받을 필요가 없다.

3. 국제적십자위원회의 활동

제네바협약의 여러 규정은 국제적십자위원회(International Committee of Red Cross, ICRC) 또는 기타의 공정한 인도적인 단체가, 관계 충돌당사국의 동의를 얻어 부상자, 병자, 의무요원 및 종교요원의 보호 및 그들의 구제를 위하여 행하는 인도적인 활동을 방해하지 아니하므로[22], 국제적십자위원회 등은 인도적인 활동을 할 수 있다.

또한, 제1추가의정서 제5조 4항에 의하면, 체약국은 이익보호국이 없는 경우에 ICRC나 다른 중립적이고 효율적인 단체를 대용단체로서 인정할 의무가 있다.

최근의 전쟁에서 이익보호국이 지정되지 않은 경우가 많았기 때문에 ICRC 등 대용단체의 역할이 상당히 중요하다고 할 수 있다.

4. 이익보호국의 대용단체(Substitutes for Protecting Powers)

제네바협약은 이익보호국의 임무를 대신할 수 있는 단체에 대해 다음과 같이 규정하고 있다.

> 체약국은 공정과 효율을 전적으로 보장하는 단체에, 본 협약에 따라 이익보호국이 부담하는 의무를, 언제든지 위임할 것에 동의할 수 있다.
>
> 이유의 여하를 불문하고 부상자, 병자, 의무요원 및 종교요원이, 이익보호국 또는 전항에 규정한 단체의 활동에 의한 혜택을 받지 아니하거나 또는 혜택을 받지 아니하게 되는 때에는 억류국은 충돌당사국이 지정한 이익보호국이 본 협약에 따라 행하는 임무를, 중립국 또는 전기의 단체가 인수하도록 요청하여야 한다.
>
> 보호가 제대로 마련되지 못할 때에는, 억류국은 이익보호국이 본 협약에 의하여 행하는 인도적 업무를 수행하도록 국제적십자위원회와 같은 인도적 단체의 용역의 제공을, 본 조의 규정에 따라 요청하거나 수락하여야 한다.

---

22) 제1협약 제9조; 제2협약 제9조; 제3협약 제9조; 제4협약 제10조.
23) 제1협약 제10조; 제2협약 제10조; 제3협약 제10조; 제4협약 제11조.

유사한 목적을 위하여 관계국이 요청하거나 또는 자청하는 어떠한 중립국이나 단체도, 본 협정에 의하여 보호되는 자가 의존하는 충돌당국에 대하여 책임감을 가지고 활동함을 요하며, 또한 그가 적절한 업무를 인수하여 공정하게 이를 수행할 것이라는 충분한 보장을 제공하여야 한다.

군사상의 사건으로 특히 그 영역의 전부 또는 상당한 부분이 점령됨으로써 일방국이 일시적이나마 타방 국 또는 그 동맹국과 교섭할 자유를 제한당하는 경우에도, 국가간의 특별협정으로서 전기의 규정을 침해할 수 없다.

본 협약에서 이익보호국이라 언급될 때, 그러한 언급은 언제든지 본 조에서 의미하는 대용단체에도 적용된다.[23]

5. 조정 절차(Conciliation Procedures)

이익보호국이 보호를 받는 자를 위하여 적당하다고 인정할 경우, 특히 제네바협약의 규정의 적용 또는 해석에 관하여 충돌당사국간에 분쟁이 있을 경우에는, 이익보호국은 분쟁을 해결하기 위하여 주선(good offices)을 행하여야 한다.[24]

이를 위하여 각 이익보호국은, 일 당사국의 요청에 따라 또는 자진하여, 충돌당사국에 대하여 그들의 대표들의, 특히 부상자, 병자, 의무요원 및 종교요원에 대하여 책임을 지는 당국의 회의를 가능하면 적절히 선정된 중립지역에서 열도록 제의할 수 있다.[25] 충돌당사국은 이 목적을 위하여 그들에게 행하여지는 제의를 실행할 의무를 진다.[26] 이익보호국은 필요할 경우에는, 중립국에 속하는 사람 또는 국제적십자위원회의 위임을 받은 사람을 충돌당사국이 승인하도록 추천할 수 있으며, 이러한 사람들은 위에서 언급한 회의에 참석하도록 초청된다.[27]

---

24) 제1협약 제11조; 제2협약 제11조; 제3협약 제11조; 제4협약 제12조.
25) Id.
26) Id.
27) Id.

제2장

적대행위에
관한 국제인도법

제1절 적대행위의 개시

1. 선전포고의 요건

1907년 개전에 관한 협약(헤이그 제3협약) 제1조는 협약의 당사국이 선전포고나 또는 선전포고를 조건으로 한 최후통첩의 형식으로 명백한 사전경고 없이는 그들 사이의 적대행위를 개시하지 않는다는 점을 승인한다고 규정하고 있다. 따라서 이 협약의 당사국들은 선전포고 등 명백한 사전경고 후에 적대행위를 개시하여야 할 의무가 있다.

그러나 선전포고와 실제 적대행위의 개시 사이에 일정한 기간이 경과하여야한다는 내용이 조약상 규정되어 있지 않기 때문에 선전포고 후에 즉각적인 기습공격도 가능하다.

2. 중립국에 대한 통지

전쟁상태가 존재한다는 것은 중립국들에게 지체 없이 통지되어야 하며, 통지가 접수될 때까지는 전쟁상태의 존재가 중립국에 대하여 효력을 갖지 않는다.[1] 통지는 전보로 전달될 수 있으며, 중립국은 그들이 전쟁상태의 존재를 실제로 알고 있었다는 것이 명백하게 인정되면 통지가 없었다는 것을 원용할 수 없다.[2]

3. 개전에 관한 협약의 적용시기

선전포고를 의무화한 개전에 관한 협약 제1조는 이 협약의 당사국 사이의 전쟁의 경우에 적용된다.[3] 즉, 이 협약의 당사국 사이에서 전쟁이 발발하는 경우에 선전포고 의무가 있고, 이 협약의 비당사국과의 전쟁에는 선전포고의 의무가 없다.

또한 중립국에 대한 전쟁상태 존재에 대한 통지의무를 규정한 개전에 관한 협약 제2조는 교전국의 일방이 이 협약의 당사국이며 중립국도 이 협약의 당사국일 때에 적용된다.[4] 따라서 이 협약의 비당사국인 중립국에 대해서는 그러한 통

---

1) 개전에 관한 협약 제2조.
2) Id.
3) 개전에 관한 협약 제3조.
4) Id.

지의 의무가 없다.

4. 개전에 관한 협약과 UN헌장과의 관계

UN헌장 제2조 4항은 UN의 목적에 위반되는 무력의 사용과 위협을 불법화하고 있다. 또한 UN헌장 제33조는 평화를 파괴할 수 있는 국제분쟁을 평화적인 수단에 의해 해결할 의무를 UN회원국에게 부과하고 있다. 만일 특정 국가가 UN의 목적에 위반되는 무력을 사용하면서 선전포고를 하지 않았다면, 이 국가는 UN헌장과 개전에 관한 협약을 모두 위반하는 것이 된다.

그러나 어느 국가가 개전에 관한 협약에 따라 선전포고 등을 하고 무력을 사용하였지만, 그 무력사용이 UN헌장에 위반한 것이라면 개전에 관한 협약의 준수가 그 무력사용의 불법성을 없애 주지는 못한다.

5. 우리나라 헌법의 관련 조항

우리나라 헌법 제73조는 "대통령은 조약을 체결·비준하고, 외교사절을 신임·접수 또는 파견하며, 선전포고와 강화를 한다."고 규정하여, 대통령이 선전포고와 강화를 할 수 있는 권한이 있음을 밝히고 있다. 그러나 대통령의 선전포고가 없는 무력충돌에도 국제인도법은 적용될 수 있다는 점에 유의하여야 한다. 예를 들어 UN의 강제조치에 우리나라의 군이 참여하여 무력충돌 상황에 임하는 경우, 우리나라 대통령의 선전포고가 없지만 우리 군은 국제인도법의 적용을 받게 된다.

6. 적대국 국민의 대우

외국과의 전쟁이 발발하게 되면 그 국가의 국민은 적대국의 국민이 된다. 그러나 민간인에 대한 공격은 국제법상 금지되어 있다. 특정 국가에 거주하는 적국의 국민(enemy aliens)은 적대행위가 시작되어도 반드시 집단으로 수용하거나 구금할 필요가 없다. 적국 국민은 충돌당사국인 거주국가에서, 그 국가의 이익에 반하지 않는 한 퇴거할 권리가 있다.[5] 만일 충돌당사국인 거주국가의 안전보장상 절대적으로 필요한 경우, 적국민의 주거를 지정하거나 억류할 수 있다.[6] 이러한 통제조치는 적군의 현역군인이나 예비군, 적군에 근무할 의무가 있는 사람, 또는 적

---

5) 제4협약 제35조.
6) 제4협약 제42조.

국에 정보를 제공하거나 다른 방법으로 적국을 도울 것이 예상되는 사람 등에 대해 취하여지는 것이 보통이다.[7]

적국 국민은 항구, 공항, 군비행장 주변, 공격예상지역, 군사전투예상지역이나 실제 전투지역 등에서 퇴거하도록 명령을 내리는 것이 현대의 관행이다. 퇴거명령(expulsion decree)이 내려지면, 퇴거대상자는 그들의 재산을 수집하고 처분하거나 개인적인 사무를 정리할 수 있도록 공공안전에 부합하는 합리적인 통지를 받게 되고 관련 지역에서 떠나야 한다. 다만, 이러한 퇴거대상자는 제4협약의 제41조부터 제45조까지의 조항들이 보장하는 혜택을 받을 수 없다.[8]

제2절   사람에 대해 금지되는 행동

1. 항복한 적에 대한 구명거부선언

1907년 헤이그규칙(제4협약) 제23조(d)는 "투항자를 구명하지 않을 것을 선언하는 것"을 특히 금지하고 있다. 1998년 ICC규정도 제8조 2항 나호(12)와 마호(10)에서 "항복한 적에 대하여 구명을 허락하지 않겠다는 선언"을 전쟁범죄로 규정한다. 우리나라의 국제형사재판소 관할범죄의 처벌 등에 관한 법률(ICC이행법률) 제13조 1항 6호도 "군대의 지휘관으로서 예외 없이 적군을 살해할 것을 협박하거나 지시하는 행위"를 전쟁범죄로 규정하고 있다.

2. 항복한 적을 살상하는 행위

헤이그규칙 제23조(c)항은 "무기를 버리거나 또는 자위수단이 없이 투항하는 적의 살상"을 금지하고 있다. ICC규정 제8조 2항 나호(6)은 "무기를 내려놓았거나 더 이상 방어수단이 없이 항복한 전투원을 살해하거나 부상시키는 행위"를 전쟁범죄로 규정한다. ICC이행법률 제10조 3항 4호도 "조건 없이 항복하거나 전투능력을 잃은 군대의 구성원이나 전투원에게 상해(傷害)를 입히는 행위"를 전쟁범죄로 규정하고 있다.

---

7) US Army Field Manual 27-10, *The Law of Land Warfare*(1956)(이하 "미국육군교범"이라 함), P. 16.
8) Id.

이와 관련하여, 고장난 비행기로부터 낙하산을 타고 탈출하여 내려오는 사람에 대해 발포하는 것은 금지된다. 그러나 공수부대원 등 낙하산을 타고 적대행위를 하기 위해 침투하는 사람에 대해서는 국제인도법상 발포가 가능하다.

3. 암살(Assassination)과 배신적 살상행위

헤이그규칙 제23조(b)는 적국 또는 적군에 속하는 자를 배신적 행위로써 살상하는 것(to kill or wound treacherously)을 금지하고 있다. 이 조항은 적을 암살하거나, 적에 대한 법적 보호를 박탈하는 등의 행위 또는 적의 머리에 현상금을 걸어 생사를 불문하고 지급하겠다는 행위 등을 금지하는 것으로 해석된다.9) 그러나 이 조항이 전투지역이나 점령지 등에서 적의 장교와 사병을 배신적이 아닌 방법으로 공격하는 것을 금지하는 것은 아니다.

ICC규정 제8조 2항 나호(11)은 "적대국 국가나 군대에 속한 개인을 배신적으로 살해하거나 부상시키는 행위"를, 동항 마호(9)는 "상대방 전투원을 배신적으로 살해하거나 부상시키는 행위"를 전쟁범죄로 규정하고 있다.

ICC이행법률 제13조 1항 7호는 "국제법상 금지되는 배신행위로 적군 또는 상대방 전투원을 살해하거나 상해를 입히는 행위"를 전쟁범죄로 처벌하고 있다.

4. 적국 국민을 자국에 대한 전쟁수행에 참여하도록 강요하는 행위

헤이그규칙 제23조 2항은 "교전자는 적국민을 강제하여 그 본국에 대한 작전에 참가하게 할 수 없다. 전쟁개시 전에 그 교전국에서 복무한 경우라도 또한 같다."고 규정하여, 적국 국민이 자국에 대한 전쟁수행에 참여하도록 강요하는 행위를 금지하고 있다.

ICC규정 제8조 2항 나호(15)도 "비록 적대 당사국 국민이 전쟁개시 전 교전국에서 복무하였을지라도, 그를 자신의 국가에 대한 전쟁수행에 참여하도록 강요하는 행위"를 전쟁범죄로 규정하고 있다.

ICC이행법률 제10조 5항 4호도 "적국의 국민을 강제로 자신의 국가에 대한 전쟁수행에 참여하도록 하는 행위"를 전쟁범죄로 규정하고 있다.

---

9) 미국육군교범, p. 17.

제3절   금지되는 전투수행수단

1. 전투수단의 제한

　　교전국이 적을 해치는 전투수단을 채택하는 권리는 무제한적인 것이 아니다.[10] 전투수단은 국제조약과 관습전쟁법에 의해 제한이 된다. 따라서 교전국은 국제조약과 관습전쟁법이 금지하는 전투수단을 사용할 수 없다. 더 나아가 국제조약과 관습전쟁법이 금지하지 않는 전투수단이라도 무제한적으로 사용할 수 없다. 1907년 헤이그 제4협약의 서문이 "보다 완비된 전쟁법규에 관한 법전이 제정되기에 이르기까지는 체약국은 그들이 채택한 규칙에 포함되지 아니한 경우에도 주민 및 교전자가 문명국간에 존재하는 관행, 인도의 법규와 공공양심의 요구로부터 도출되는 국제법원칙의 보호 및 지배하에 있음을 선언하는 것이 필요하다고 생각한다."고 규정한 바와 같이, 교전국은 문명국간의 관행, 인도의 법규와 공공양심의 요구에서 도출되는 국제법원칙의 지배하에 있다. 이러한 국제법원칙에 위반되는 전투수단을 교전국은 사용할 수 없다는 점에서, 전시국제법의 기본원칙은 "허용이론"(permissive theory)이라고 할 수 있다. 위의 헤이그협약의 서문 조항은 "마르텐스(Martens) 조항"의 한 사례로 인정된다. 이에 비하여 평시국제법상의 원칙은 1927년의 로터스호(S.S. Lotus) 사건에서 확인된 "금지이론"(prohibitive theory)이라고 할 수 있다. 이 이론은 국제법이 금지하지 않은 것은 주권국가가 자유롭게 할 수 있다는 것으로, 국제법이 금지하지 않은 영역에서 주권국가의 자유재량을 인정한 것이다.

　　특히 다음 세 가지의 성격을 지니거나 의도하는 전투수단이나 방법을 사용하여서는 안 된다: (1) 과도한 상해나 불필요한 고통을 야기하는 무기;[11] (2) 자연환경에 광범위하고 장기적이며 심각한 손상을 초래하는 무기;[12] (3) 군사목표, 민간인 또는 민간목표를 구별하지 않고 해치는 무기.[13]

---

10) 헤이그규칙 제22조.
11) 헤이그규칙 제23조 e항; 제1추가의정서 제35조 2항.
12) 제1추가의정서 제35조 3항과 제55조 1항; ENMOD 협약.
13) 제1추가의정서 제51조 4항과 5항.

2. 과도한 상해(Superfluous Injury)나 불필요한 고통(Unnecessary Suffering)을 야기하는 무기의 사용금지 원칙

이 원칙은 1868년 상트페테르부르크 선언(400그램 이하의 작열탄 및 소이탄 금지), 1899년 헤이그선언과 헤이그육전법규(덤덤탄과 독무기 등 사용금지), 1907년 헤이그규 칙 등 많은 선언과 조약에서 확인되는 중요 원칙이다. 예를 들어 헤이그규칙 23조 (e)는 불필요한 고통을 주는 무기, 투석물, 기타의 물질을 사용하는 것을 금지하고 있다. 제1추가의정서 제35조 2항도 "과도한 상해 및 불필요한 고통을 초래할 성질 의 무기, 투사물, 물자, 전투수단을 사용하는 것은 금지된다."고 규정하고 있다.

핵무기에 관한 권고적 의견에서, 국제사법재판소는 "정당한 군사목표를 달성 하기 위하여 불가피한 피해보다 더 큰 피해"를 불필요한 고통이라고 판시하였다.[14]

3. 무차별적인 무기(Indiscriminate Weapons)

그 성질상 전투원과 비전투원을 구별하지 않는 무차별적인 무기는 사용이 금 지된다. 제1추가의정서 제51조 4항은 다음과 같이 무차별적 공격과 그러한 성질 을 가진 무기를 금지한다.

---

4. 무차별공격은 금지된다. 무차별공격이라 함은,
   가. 특정한 군사목표물을 표적으로 하지 아니하는 공격
   나. 특정한 군사목표물을 표적으로 할 수 없는 전투의 방법 또는 수단을 사용하는 공격 또는,
   다. 그것의 영향이 본 의정서가 요구하는 바와 같이 제한될 수 없는 전투의 방법 또는 수단을 사용하는 공격을 말하며, 그 결과 개개의 경우에 있어서 군사목 표물과 민간인 또는 민간물자를 무차별적으로 타격하는 성질을 갖는 것을 말 한다.

또한, 민간인에 대한 공격이 비국제적 무력충돌에도 금지되고 있기 때문에 비 국제적 무력충돌에도 무차별적인 무기의 사용은 금지된다. 대인지뢰금지협약(오타 와협약)도 대인지뢰를 국제적 무력충돌과 비국제적 무력충돌에서 모두 금지하고 있

---

14) ICJ, *Nuclear Weapons Case, Advisory Opinion*, para. 238; ICRC, *Customary International Humanitarian Law*, Vol. 1, p. 241(2005).

는데, 이는 민간인과 전투원을 구별하여야 한다는 원칙이 반영된 것이다.[15]

무차별적인 무기로는 화학무기, 생물무기, 핵무기, 대인지뢰, 지뢰, 독성무기, 집속탄(cluster bombs) 등이 주장되고 있다.[16]

4. 덤덤탄의 사용금지

덤덤탄은 1899년 확장탄환에 관한 헤이그선언에 의해 사용이 금지되었다. ICC규정은 제8조 2항 나호(19)에서 "총탄의 핵심부를 완전히 감싸지 않았거나 또는 절개되어 구멍이 뚫린 단단한 외피를 가진 총탄과 같이, 인체 내에서 쉽게 확장되거나 펼쳐지는 총탄의 사용"을 전쟁범죄로서 금지하고 있는데, 이러한 총탄을 덤덤탄(dum dum bullet)이라고 한다. 덤덤탄은 불필요한 고통을 야기하는 무기로 오래전부터 인정되어 왔고, ICC규정은 덤덤탄의 사용을 전쟁범죄로 규정하였다. 그런데, ICC규정 제8조 2항 나호는 국제적 무력충돌에만 적용되는 조항으로서 1998년 ICC규정이 채택될 때에는 비국제적 무력충돌에서 덤덤탄의 사용을 금지하는 조항이 없었다. 이러한 문제점은 2010년 ICC규정의 재검토회의(Review Conference)에서 비국제적 무력충돌시에도 덤덤탄의 사용을 금지하는 조항이 신설되어 해결되었다.

ICC이행법률 제14조 1항 3호도 "인체 내에서 쉽게 팽창하거나 펼쳐지는 총탄"의 사용을 전쟁범죄로 규정하고 있다.

5. 핵무기 등의 사용금지 문제

ICC규정 제8조 제2항(b)(20)은 "과도한 상해나 불필요한 괴로움을 야기하는 성질을 가지거나 또는 무력충돌에 관한 국제법에 위반되는 무차별적 성질의 무기, 발사체, 장비 및 전투방식의 사용. 다만, 그러한 무기, 발사체, 장비 및 전투방식은 포괄적 금지의 대상이어야 하며, 제121조와 제123조에 규정된 관련 조항에 따른 개정에 의하여 이 규정의 부속서에 포함되어야 한다."고 규정한다.

이 조항은 핵무기 등의 사용금지와 그러한 무기를 사용하는 것을 전쟁범죄로 규정하고자 하는 것과 관련되는 조항으로서, 로마회의시 주요 국가들의 입장이 첨예하게 대립되었던 조항이다. 로마회의시 통합초안은 네 가지 대안(option)들을 가

---

15) ICRC, *Customary International Humanitarian Law*, Vol. I, p. 246(2005)(이하CIHL로 약칭함).
16) Id., pp. 249-250.

지고 있었는데 option 4는 핵무기, 대인지뢰, 실명을 유발하는 레이저무기를 금지 무기로 규정하였다.[17] 미국, 러시아, 영국, 프랑스 등 주요 핵무기 보유국가들은 핵무기의 금지무기화를 강하게 반대하였다. 동 조항은 "과도한 상해나 불필요한 고통을 야기하는 성질을 가지거나, 또는 무력충돌에 관한 국제법을 위반하여 본래 부터 무차별적인 무기, 발사체, 물질과 전투방식을 사용하는 것"을 전쟁범죄로 규정함으로써 핵무기 등의 전쟁범죄화를 이론상 가능하도록 하였다. 그러나 동 조항은 단서로서, 다만 "그러한 무기, 발사체, 물질과 전투방식은 포괄적 금지의 대상이어야 하고, 제121조와 제123조에서 정해진 관련 규정에 따른 개정에 의하여 이 규정의 부속서에 포함되어야 한다."고 규정하고 있어 핵무기 등을 전쟁범죄화하기는 사실상 대단히 어려운 일이 되었다. 왜냐하면 첫째로 핵무기 등은 포괄적 금지 (comprehensive prohibition)의 대상이 되어야 하는데 핵보유국들이 핵무기를 포괄적 금지의 대상으로 합의할 것을 기대하기 어려울 것이다. 둘째로, 핵무기가 포괄적 금지의 대상이 된다 하더라도 로마규정 제121조와 제123조의 개정절차를 거쳐서 로마규정의 부속서에 포함되는 것 또한 대단히 어려운 과정을 거쳐야 한다.[18] 따라서 현재의 로마규정에 의할 때 핵무기 사용을 ICC가 전쟁범죄로 처벌할 수 없으며 미래에도 핵무기 사용의 처벌가능성은 열려 있으나 실현될 가능성은 매우 희박한 것으로 보인다.

국제사법재판소(ICJ)는 1996년의 권고적 의견에서 핵무기의 사용이 전투원과 비전투원을 구별하지 않는 무차별적 효과로 인해 무력충돌에 관한 국제법의 위반이라고 판시한 바 있다.[19] 국제사법재판소는 이 권고적 의견에서 핵무기의 사용과 사용위협이 국가의 존립이 위협받는 극단적인 상황에서의 자위권(self-defence)의 경우를 제외하고는 불법임을 선언하였다.[20] 이러한 점을 고려할 때, 핵무기의 사

---

17) *The Draft Statute*, pp. 19-20.

18) 로마규정 제121조 4항은 규정 개정이 발효하기 위해서는 모든 당사국의 7/8이 UN사무총장에게 비준서 또는 수락서를 기탁해야 한다고 규정하고 있으며, 동 조 6항은 개정안에 동의하지 않는 국가는 즉시 로마규정을 탈퇴할 수 있도록 하고 있다.

19) *Legality of the Threat or Use of Nuclear Weapons, Advisory Opinion of July 8*, 1996, General list No. 95.

20) Id. 또한 Richard A. Falk,"Nuclear Weapons, International Law and the World Court: Historical Encounter", *American Journal of International Law*, Vol. 91, No. 1, 1997, p. 73; Francis A. Boyle, *The Future of International Law and American Foreign Policy* (Transnational Publishers, 1989), pp. 339-340. 참조.

용금지규정을 로마규정에 포함시키지 못한 것은 미국을 비롯한 주요 핵보유국들이 로마규정의 채택을 지지하도록 하기 위한 어려운 타협의 산물이라 평가된다.

6. 독성무기 사용금지

독성무기의 사용은 1863년의 리버법전(Liber Code) 제70조와 1907년 헤이그규칙 등에서 이미 금지되었다. 헤이그규칙은 제23조 (a)항은 독(poison)과 독성무기(poisoned weapons)의 사용을 금지하고 있다. 일부 국가의 군사교범에서는 이 조항이 우물이나 다른 상수원에 독을 사용하는 것까지 금지하는 것으로 설명한다.[21] 그러나 미국육군교범은 이 조항이 시냇물을 흐르지 못하게 하거나, 강물이나 수원지의 물의 방향을 바꾸는 행위 등을 금지하는 것은 아니라고 하고 있다.[22]

ICC규정 제8조 2항 나호(17)은 독이나 독성무기의 사용을 전쟁범죄로서 금지하고 있다. 이 조항도 국제적 무력충돌에만 적용되는 조항이기 때문에 2010년 재검토회의에서 비국제적 무력충돌시에 독성무기 등을 사용하는 것도 전쟁범죄로서 규정하도록 ICC규정을 개정하였다.

ICC이행법률 제14조 1항 1호도 독물 또는 유독무기의 사용을 전쟁범죄로서 금지하고 있다.

7. 질식가스

ICC규정 제8조 2항 나호(18)은 질식가스, 유독가스 또는 기타 가스와 이와 유사한 모든 액체·물질 또는 장치의 사용을 전쟁범죄로 규정하고 있다. 2010년 ICC규정의 재검토회의에서 이 조항의 내용이 비국제적 무력충돌에도 적용되도록 ICC규정이 개정되었다.[23]

ICC이행법률 제14조 1항도 독물 또는 유독무기의 사용을 전쟁범죄로서 처벌하고 있으며, 질식가스도 이 조항에 포함될 수 있을 것이다.

8. 생물무기

국제적 무력충돌에서 생물무기의 사용은 1925년 제네바 가스의정서와 1972년

---

21) CIHL, p. 254.
22) 미국육군교범, p. 18.
23) ICC Doc. RC/Res. 5, Annex I(2010).

생물무기협약(Biological Weapons Conventions)에 의해 금지된다.[24] 생물무기협약과 국제관행을 볼 때 비국제적 무력충돌에서도 생물무기의 사용은 금지된다.[25]

9. 화학무기

국제적 무력충돌에서 화학무기의 사용은 1899년 질식가스에 관한 헤이그선언 (Hague Declaration concerning Asphyxiating Gases), 1925년 제네바 가스의정서, 1993년 화학무기금지협약, 국제형사재판소규정 등에 의해 금지된다. 특히 국제형사재판소 규정 제8조 2항 나호(18)은 "질식가스, 유독가스 또는 기타 가스와 이와 유사한 모든 액체·물질 또는 장치의 사용"을 전쟁범죄로서 금지하고 있다.

비국제적 무력충돌에서도 화학무기의 사용은 금지된다. 이를 반영하여 2010 년 국제형사재판소규정의 재검토회의에서 ICC규정 제8조 2항 나호(18)의 금지내 용을 비국제적 무력충돌에도 확대하도록 ICC규정을 개정하였다.[26]

10. 폭발하거나 불이 붙는 탄환의 사용금지

사람의 신체 내에서 폭발하는 탄환은 사용이 금지된다. 1868년의 상트페테르 부르크 선언(세인트 피터스버그 선언, St. Petersburg Declaration)은 400그램 이하의 폭 발하거나 불이 붙는 탄환, 즉 작열탄(explosive projectile)이나 소이탄(incendiary projectile)의 사용을 금지하였다. 이 선언에서 400그램 이하의 탄환을 규제한 것은 그 당시 대포의 탄환과 소총의 탄환을 구별하기 위한 것이었다. 즉, 대포의 탄환으 로 소이탄이나 작열탄을 사용하는 것은 허용되지만, 전투원 개인을 주로 사격대상 으로 하는 소총의 탄환을 소이탄이나 작열탄을 사용하는 것은 지나친 고통을 주는 것으로서 금지하고자 한 것이다. 이 선언의 기본원칙은 개별 전투원에 대해 소이탄 이나 작열탄의 사용을 금지하는 것으로 현재 국제관습법으로 인정되고 있다.[27]

또한, UN군의 국제인도법 준수에 관한 UN사무총장의 지침(UN Secretary-General Bulletin on observance by United Nations forces of international humanidtarian law)은 사람 의 신체에서 폭발하는 총탄의 사용을 국제적 무력충돌과 비국제적 무력충돌에서

---

24) 생물무기협약 제1조.
25) CIHL, pp. 256-258.
26) ICC Doc. RC/Res. 5, Annex I(2010).
27) Dieter Fleck, *The Handbook of International Humanitarian Law*, p. 138(2nd ed. 2008).

금지하였다.[28]

11. 탐지불능 쇄편무기

사람의 신체에서 엑스레이(X-ray)로 탐지가 불가능한 쇄편을 이용하는 무기는 사용이 금지된다. 특정재래식무기에 관한 협약(Convention on Certain Conventional Weapons, CCW) 제1의정서(Protocol I to CCW)는 엑스레이에 의해 탐지되지 않는 쇄편에 의한 무기를 금지하고 있다.

2001년 CCW의 이 의정서는 비국제적 무력충돌에도 적용되도록 개정되었다.[29]

12. 위장폭탄(Booby Trap)

국제인도법에 의해 특별히 보호되는 사람이나 대상을 이용한 위장폭탄 또는 민간인의 관심을 유도하는 물건에 부착된 위장폭탄의 사용은 금지된다. 1980년 CCW의 제2의정서 제2조 2항과 1996년 CCW의 개정 제2의정서 제2조 4항은 위장폭탄을 "사람이 무해한 것으로 보이는 물건이나 안전한 행위로 보이는 행위를 할 때 예측할 수 없게 작동하여, 죽이거나 상해를 입히기 위해 고안되거나, 작성되거나 이용되는 모든 장치 또는 물건"이라고 정의하고 있다.

특히 어린이의 장난감에 부착되는 위장폭탄은 민간인의 관심을 유도할 수 있기 때문에 금지된다. 위장폭탄의 사용은 비국제적 무력충돌에서도 금지된다.[30]

13. 지뢰(Landmines)

지뢰를 사용할 때에는 지뢰의 무차별적인 효과를 최소화하기 위한 주의를 기울여야 한다. 1996년 CCW 개정 제2의정서 제3조 3항은 "과도한 피해나 불필요한 고통을 초래하는 성질을 가진" 지뢰의 사용을 금지하고 있다. 또한 동 의정서 제3조 11항은 민간주민에게 영향을 줄 수 있는 지뢰의 부설시에, 상황이 허락하는 한 효과적인 사전경고를 하도록 하였다. 2001년에 위의 조항들은 비국제적 무력충돌에도 적용되도록 확대되었다.

지뢰 중에서 대인지뢰(anti-personnel landmines)는 1997년 대인지뢰금지협약

---

28) CIHL, p. 273.
29) Id., p. 276.
30) Id., p. 279.

(Ottawa Convention) 제1조에 의해 그 사용, 생산, 비축 등이 금지되었다. 대인지뢰는 주로 사람을 살상하는 것을 목적으로 폭발하도록 고안된 지뢰를 의미한다.[31] 그러나 미국, 중국, 러시아, 우리나라, 인도, 파키스탄 등이 아직 대인지뢰금지협약의 당사국이 아니다.[32]

무력충돌 중에 지뢰를 사용하는 충돌당사자는 뢰의 부설위치를 최대한 기록하여야 한다. 1996년 CCW 개정 제2의정서 제9조는 지뢰부설지역, 지뢰, 위장폭탄, 그리고 기타 장치를 기록하도록 하고 있다.

적대행위가 종료되면, 지뢰를 사용했던 충돌당사자는 지뢰를 제거하거나 민간인에게 피해가 없도록 하여야 하며, 또는 지뢰의 제거를 용이하게 하여야 한다.[33] 1996년 CCW 개정 제2의정서 제3조 2항은 모든 지뢰, 위장폭탄, 기타 장치에 책임이 있는 충돌당사자가 지뢰를 제거하거나 파괴 또는 민간인에게 무해하도록 할 의무가 있음을 명확히 하고 있다.

14. 소이무기(Incendiary Weapons)

소이무기는 화염이나 열로서 사물을 태우는 무기를 의미하며 베트남전에서 화염방사기, 네이팜탄 등이 사용되면서 이에 대한 금지의 필요성이 더욱 제기되었다. 소이탄을 사용할 때는 민간인이나 민간시설에 대한 피해를 최소화하고 회피하도록 특별한 주의를 기울여야 한다. 특히 피해를 줄일 수 있는 다른 무기를 사용하여 사람을 전투행위에서 굴복시킬 수 있다면(render a person hors de combat), 소이무기를 사람에 대해 사용하는 것이 금지된다.[34] 1980년 CCW의 제3의정서 제2조도 소이무기의 사용을 엄격하게 규제하고 있다.

최근에는 백린탄(white phosphorus weapons)의 사용에 대해 국제적 비난여론이 일고 있으며, 다른 덜 유해한 무기가 있음에도 백린탄을 사람에 대해 사용하는 것은 금지된다고 보아야 한다.

---

31) 대인지뢰금지협약 제2조.
32) CIHL, p. 282.
33) Id., p. 285.
34) Id., p. 289.

15. 실명을 유발하는 레이저무기(Blinding Laser Weapons)

1995년 CCW 제4의정서 제1조는 실명을 유발하는 레이저무기의 사용을 금지하고 있다. 이 의정서는 2001년 비국제적 무력충돌에도 적용되도록 개정되었다.[35]

16. 집속탄

2008년 채택된 집속탄에 관한 협약(Convention on Cluster Munitions)은 집속탄의 사용, 생산, 저장, 이전을 금지하고 있다. 집속탄은 무차별적인 무기로서 금지의 대상으로 삼아야 한다는 논의가 있다가 2008년 집속탄에 관한 협약이 채택된 것이다.

제4절 폭격, 습격, 포위공격

1. 군사목표물(Military Objectives)

"공격"(attack), 즉 공세나 수세를 불문하고 적대자에 대한 폭력행위[36]는 군사목표물에 대해서만 행하여져야 한다.[37] 군사목표물은 적국의 군대, 그리고 그 성질, 위치, 목적, 용도상 군사적 행동에 유효한 기여를 하고, 당시의 지배적 상황에 있어 그것들의 전부 또는 일부의 파괴, 포획 또는 무용화가 명백한 군사적 이익을 제공하는 대상을 의미한다.[38] 군사목표물에는 군대, 군용기, 군함, 전투에 사용되는 건물이나 물건, 군사적 행동에 실효적으로 기여하는 상업적 목표물(교통수단, 산업시설 등)이 포함된다.

군사목표물에 있는 민간인은 군사목표물에 대한 공격시 보호를 받지 못한다. 즉, 예를 들어 무기를 생산하는 공장에서 민간인이 있다고 해도 적군은 그 공장을 군사목표물로서 공격할 수 있고, 그 공격으로 민간인이 사망하여도 민간인을 공격한 것이 아니기 때문에 관련 국가의 책임을 추구할 수 없다. 다만, 공격하는 측은 군사적 이익(military advantage)과 민간인의 사망 등 부수적 손해(collateral damage)에

---

35) CIHL, p. 294.
36) 제1추가의정서 제49조 1항.
37) 제1추가의정서 제48조.
38) 제1추가의정서 제52조 2항.

있어서 비례성의 원칙을 준수하여야 한다.

군사목표에 대한 공격은 민간주민을 보호하기 위하여 최대한의 주의를 가지고 이루어져야 한다.[39] 민간주민에 영향을 줄 수 있는 공격은 상황이 금지하지 않는 한 사전에 경고(warning)를 하여야 한다.[40] 이 원칙은 미사일공격이나 원격조종 무기에 의한 공격에도 적용된다.[41]

공중전 지역에서 군용항공기는 사전경고 없이 공격받을 수 있다. 추락한 전투기는 전리품이 된다.[42] 항공기의 승무원은 용병이나 불법전투원을 제외하고 포로가 된다. 군용항공기가 아닌 다른 공공 항공기는 경고 없이 공격해서는 아니 된다. 그러나 무력으로 강제 착륙시킬 수 있다. 이러한 항공기는 적의 군용항공기에 의해 호위받고 있거나, 적의 통제하에 있는 공역을 비행하거나, 적대행위에 가담할 때 경고 없이 공격받을 수 있다.

2. 민간대상물(Civilian Objects)의 보호

적대행위에 가담하지 않은 민간주민들에게 테러를 만연시키거나 다른 목적으로 방화를 하거나 포격을 하는 것[43]과 민간대상물을 공격대상으로 하는 것은 금지된다. 복구(reprisal)의 수단으로서 민간주민 또는 민간인에 대한 공격은 금지된다.[44]

3. 방어되지 않은 지역(Undefended Place)에 대한 공격금지

방어되지 않은 지역 또는 무방호지구(non-defended localities)에 대한 공격 또는 포격은 금지된다.[45] 헤이그규칙 제25조는 "방어되지 않는 도시, 촌락, 주택 또는 건물은 어떠한 수단에 의하건 이를 공격 또는 포격할 수 없다."고 규정하고 있다. 폭격, 공격은 정당한 전투행위의 수단이지만 방어되지 않은 지역에 대해서는 공격이 금지된다. 방어된 지역(defended place)에는 요새, 요새화된 지역, 전투부대가 점령하고 있는 지역이나 전투부대가 통과하는 지역 등이 포함된다.[46] 그러나 의무

---

39) 제1추가의정서 제51조 1항; 제2추가의정서 제13조.
40) 제1추가의정서 제57조 2항; 헤이그규칙 제26조.
41) Dieter Fleck, *supra note 27*, p. 189.
42) 1923년 헤이그 공전법규 제36조 1항.
43) 제1추가의정서 제51조 2항.
44) 제1추가의정서 제51조 6항; 제53조 다호; 제54조 4항; 제55조 2항; 제56조 4항.
45) 제1추가의정서 제59조 1항.
46) 미국육군교범, p. 19.

부대만 소재하고 있는 지역은 방어된 지역이라고 할 수 없다.[47]

탄약이나 군사보급품을 생산하는 공장, 군기지, 탄약이나 군보급품의 저장창고, 군사물자를 수송하는 항구나 철도, 군사작전에 이용되는 장소 또는 군대의 숙소 등은 방어되지 않았더라도 공격할 수 있다.[48]

ICC규정 제8조 2항 나호(5)는 "어떤 수단에 의하든, 방어되지 않고 군사목표물이 아닌 마을·촌락·거주지 또는 건물에 대한 공격이나 폭격"을 전쟁범죄로서 처벌하고 있다.

무방호지구에 대한 공격을 금지하는 이유는 무방호지구가 군사목표가 아니기 때문이다. 교전국들은 특정 도시나 마을을 무방호지구로 선언하고, 그지역을 저항 없이 적에게 내어줌으로써, 그 지역에서 전투행위를 피하고 민간주민을 보호하거나 중요 건물이나 문화재 등을 전투행위로부터 안전하게 유지할 수 있다. 한 교전국이 특정 지역을 무방호지구로 선언하면 상대방 교전국은 저항 없이 그 지역을 점령함으로써, 그 군사목표를 달성할 수 있고, 그 지역에 대한 공격은 불필요하게 된다.

이러한 규칙은 비국제적 무력충돌에도 적용되며, 제2추가의정서 제13조 2항이 "민간주민과 민간 개개인은 공격의 목표가 되어서는 아니 된다…"고 규정하고 있는 것의 논리적 귀결로서 비국제적 무력충돌에서도 무방호지구에 대한 공격이 금지된다고 할 수 있다.[49]

무방호지구가 되기 위해서는 다음의 조건이 충족되어야 한다.

가. 모든 전투원과 이동가능한 무기 및 군사장비는 철수되었을 것
나. 고정군사시설 또는 설비가 적대적으로 사용되지 아니할 것
다. 당국 또는 주민에 의하여 여하한 적대행위도 행하여지지 아니할 것
라. 군사작전을 지원하는 어떠한 활동도 행하여지지 아니할 것[50]

방호된 지역(defended localites)이나 건물은 저항을 진압하거나 그 지역의 군사목표물을 제거하기 위하여 공격할 수 있다. 이러한 경우에도 포격 등은 군사목표물에 한정되어야 한다.

---

47) Id.
48) Id.
49) Dieter Fleck, *supra note 27*, p. 213.
50) 제1추가의정서 제59조 2항.

4. 비례성의 원칙(Principle of Proportionality)

특정 지역을 공격할 때는 인명피해와 재산상의 손실이 얻으려는 군사적 이익을 지나치게 초과하여서는 안 된다. 요새나 방어된 지역이 항복한 경우에는, 군사시설의 파괴나 방어시설의 제거 등 전쟁의 수행에 필요한 범위 안에서만 추가적인 손실을 초래할 수 있다.[51]

5. 폭격의 통지

헤이그규칙 제26조는 "공격군대의 지휘관은 기습(assault)의 경우를 제외하고 포격을 개시하기 앞서 그 뜻을 관련 당국에 경고하기 위하여 가능한 일체의 수단을 다하여야 한다."고 규정한다. 그러나 이 조항은 민간주민이 그 지역에 일부 남아 있을 경우에만 적용된다고 이해된다.[52] 하지만 위와 같이 이 조항이 적용되지 않는 경우에도, 미국육군교범은 미군사령관이 여성과 어린이 등 비전투원이 대피할 수 있도록 적에게 포격 전에 그 지역을 포격할 것이라는 것을 알려 주도록 하고 있다.[53]

제1추가의정서 제57조 1항은 "군사작전 수행에 있어 민간주민, 민간인 및 민간물자가 위해를 받지 아니하도록 하기 위하여 부단한 보호조치가 취하여져야 한다."고 규정하고 있다. 제2추가의정서 제13조 1항도 "민간주민과 민간개개인은 군사작전으로부터 발생하는 위험에 대하여 일반적 보호를 향유한다."고 규정한다. 이러한 조약규정에 의할 때 군사작전에 있어서 민간인의 보호를 위한 조치가 부단히 취하여져야 하며, 공격에 대한 사전통지는 이러한 보호조치의 일환으로 볼 수 있다.

구유고재판소(ICTY)도 쿠프레스키치(Kupreskic) 판결에서 공격시 사전주의 의무는 국제관습법이라고 하였다.[54]

위의 규칙과 관련하여 제1추가의정서 제57조는 세 가지의 세부적 규칙을 규정하고 있다. 첫째, 각 충돌당사국은 공격목표가 군사목표인지 확인하기 위해 실

---

51) 미국육군교범, p. 19-20; 제4협약 제147조.
52) 미국육군교범, p. 20.
53) Id.
54) ICTY, Kupreskic case, Judgment, para. 49-132.

행가능한 모든 조치를 취하여야 한다.[55] 둘째, 우발적인 민간인 생명의 손실, 민간인에 대한 상해 및 민간물자에 대한 손상을 피하고 어떠한 경우에도 그것을 극소화하기 위하여 공격의 수단 및 방법의 선택에 있어서 실행가능한 모든 예방조치를 취하여야 한다.[56] 이러한 예방조치의 예로는 공격시간을 고려하는 것, 인구밀집지역에서 전투를 수행하는 것을 회피하는 것, 비례적인 공격수단을 선택하는 것, 공격목표를 설정하고 정확한 무기를 사용하는 것 등을 들 수 있다.[57] 셋째, 우발적인 민간인 생명의 손실, 민간인에 대한 상해, 민간물자에 대한 손상 또는 그 복합적 결과를 야기할 우려가 있거나 또는 구체적이고 직접적인 소기의 군사적 이익과 비교하여 과도한 모든 공격의 개시를 결정하는 것을 피하여야 한다.[58] 이 규칙은 각 충돌당사국이 군사적 이익과 민간인의 손실 등을 평가할 의무가 있음을 밝히고 있다.

제1추가의정서 제57조 2항 나호는 "목표물이 군사목표물이 아니거나 특별한 보호를 받는 것이 분명한 경우 및 공격이 우발적인 민간인 생명의 손실·민간인에 대한 상해·물자에 대한 손상 또는 그것들의 결합을 야기할 우려가 있거나 또는 구체적이고 직접적인 소기의 군사적 이익과 관련하여 과도한 것으로 될 것이 분명한 경우에는 그 공격은 취소 또는 중지되어야 한다."고 규정한다. 동항 다호는 "상황이 허용되는 한 민간주민에게 영향을 미칠 공격에 관하여 유효한 사전경고가 주어져야 한다."고 하여 헤이그규칙 제26조와 유사한 의무를 규정하고 있다.

6. 포위된 지역의 주민에 대한 대우

(1) 일반 주민

특정 지역을 포위한 군대의 사령관은 포위된 지역과 그 외부지역의 통신과 연락을 금지할 수 있는 권리가 있다.[59] 그러나 제4협약 제17조는 충돌당사국이 공격 또는 포위된 지역으로부터의 부상자, 병자, 허약자, 노인, 아동 및 임산부의 철수 및 동 지역으로 향하는 종교요원, 의무요원 및 의료기재의 통로를 위한 지역적 협정을 체결토록 노력할 의무를 부과하고 있다. 또한, 제4협약 제23조는 비록

---

55) 제1추가의정서, 제57조 2항 가(1).
56) 제1추가의정서 제57조 2항 가(2); CIHL, p. 56-57.
57) CIHL, p. 58.
58) 제1추가의정서 제57조 2항 가(3).
59) 미국육군교범, p. 20.

적국일지라도 민간인에게만 향하는 의료품 및 병원용품, 그리고 종교상의 의식을 위하여 필요로 하는 물품 등 모든 탁송품의 자유통과를 허용하여야 하고, 15세 미만의 아동, 임산부에게 송부되는 불가결한 식료품, 피복 및 영양제 등 모든 탁송품의 자유통과를 허가하도록 규정하고 있다.

위의 규칙을 제외하고, 포위군대의 사령관이 포위된 지역을 비전투원이 떠나도록 허가하여야 할 법적 의무는 없다. 비전투원이 포위지역을 떠나도록 허가하는 것과 이와 관련하여 조건을 부과하는 것은 포위군대 사령관의 재량이다.[60] 따라서 포위를 당한 지역의 사령관이 그 병참부담을 덜기 위하여 그 지역의 비전투원들을 밖으로 내보낼 경우, 포위를 하고 있는 군대의 사령관이 항복을 촉진시키기 위해 그 비전투원들을 다시 돌려보내는 것도 극단적인 조치이기는 하지만 합법적인 것이다.[61] 포위된 지역을 허가 없이 출입하려는 사람은 공격, 송환, 또는 체포의 대상이 된다.[62]

(2) 외교관과 영사관원

중립국의 외교관과 영사관원은 적대행위가 개시되기 전에 포위된 지역을 떠날 수 있으나, 이 특권은 적대행위가 시작되면 주장할 수 없다.[63] 만일 이들이 자발적으로 남아 있기로 결정한 경우에는 다른 주민과 같은 위험을 감수하여야 한다.[64]

7. 약탈행위 금지

약탈(pillage 또는 plunder)은 공격군 또는 정복군이 적국의 주민의 사유재산을 강탈하는 것을 의미한다.

헤이그협약 제28조에 의하면 습격(assault)에 의한 경우라도 도시, 기타 지역을 약탈할 수 없다. 제4협약 제33조도 "약탈은 금지된다."고 규정한다. 로마규정 제8조 2항 나(16)은 "습격에 의하여 점령되었을 때라도, 도시 또는 지역의 약탈"이 전쟁범죄임을 규정하고 있다.

제2추가의정서 제4조 2항 사호도 비국제적 무력충돌에서의 약탈을 금지하고 있다.

---

60) Id.
61) Id.
62) Id.
63) Id., p. 21.
64) Id.

제5절 특별히 보호되는 인원, 건물과 지역

1. 공격해서는 안 되는 건물

헤이그규칙 제27조는 포위공격 및 포격을 행함에 있어서는 종교, 예술, 학술 및 자선의 용도에 제공되는 건물, 역사상의 기념건조물, 병원과 병자 및 부상자의 수용소는 그것이 동시에 군사상의 목적에 사용되지 않는 한 되도록 피해를 면케 하기 위해 필요한 모든 수단을 취하여야 한다고 규정한다. 또한 동 조는 포위공격 을 당한 자는 잘 보이는 특별한 휘장으로써 그러한 건물 또는 수용소를 표시하는 의무를 지며, 그 휘장은 사전에 이를 포위공격자에게 통고하여야 한다고 하고 있다.

2. 민간병원, 의무부대와 의무요원

(1) 민간병원

제4협약 제18조는 부상자, 병자, 허약자 및 임산부를 간호하기 위하여 설립된 민간병원은 어떠한 경우에도 공격의 대상이 되어서는 안 되며 항시 충돌당사국에 의하여 존중되고 보호되어야 한다고 규정하고, 충돌당사국은 모든 민간병원에 대 하여 그 병원이 민간병원이라는 것 및 그 병원이 사용하는 건물이 제19조의 규정 에 따라 병원으로서의 보호를 박탈당할 만한 목적으로 사용되고 있지 않다는 것 을 제시하는 증명서를 발급하여야 한다고 규정한다. 또한, 민간병원은 국가의 허 가가 있는 경우에 한하여 육전에 있어서의 군대의 부상자 및 병자의 상태 개선에 관한 1949년 8월 12일자의 제네바협약(제1협약) 제38조에 규정된 표지에 의하여 표시되어야 하며, 충돌당사국은 군사상의 사정이 허락하는 한, 적대행위의 가능성 을 제거하기 위하여 적의 육·공·해군에게 민간병원을 명백히 보일 수 있도록 명 확한 표지를 부착하는 필요한 조치를 취하여야 한다.[65]

한편 가능한 한 부상자와 병자는 군사목표와 떨어진 지역이나 적과 합의한 안전지대에 수용하는 것이 바람직하다. 병원이 군사목표물에 근접해 있음으로써 노출될 위험에 비추어, 그러한 병원은 가능한 한 그러한 목표물로부터 떨어져 위 치할 것이 요망된다.[66] 제4협약 제14조는 평시에 있어서 체약국, 그리고 적대행위

---

65) 제4협약 제18조.

의 발발 후에 있어서 적대행위의 당사국은 각자의 영역 내에 그리고 필요한 경우에는 점령지역 내에, 부상자, 병자, 노인, 15세 미만 아동, 임산부 및 7세 미만의 유아의 모를 전쟁의 영향으로부터 보호하기 위하여 편제되는 병원, 안전지대 및 지점을 설정할 수 있도록 하고 있다.

또한, 제4협약 제19조는 "민간병원이 향유할 수 있는 보호는 그러한 병원이 그 인도적인 임무를 벗어나 적에게 유해한 행위를 하도록 사용된 경우를 제외하고는 소멸되어서는 안 된다. 단, 그 보호는 모든 적당한 경우에 합리적인 기한을 정한 경고를 발하고 그 경고가 무시된 후가 아니면 소멸될 수 없다."고 하여 민간병원에 대한 보호가 예외적으로 소멸될 수도 있음을 밝히고 있다. 유해한 행위와 관련하여, 부상자, 또는 병자인 군대의 구성원이 이들 병원에서 간호되고 있는 사실 또는 이들 전투원으로부터 받아둔 소무기 및 탄약이 존재하나, 아직 정당한 기관에 인도되지 않고 있는 사실은 적에게 유해한 행위로 인정되지 않는다.[67]

적에게 유해한 행위의 예로는 건강한 전투원을 병원에 숨기는 것, 무기나 탄약을 병원에 저장하는 것, 병원을 군사적 감시초소로 이용하는 것, 군사목표물에 대한 공격을 저지시키기 위해 병원을 사용하는 것 등을 들 수 있다.[68]

(2) 의무부대(Military Unit)

제1추가의정서 제8조 마호는 "의무부대"라 함은 부상자, 병자, 난선자에 대한 일차진료를 포함한 수색, 수용, 수송, 진찰 및 치료와 같은 의료목적과 질병의 예방을 위하여 구성된 군인 또는 민간시설 및 기타 부대를 의미한다. 이 용어는 예를 들어 병원 및 유사한 단체, 수혈센터, 예방의료본부 및 기관, 의료창고와 의무부대의 의료 및 의약품창고를 포함한다. 의무부대는 고정식 또는 이동식, 영구적 또는 임시적일 수 있다고 정의하고 있다. 따라서 제1추가의정서의 의무부대에는 군병원뿐만 아니라 민간병원도 포함된다.

제1추가의정서 제12조 1항은 "의무부대는 항상 존중되고 보호되며, 공격의 대상이 되어서는 아니 된다."고 규정한다. 제2추가의정서 제11조 1항도 "의무부대 및 수송수단은 항시 존중되고 보호되며 공격의 목표가 되어서는 아니 된다."고 하

---

66) 제4협약 제18조.
67) 제4협약 제19조.
68) Jean S. Pictet(ed.), *Commentary on the First Geneva Convention, ICRC, Geneva*, 1952, pp. 200-201.

여 비국제적 무력충돌에서도 의부부대를 보호하여야 한다고 규정한다.

제1추가의정서 제12조 4항에 의하면, 어떠한 경우에도 의무부대는 군사목표물을 공격으로부터 엄폐하기 위한 목적으로 사용되어서는 안 되며, 충돌당사국은 가능한 한 의무부대가 군사목표물에 대한 공격으로 인하여 그 안전이 위태롭지 않게 위치하도록 보장하여야 한다.

의무부대가 인도적 기능 이외에 적에게 해로운 행위를 하는 데 이용되면 그 보호를 상실하게 된다.[69]

(3) 의무요원

제1추가의정서 제15조도 군대의 의무요원뿐만 아니라 민간의무요원의 보호도 규정하고 있다. 제2추가의정서 제9조 1항도 의무요원의 보호를 규정하고 있다.

의무요원의 정의는 제1추가의정서 제8조 다호에 다음과 같이 규정되어 있으며, 이 정의는 국가관행에서 널리 사용되고 있다.

> 다. "의무요원"이라 함은 충돌당사국에 의하여 전적으로 마.호에 열거된 의료목적이나 의무부대의 행정 또는 의료수송의 운영 또는 행정에 배속된 자를 의미한다.
> (1) 제1 및 제2협약에 규정된 자를 포함하여 군인 또는 민간인을 불문하고 충돌당사국의 의료요원 또는 민방위조직에 배속된 의료요원
> (2) 국내적십자(적신월·적사자태양)사와 충돌당사국에 의하여 정당히 인정되고 허가된 기타 국내 자발적 구호단체의 의료요원
> (3) 본 의정서 제9조 2항에 규정된 의무부대와 의료수송차량의 의무요원

(4) 의료윤리

제1추가의정서 제16조 1항은 어떤 사람도 의료윤리에 적합한 의료활동을 수행함을 그 이유로 그 수혜자가 누구인가를 불문하고 결코 처벌받지 아니한다고 규정한다. 또한, 동 조 2항은 의료활동에 종사하는 자는 의료윤리에 관한 규칙 또는 기타 부상자와 병자의 이익을 위하여 정하여진 규칙, 제네바협약 또는 본 의정서에 반하는 행동 또는 업무를 수행하도록 강제되거나, 그러한 규칙 및 규정에 의하여 요구되는 행동 또는 업무를 수행하지 못하도록 강제되지 않음을 밝히고 있

---

69) 제1협약 제21조; 제4협약 제19조; 제1추가의정서 제13조; 제2추가의정서 제11조 2항.

다. 동 조 3항은 의료활동에 종사하는 자는 자국의 법률에 의하여 요구되는 경우를 제외하고는 자기의 가료를 받고 있거나 또는 받았던 부상자, 병자에 관한 어떠한 정보라도 그의 견해상 그러한 정보가 관련 환자 또는 그 가족에 유해할 것으로 판단될 경우, 적대국에 소속하든 자국에 소속하든 불문하고 누구에게도 이를 제공하도록 강요되지 않으나, 전염병 질병에 대한 의무적인 통보에 관한 규칙은 존중된다고 하고 있다.

제2추가의정서 제10조도 위 규정과 유사한 내용을 정하고 있다.

(5) 의무수송수단(Medical Transports)

의무수송수단은 제1협약 제35조와 제4협약 제21조에 의해 보호되고 존중된다. 제1추가의정서 제21조는 "의무차량은 협약과 본 의정서에 따라 이동의무부대와 같은 방법으로 존중되고 보호된다."고 규정하여, 민간의무차량과 군의무수송수단을 모두 보호대상으로 규정한다. 비국제적 무력충돌에서의 의무차량의 보호는 제네바협약의 공통된 3조에 의해 묵시적으로 인정된다.[70]

제1추가의정서 제8조 바호에서 차호는 의무수송수단을 다음과 같이 정의한다.

바. "의무수송"이라 함은 제 협약 및 본 의정서에 의하여 보호되는 부상자, 병자, 난선자, 의무요원, 종교요원, 의료장비, 의료품의 육지, 해상, 공중을 통한 수송을 의미한다.
사. "의무수송수단"이라 함은 군용 또는 민간용이든 영구적 또는 일시적이든간에 충돌당사국의 권한 있는 당국의 통치하에 있고 의무수송에 전적으로 할당된 모든 수송수단을 의미한다.
아. "의무차량"이라 함은 육상의무수송수단을 의미한다.
자. "의무용 선박"이라 함은 해상의무수송수단을 의미한다.
차. "의무항공기"라 함은 공중의무수송수단을 의미한다.

3. 종교요원과 시설

종교적 의무에 전적으로 종사하는 종교요원은 모든 상황에서 존중되고 보호받아야 한다.[71] 그러나 그들이 인도적 기능을 벗어나 적대행위를 하는 경우 보호

---

70) CIHL, p. 99.
71) 제1협약 24조; 제2협약 제36조와 제37조; 제1추가의정서 제15조 5항.

를 상실한다. 제1협약 제24조와 제2협약 제36조는 종교요원의 보호를 규정하고 있다. 제1추가의정서 제15조 5항은 "민간종교요원은 존중되고 보호된다."고 하여 군대의 종교요원뿐만 아니라 민간종교요원도 보호대상으로 하고 있다. 제2추가의 정서 제9조도 종교요원의 보호와 존중을 규정하고 있다.

종교요원은 제1추가의정서 제8조 라호에 다음과 같이 정의된다.

> 라. "종교요원"이라 함은 군목과 같이 전적으로 성직에 종사하고 있고 아래에 소속된 군인 또는 민간인을 의미한다.
>   (1) 충돌당사국의 군대
>   (2) 충돌당사국의 의무부대 또는 의무수송차량
>   (3) 제9조 제2항에 규정된 의무부대 또는 의무수송차량
>   (4) 충돌당사국의 민방위조직
>   종교요원의 소속은 영구적 또는 임시적일 수 있으며 카.호의 관련규정이 그들에게 적용된다.

종교요원의 역할은 군대에 수행하는 군대의 복지를 담당하는 사람에 의해 수행될 수 있으며, 이들은 종교요원으로서 보호받을 수 있다.[72] 종교요원은 다른 종교나 적에 대한 증오심을 고취하는 일을 삼가야 한다.

종교요원은 군당국이 압인 발급한 적십자, 적신월, 또는 적수정의 표시가 된 방수성의 완장을 왼팔에 둘러야 한다.[73] 또한, 종교요원은 그들의 신분을 나타내는 증명서를 휴대하여야 한다.[74]

국제형사재판소규정에 의하면 종교요원을 공격하는 것은 전쟁범죄가 된다.[75]

4. 구호활동에 참여하는 요원과 구호물품(Humanitarian Relief Personnel and Objects)

제1추가의정서 제71조는 구호활동에 참여하는 요원을 보호하고 존중하도록 하고 있다. 제2추가의정서 제18조 2항은 "민간주민이 식량 및 의료공급 등 생존에

---

72) 제1협약 제13조 4항; Dieter Fleck, *supra note 27*, p. 422.
73) 제1협약 제40조 1항; 제2협약 제42조 1항; 제1추가의정서 제18조 1항과 3항; 제2추가의정서 제12조; 제3추가의정서 제2조.
74) 제1협약 제40조 2항; 제2협약 제42조 2항.
75) ICC규정 제8조 2항 나호(24)와 마호(2).

필수적인 공급의 결핍으로 과도한 곤경에 처하고 있을 경우 오로지 인도적이고 공평한 성질을 띠며 불리한 차별을 행함이 없이 수행되는 민간주민을 위한 구호행위는 관련 체약당사국의 동의하에 실시되어야 한다."고 규정하고 있는데, 이러한 구호행위가 보장되기 위해서는 구호요원의 보호와 존중이 필요하다.

추가의정서들은 구호요원의 보호와 관련하여, 그 구호활동이 승인된 구호활동이어야 한다고 규정하고 있으나, 대부분의 국가관행은 이러한 승인요건을 요구하지 않는다.[76]

한편, 구호품과 관련하여, 제1추가의정서 제70조 4항은 충돌당사국이 구호품을 보호하고 그것들의 신속한 분배를 용이하게 하여야 한다고 규정한다. 또한, ICC규정 제8조 2항 마호(3)은 "국제연합헌장에 따른 인도적 원조나 평화유지임무와 관련된 요원, 시설, 자재, 부대 또는 차량이 무력충돌에 관한 국제법에 따라 민간인 또는 민간대상물에 대하여 부여되는 보호를 받을 자격이 있는 한도에서 그들에 대한 고의적 공격"을 전쟁범죄로 규정하여, 비국제적 무력충돌에서 인도적 원조와 관련한 요원, 시설, 자재 등에 대한 공격을 전쟁범죄로 규정하고 있다.

5. 평화유지와 관련된 요원과 시설 등(Personnel and Objects Involved in a Peacekeeping Mission)

ICC규정 제8조 2항 나호(3)과 마호(3)은 평화유지임무와 관련된 요원, 시설, 자재, 부대 또는 차량이 무력충돌에 관한 국제법에 따라 민간인 또는 민간대상물에 대하여 부여되는 보호를 받을 자격이 있는 한도에서 그들에 대한 고의적 공격을 전쟁범죄로서 규정하고 있다.

시에라리온(Sierra Leone) 특별재판소규정 제4조(b)도 이러한 규칙을 포함하고 있다. 평화유지활동(PKO)을 하는 요원은 직업군인이라도 민간인으로 간주되어 보호를 받는다. 그러나 평화유지활동이 아닌 평화강제활동(peace enforcement operation)을 하는 군인은 전투원으로 간주되어 이 규칙의 적용대상이 아니다.

---

76) CIHL, p. 109.

6. 기자(Journalists)

제1추가의정서 제79조 1항은 무력충돌 지역 내에서 위험한 직업적 임무에 종사하는 기자들은 제1추가의정서 제50조 1항이 의미하는 민간인으로 간주된다고 규정하여, 기자들을 민간인으로서 보호하도록 하고 있다. 기자들은 민간인으로서의 자신의 지위에 불리하게 영향을 미치는 어떠한 행위도 하지 아니할 것을 조건으로 하여, 민간인 자격으로 보호된다.[77] 따라서 기자가 적대행위에 직접 가담하는 경우에는 다른 민간인과 마찬가지로 그 보호자격을 상실한다.

한편, 민간기자(civilian journalist)와 종군기자(war correspondent)는 다르다. 종군기자는 군대의 구성원은 아니지만 군대에 수행하는 기자이다. 종군기자는 군대의 구성원이 아니기 때문에 엄밀한 의미로는 전투원이 아닌 민간인이며 공격의 대상이 아니다.[78] 그러나 종군기자는 적에게 체포되면 제3협약 제4조 1항 라에 의해 포로의 대우를 받을 자격이 있다. 이와 달리 민간기자는 포로의 대우를 받지 못하고 민간인으로서 보호를 받는다.

기자들은 제1추가의정서 제2부속서에 첨부된 모형과 동일한 신분증명서를 소지할 수 있다. 이 증명서는 언론기관의 소재지국 정부에 의하여 발급되어야 하며 기자로서의 그의 지위를 증명하여야 한다.[79]

7. 위험한 물리력을 포함한 시설

제1추가의정서 제56조 1항은 "위험한 물리력을 포함하고 있는 시설물, 즉 댐, 제방, 원자력발전소는 비록 군사목표물인 경우라도 그러한 공격이 위험한 물리력을 방출하고 그것으로 인하여 민간주민에 대해 극심한 손상을 야기하게 되는 경우에는 공격의 대상이 되지 아니한다. 이러한 시설물 내에 위치하거나 또는 그에 인접하여 위치한 기타 군사목표물도 그러한 공격이 시설물로부터 위험한 물리력을 방출하고 그것으로 민간주민에 대하여 극심한 손상을 야기하게 되는 경우에는 공격의 대상이 되지 아니한다."고 규정한다.

그러나 이러한 시설이 군사작전에 대한 정규적이고 중요하며 직접적인 지원

---

77) 제1추가의정서 제79조 2항.
78) CIHL, p. 117.
79) 제1추가의정서 제79조 3항.

(regular, significant and direct support)을 위해 사용되며 또한 그에 대한 공격이 그 지원을 종결시키기 위하여 실행가능한 유일한 방법일 경우, 이러한 시설의 공격에 대한 특별한 보호가 중지된다.[80] 이러한 시설물 내에 또는 그에 인접하여 위치한 기타의 군사목표물에 관하여도 동일한 규칙이 적용된다.[81]

"정규적이고 중요하며 직접적인 지원"에는 예를 들어, 무기, 탄약, 방어장비의 제조가 포함된다. 그러나 단순히 군대가 사용할 가능성이 있다는 것만으로는 이러한 지원이 되지 않는다.

충돌당사국은 어떠한 군사목표물이라도 위험한 물리력을 포함한 시설에 인접하여 설치되지 않도록 노력하여야 한다. 그러나 보호대상인 시설물을 공격으로부터 방위하려는 목적만을 위하여 건설된 시설물은 허용될 수 있으며, 그것들은 공격의 대상이 되지 않는다.[82]

충돌당사국들은 공격의 효과로부터 위험한 물리력을 포함한 시설이 보호받도록 모든 예방조치를 취하여야 할 의무가 있다. 예를 들어 공격받을 가능성이 있는 원자력발전소는 운영을 중단하는 것도 바람직하다. 이는 제1추가의정서 제58조 다호가 충돌당사국은 가능한 한 최대한도로 자국의 지배하에 있는 민간주민, 민간개인 및 민간물자를 군사작전으로부터 연유하는 위험으로부터 보호하기 위하여 필요한 예방조치를 취하여야 한다고 규정하고 있기 때문이다.

위험한 물리력을 포함하고 있는 시설의 식별을 용이하게 하기 위하여, 충돌당사국은 동일한 축선상에 위치하는 선명한 오렌지색의 3개의 원군으로 구성되는 특별한 표지로써 그것들을 표시할 수 있다. 그러나 이러한 표지가 없다고 하여도 충돌당사국은 위험한 물리력을 포함한 시설을 특별히 보호해야 할 의무가 면제되는 것이 아니다.[83]

---

80) 제1추가의정서 제56조 2항.
81) Id.
82) 제1추가의정서 제56조 5항.
83) 제1추가의정서 제56조 7항.

제6절 전략(Stratagems)

1. 원 칙

헤이그규칙 제24조는 전쟁시의 위계(ruses of war)와 적에 관한 정보 및 지형 탐지를 위하여 필요한 수단의 행사는 허용되는 것으로 간주된다고 규정한다. 즉, 정당한 위계는 전쟁법상 허용된다. 그러나 배신행위(treachery 또는 perfidy)는 전쟁법상 허용되지 않는다.

2. 신의(Good Faith)

행동규칙으로서 적과의 신의도 준수하여야 한다. 그러나, 이러한 신의 준수가 간첩이나 비밀요원을 보내는 것, 적의 민간주민이 소요나 폭동을 일으키도록 장려하는 것, 적의 민간인이나 군인을 매수하는 것, 적의 군인이 탈영, 항복 또는 항명하도록 유도하는 것 등을 금지하는 것은 아니다. 일반적으로, 교전자는 적을 기만하기 위한 전략과 전술을 사용할 수 있다.[84]

3. 배신행위

적을 기만하기 위한 위계와 전술은 허용되지만 배신행위는 허용되지 않는다. 정당한 위계와 금지되는 배신행위의 구별은 종종 애매한 경우가 있다. 그러나 신뢰를 배반하는 방법으로 의도적인 거짓말과 행동을 하여 적을 공격하는 행위는 전쟁법상 금지되는 배신행위라고 할 수 있다.

제1추가의정서 제37조 1항은 다음과 같다.

1. 적을 배신행위에 의하여 죽이거나 상해를 주거나 포획하는 것은 금지된다. 적으로 하여금 그가 무력충돌시 적용가능한 국제법 규칙하의 보호를 부여받을 권리가 있다거나 의무가 있다고 믿게 할 적의 신념을 유발하는 행위로서 그러한 신념을 배신할 목적의 행위는 배신행위를 구성한다. 하기 행위들은 배신행위의 예이다.
   가. 정전이나 항복의 기치하에서 협상할 것처럼 위장하는 것
   나. 상처나 병으로 인하여 무능력한 것처럼 위장하는 것

---

84) 미국육군교범, p. 22.

다. 민간인이나 비전투원의 지위인 것처럼 위장하는 것

라. 국제연합 또는 중립국, 비전쟁 당사국의 부호, 표창, 제복을 사용함으로써 피
   보호자격으로 위장하는 것

즉, 거짓 항복을 하는 것처럼 하여 적이 방심하는 틈에 적을 살해하는 것은 배신적인 살해행위라고 할 수 있다. 또한, 적에게 휴전이 합의되지 않았는데 휴전이 되었다고 방송하는 것은 배신적인 것이다.[85] 그러나 적에게 그들이 포위되었다고 말하여 소수의 병력으로 적의 항복을 유도하는 것은 합법적인 위계이다.[86]

전쟁에서 배신행위를 금지하는 것은, 한 교전자가 다른 교전자를 완전히 전멸시키는 경우와 유사하게, 배신행위가 평화회복을 위한 기초를 파괴하기 때문이다.[87]

헤이그규칙 제23조(b)는 적국 또는 적군에 속하는 자를 배신의 행위로써 살상하는 것을 금지하고 있으며, ICC규정은 이 조항을 제8조 2항 나호(11)과 마호(9)에서 규정하여, 이러한 배신적 살상행위를 전쟁범죄로서 규정하고 있다.

한편, 휴전기간 중에 경고 없이 적대행위를 다시 하는 것은 불법적인 배신행위이다.[88] 다만, 휴전협정의 다른 당사자가 의도적으로 협정을 중대하게 위반하였다는 것이 확실하고, 경고를 하는 것이 협정위반자에게 상당한 이익을 주는 경우에는 경고 없이 적대행위를 재개할 수 있다.[89]

4. 합법적인 위계(Ruse)

합법적인 위계는 적을 혼란시키기 위한 행위들이다.[90] 제1추가의정서 제37조2항은 "전쟁의 위계는 금지되지 아니한다. 그러한 위계는 적을 오도하거나 무모하게 행동하도록 의도되었으나 전시에 적용되는 국제법규칙에 위반되지 아니하며 또한 법에 의한 보호와 관련하여 적의 신뢰를 유발하지 아니하기 때문에 배신행위가 아닌 행위들을 말한다. 위장, 유인, 양동작전, 오보의 이용"은 위계의 예이다.

---

85) 미국육군교범, p. 22.

86) Id.

87) Id.

88) 미국육군교범, p. 175,

89) Id.

90) CIHL, p. 204.

또한 기습공격, 매복, 위장된 공격, 철수, 또는 도주, 소수병력을 대규모 병력으로 위장, 허위방송 또는 전화이용, 적 사령관이 명령을 내렸다고 허위로 주장하는 것, 적의 신호와 암호를 이용하는 것, 증원병력의 위장, 허위병참지원을 가장하는 것, 허위정보의 유포, 간첩과 비밀요원의 활용, 도로표지의 변경, 허위의 총기, 차량, 지뢰, 비행장 등을 이용하는 것, 군복에서 소속부대표시를 가리는 것, 허위 신호를 보내는 것, 심리전 활동 등은 합법적인 위계로 인정된다.[91)

5. 제네바협약상 식별표장의 부당사용 금지

제1추가의정서 제38조 1항은 "적십자·적신월·적사자태양 등 식별표장, 제 협약 및 본 의정서에 의하여 부여된 다른 표장, 부호, 신호의 부당한 사용은 금지된다."고 하여 제네바협약상의 식별표장을 부당하게 사용하는 것을 금지하고 있다. 헤이그규칙 제23조(f)도 "군사기, 국기, 기타의 군용휘장, 적의 제복 또는 제네바조약의 특수휘장을 부당하게 사용하는 것"을 특히 금지하고 있다.

식별표장의 부당한 사용은 그 표장이 사용되어야 하는 용도 이외의 용도로 사용되는 것을 의미한다. 예를 들어 병원 등을 관측장소나 군사사무소로 이용하는 것, 적십자표장을 게시한 건물이나 천막으로부터 사격을 가하는 것, 병원열차나 의무항공기를 이용하여 전투원의 탈출을 돕는 것, 탄약이나 무기를 수송하는 차량에 적십자표장을 게시하는 것, 그리고, 일반적으로 적대행위를 위장하기 위해 표장을 사용하는 것 등이 부당한 사용에 포함된다.[92)

6. UN의 식별표장과 제복의 부당한 사용금지

UN의 식별표장과 제복의 부당한 사용은 제1추가의정서 제38조 2항에 의해 금지된다. 또한 ICC규정 제8조 2항 나호(8)은 UN의 식별표장이나 제복을 부당히 사용하여 살인이나 상해를 초래하는 것을 전쟁범죄로 규정하고 있다.

7. 국적표장의 부당한 사용금지

제1추가의정서 제39조 1항은 중립국 및 충돌비당사국의 기, 군표장, 기장, 제 복을 무력충돌시에 사용하는 것을 금지하고 있다. 또한 동 조 2항은 공격에 참가

---

91) 미국육군교범, pp. 22–23.
92) 미국육군교범, p. 23.

하는 중에 또는 군사작전을 엄폐, 지원, 보호 또는 방해하기 위하여 적대당사국의 기, 군사표장, 기장, 제복을 사용하는 것을 금지하고 있다.

제7절 전투 중 재산에 대한 규칙

1. 재산 파괴

재산의 파괴를 허용하는 범위는 전쟁의 필요성을 엄격하게 적용하여 결정하여야 한다. 재산의 파괴 그 자체가 목적인 경우의 파괴는 전쟁법상 허용되지 않는다. 그러므로 재산의 파괴와 적군의 제압과의 사이에는 상당한 인과관계가 있어야 한다. 예를 들어 군대의 작전, 이동, 전투활동의 결과 재산상의 피해가 발생한 경우에는 사유재산을 보호해야 한다는 규칙을 위반한 것이 아니다.93) 즉, 토지는 행군이나 숙영지 또는 방어진지 구축을 위해 사용할 수 있고, 건물을 위생목적상 파괴하거나 군대나 상병자의 숙소로 사용할 수 있다.94) 건물을 정찰, 은폐, 엄폐를 위해 사용할 수 있고, 담장이나 숲, 작물 등도 사격을 위해서나 비행기의 착륙을 위해 제거할 수도 있다.

한편 제4협약 제53조는 "개인적인 것이거나 또는 공동적인 것임을 불문하고 사인, 국가 기타의 공공당국, 사회단체 또는 협동단체에 속하는 부동산 또는 동산의 점령군에 의한 파괴는 그것이 군사행동에 의하여 절대 필요하게 될 경우를 제외하고는 일체 금지된다."고 하여 점령군에 의한 재산파괴를 엄격하게 제한하고 있다.

2. 적 재산의 파괴와 압류

헤이그규칙 제23조(g)항은 "전쟁의 필요상 부득이한 경우를 제외하고 적의 재산을 파괴 또는 압류하는 것"을 금지하고 있다.

3. 전리품(Booty of War)

(1) 국유재산

전장에서 발견되거나 획득한 적의 모든 국유동산(movable property)은 획득한

---

93) 미국육군교범, p. 24.
94) Id.

국가의 재산이 된다.[95] 해전의 경우 적의 군함(국유재산)을 획득하면 그 군함은 전리품이 되어 소유권이 획득한 국가의 재산으로 자동적으로 이전되고, 적의 사선(사유재산)은 포획물(prize)로서 획득한 국가의 국내포획재판을 통해 소유권이 이전된다.

(2) 사유재산

적의 무기, 군사서류, 군마 등이 아닌 적국의 사유재산으로서 전장에서 발견되거나 획득한 것은 점령지역에서 국유화하는 것이 허용되는 범위까지만 국유화할 수 있다.[96]

(3) 전쟁포로의 재산

전쟁포로가 계속 소유할 수 있는 재산은 제3협약 제18조에 규정되어 있다. 이 조항에 의하면, 특히 포로는 무기, 마필, 군 장비 및 군 문서를 제외한 모든 개인용품은 포로가 계속하여 소지하며, 철모와 방독면 및 인체의 보호를 위하여 교부된 유사한 물품도 계속 소지할 수 있다. 또한, 포로의 의복과 식사를 위하여 사용되는 물품도 비록 그들이 정규의 군 장비에 속하는 것이라고 하더라도 포로가 계속하여 소지할 수 있다.

4. 문화재 등의 보호

(1) 문화재의 존중

각 충돌당사자는 문화재를 존중하여야 한다. 문화재(cultural property)는 국민의 문화적 또는 정신적 유산에 대단히 중요한 동산 및 부동산을 의미한다.[97] 종교, 예술, 과학, 교육 또는 자선목적의 건물이나 역사적 기념비는 군사목표가 아닌 한, 이들이 군사작전의 수행에 있어서 손상을 입지 않도록 특별한 주의를 기울여야 한다.[98] 또한, 모든 사람들에게 문화적 유산이 되는 중요한 자산은 군사적 필요에 의해 절대적으로 요구되지 않는 한 공격의 대상이 되어서는 안 된다.[99]

---

95) 미국육군교범, p. 24.
96) Id.
97) 제1추가의정서 제53조 1항; 제2추가의정서 제16조; 문화재협약 제1조.
98) CIHL, Rule 38.
99) Id.

로마규정 제8조 2항 나(9)호와 마(4)호도 "군사목표물이 아닌 것을 조건으로, 종교·교육·예술·과학 또는 자선목적의 건물, 역사적 기념물, 병원, 병자와 부상자를 수용하는 장소에 대한 고의적 공격"을 전쟁범죄로 규정하고 있다.

(2) 문화재의 사용주의의무

모든 사람에게 중요한 의미를 가지는 문화유산을, 군사적 필요에 의해 절대적으로 요구되는 경우를 제외하고, 파괴나 손상에 노출될 수 있는 목적으로 사용하여서는 안 된다.[100]

(3) 문화재의 압수 또는 파괴금지

종교, 자선, 교육, 예술 및 과학을 위한 기관, 역사적 기념비와 예술작품과 과학작품에 대한 어떠한 종류의 압수나 파괴 또는 의도적인 손상을 가하는 것은 금지된다.[101] 또한, 어떠한 형태의 절도, 약탈, 악용이나 모든 사람에게 중요한 문화적 유산에 대한 어떠한 형태의 파괴도 금지된다.[102]

(4) 문화재의 반출금지와 반환

점령당국은 문화재의 불법적인 반출을 예방하여야 하며, 불법적으로 반출된 문화재는 피점령지의 관계당국에 돌려주어야 한다.[103] 점령지역으로부터 불법으로 반출된 문화재를 돌려주어야 할 의무는 1954년 문화재보호를 위한 헤이그협약의 제1의정서(the 1954 First Protocol to the Hague Convention for the Protection of Cultural Property) 제3항에 규정되어 있다.[104] 이 협약에는 88개국이 가입하였으며, 이 협약의 제1조는 무력충돌시 문화재를 점령지역으로부터 반출하는 것을 방지할 의무를 각 당사국에게 부과하고 있다.

1970년 문화재의 불법거래에 관한 협약(the 1970 Convention on the Illicit Trade in Cultural Property) 제2조 2항은 각 당사국이 문화재의 불법수입, 수출, 소유권이전을 반대할 의무를 부과하고 있으며, 동 협약 제11조는 외국이 특정 국가를 점령함으로써 발생하는 직접 또는 간접적인 강제에 의한 문화재의 수출 또는 소유권의

---

100) CIHL, Rule 39, p. 131.
101) 헤이그규칙 제56조; CIHL, Rule 40.
102) CIHL, Rule 40; 문화재보호에 관한 헤이그협약 제4조.
103) CIHL, 규칙 41.
104) 249 UNTS 358-64.

이전이 불법적인 것으로 간주된다고 규정한다. 이 협약에는 104개국이 가입하였으며, 이 중 37개국은 문화재보호에 관한 협약의 제1추가의정서에 가입하지 않은 나라이기 때문에 총 125개국이 문화재의 불법반출을 방지할 의무가 있다고 할 수 있다.105)

1999년 문화재보호를 위한 헤이그협약의 제2의정서(the 1999 Second Hague Protocol for the Protection of Cultural Property in the Event of Armed Conflict) 제9조 1항은 점령당국이 문화재의 어떠한 불법수출, 다른 이전 또는 소유권의 이전을 금지하고 방지할 의무가 있음을 규정하고 있다. 또한 이 협약 제21조는 이러한 위반을 국가들이 처벌하기 위한 입법·행정적 조치 등을 취하도록 하고 있다.

한편, 1954년 문화재보호를 위한 헤이그협약의 제1의정서(the 1954 First Protocol to the Hague Convention for the Protection of Cultural Property) 제3항은 문화재를 전쟁배상금으로서 보유하는 것을 금지하고 있다.

---

105) CIHL p. 135.

제3장

포   로

제1절 포로의 정의

제네바 제3협약 제4조는 다음과 같이 포로(Prisoner of War)를 정의한다.

1. 본 협약에서 포로라 함은 다음 부류의 하나에 속하는 자로서 적의 수중에 들어간 자를 말한다.

   가. 충돌당사국의 군대의 구성원 및 그러한 군대의 일부를 구성하는 민병대 또는 의용대의 구성원

   나. 충돌당사국에 속하며 그들 자신의 영토(동 영토가 점령되고 있는지의 여부를 불문한다) 내외에서 활동하는 기타의 민병대의 구성원 및 기타의 의용대의 구성원(이에는 조직적인 저항운동의 구성원을 포함한다). 단, 그러한 조직적 저항운동을 포함하는 그러한 민병대 또는 의용대는 다음의 조건을 충족시켜야 한다.

      (1) 그 부하에 대하여 책임을 지는 자에 의하여 지휘될 것
      (2) 멀리서 인식할 수 있는 고정된 식별표지를 가질 것
      (3) 공공연하게 무기를 휴대할 것
      (4) 전쟁에 관한 법규 및 관행에 따라 그들의 작전을 행할 것

   다. 억류국이 승인하지 아니하는 정부 또는 당국에 충성을 서약한 정규군대의 구성원

   라. 실제로 군대의 구성원은 아니나 군대에 수행하는 자. 즉, 군용기의 민간인 승무원, 종군기자, 납품업자, 노무대원, 또는 군대의 복지를 담당하는 부대의 구성원. 단, 이들은 이들이 수행하는 군대로부터 인가를 받고 있는 경우에 한하며, 이를 위하여 당해 군대는 이들에게 부속서의 양식과 유사한 신분증명서를 발급하여야 한다.

   마. 선장, 수로안내인 및 견습선원을 포함하는 충돌당사국의 상선의 승무원 및 민간항공기의 승무원으로서, 국제법의 다른 어떠한 규정에 의하여서도 더 유리한 대우의 혜택을 향유하지 아니하는 자

   바. 점령되어 있지 아니하는 영토의 주민으로서, 적이 접근하여 올 때, 정규군 부대에 편입될 시간이 없이, 침입하는 군대에 대항하기 위하여 자발적으로 무기를 든 자. 단, 이들이 공공연하게 무기를 휴대하고 또한 전쟁법규 및 관행을 존중하는 경우에 한한다.

2. 다음의 자들도 또한 본 협약에 의하여 포로로 대우되어야 한다.

   가. 피점령국의 군대에 소속하는 또는 소속하고 있던 자로서, 특히 그러한 자가 그들이 소속하는 교전 중에 있는 군대에 복귀하려다가 실패한 경우, 또는 억

류의 목적으로 행하여진 소환에 불응한 경우에 전기의 소속을 이유로 하여 점령국이 그들을 억류함이 필요하다고 인정되는 자. 단, 동 점령국이 본래 그가 점령하는 영토 외에서 적대행위가 행하여 지고 있는 동안에 그들을 석방하였다 하더라도 이를 불문한다.

나. 본 조에 열거한 부류의 하나에 속하는 자로서, 중립국 또는 비교전국이 자국의 영토 내에 접수하고 있고, 또한 그러한 국가가 국제법에 의하여 억류하여야 하는 자. 단, 이들 국가가 부여하기를 원하는 더욱 유리한 대우를 침해하지 못하며, 또한 제8조, 제10조, 제15조, 제30조 제5항, 제58조에서 제67조, 제92조, 제126조와 충돌당사국과 해당 중립국 또는 비교전국과의 사이에 외교관계가 존재하는 때에는 이익보호국에 관한 조항의 적용을 침해하지 않는다. 이러한 외교관계가 존재하는 경우에는, 이들이 속하는 충돌당사국은 이들에 대하여 본 협약에서 규정하는 이익보호국의 임무를 행함이 허용된다. 단, 이들 충돌당사국이 외교상 및 영사업무상의 관행 및 조약에 따라 통상 행하는 임무를 침해하지 않는다.

3. 본 조는 본 협약의 제33조에 규정하는 의무요원 및 군목의 지위에 하등의 영향도 미치지 아니한다.

포로는 주로 적의 전투원으로서, 체포되는 등 적의 수중에 들어간 경우에 적의 군사작전에 더 이상 가담하지 못하도록 하기 위하여 포로수용소 등에 구금하여 두는 사람이다. 포로가 되는 사람은 주로 적의 군인 등 전투원이나 예외적으로 다른 부류의 사람도 포로의 지위를 가질 수 있다. 포로는 범죄인이 아니며 적의 군사작전에 더 이상 가담하지 못하도록 억류하는 사람들이기 때문에 다음에서 자세하게 설명할 여러가지 권리를 가지게 된다.

포로의 대우에 관하여 제네바 제3협약이 자세한 규정을 가지고 있고, 제1추가의정서 제43조에서 45조도 규정하고 있다. 제네바 제3협약의 근본적인 규정들은 국제관습법으로 인정되고 있다.[1]

1. 전투원(Combatant)과 비전투원(Non Combatant)

헤이그규칙 제3조는 교전당사자의 병력은 전투원 및 비전투원으로 구성할 수 있다고 규정한다. 적에게 잡힌 경우에는 양자 모두 포로의 취급을 받을 권리를 향

---

1) Dieter Fleck, *The Handbook of International Humanitarian Law*, p. 371(2nd ed. 2008).

유한다. 이에 의할때, 교전당사국의 군대는 전투원과 비전투원으로 구성되며, 전투원은 적대행위에 직접 가담할 수 있는 사람(제1추가의정서 제43조 2항), 즉 필수적인 기능으로서 무기 또는 무기체계의 사용에 참여하는 사람을 의미한다. 비전투원은 적대행위에 가담하지 않는 군대의 의무요원이나 종교요원, 군법무관, 군무원 등을 의미한다. 군대의 구성원은 전투원이든 비전투원이든 적에게 잡힌 경우 모두 포로의 대우를 받을 권리가 있다.

(1) 전투원

전투원은 적의 수중에 들어갔을 때 포로가 된다.[2] 그들은 합법적인 군사작전에 참여했다는 이유로 책임을 추궁당하지 않는다. 전투원의 국제법 위반행위는 억류국의 법과 국제법에 따라 처벌될 수 있다.[3]

한편, 군대의 구성원이 아닌 사람은 민간인이며, 민간인은 원칙적으로 비전투원이다. 여기에는 군용기의 민간인 승무원, 군대에서 일하는 민간인 직원, 노무직원, 납품업자, 종군기자(war correspondent) 등이 포함된다. 그러나 민간인이 적대행위에 직접 가담하게 되면 전투원이 될 수 있고, 이때의 민간인은 포로의 대우를 받을 권리가 모두 인정되는 것은 아니다.

경찰 등 국내법 집행기구의 무장직원이나 준군사조직(paramilitary agency)의 직원은 원칙적으로 민간인이며, 이들이 그 국가의 군대에 편입될 때에는 전투원이 될 수 있다. 이러한 점을 명확하게 하기 위하여, 제1추가의정서 제43조 3항은 특정 충돌당사국이 준군사조직이나 무장한 법집행기구를 그 군대에 편입시킬 때에는 상대방 충돌당사국에 통지하도록 하고 있다. 이 통지행위에 의해 그 국가의 경찰 등은 국제법상 민간인의 신분에서 전투원의 신분으로 전환되게 된다.[4] 이 통지행위 이후에는 민간인의 신분으로서 보호되던 경찰 등이 전투원으로 전환되어 국제법상 적법한 공격대상이 되게 된다.[5] 따라서 경찰, 국경수비대 혹은 비슷한 방식으로 제복을 착용하는 기관은 국가의 군대의 일부에 편입될 경우 정규군과 동일한 규칙이 적용된다.[6]

---

2) 헤이그규칙 제3조; 제1추가의정서 제44조 1항.
3) 제3협약 제82조부터 제88조.
4) Dieter Fleck, *supra note 1*, p. 88.
5) Id., p. 89.
6) 국제적십자위원회, 직접적 적대행위 가담에 관한 국제인도법상 해석지침 24(2011).

전투원들은 공격행위를 하거나 공격을 위한 군사작전을 하는 동안에 그들을 민간인들과 구별되게 하여야 할 의무가 있다.7) 국가들은 전투원을 구별하기 위해, 그 정규군대의 구성원이 군복을 착용하도록 하는 것이 일반적인 관행이다.8)

(2) 비전투원

비전투원은 한 국가의 군대 내의 비전투요원을 의미하며, 군대의 구성원이 아닌 민간인과 다른 개념이다.9) 비전투원이 적의 수중에 들어갔을 때에는 전투원과 같이 포로의 지위를 얻게 된다.10) 그러나 민간인은 적의 수중에 들어가더라도 포로의 지위를 얻지 않는다. 또한, 국제인도법은 군사작전의 위험으로부터 민간인을 보호대상으로 하지만, 비전투원을 보호대상으로 하지 않는다. 제1추가의정서 제50조 1항은 "민간인이라 함은 제3협약 제4조 1항 (가), (나), (다), (바) 및 본 의정서 제43조에 언급된 자들의 어느 부류에도 속하지 아니하는 모든 사람을 말한다. 어떤 사람이 민간인인지의 여부가 의심스러운 경우에는 동인은 민간인으로 간주된다."고 규정하고 있고, 비전투원은 군대의 구성원으로서 제3협약 제4조 1항 (가)의 부류에 해당하기 때문에 민간인이 아니다. 따라서 비전투원은 제1추가의정서 제51조가 규정한 민간인을 공격대상으로 하지 않도록 한 보호조치 등의 적용을 받지 않는다. 결국 비전투원은 전투원보다 국제인도법상 더 나은 보호를 받지 못하고, 합법적인 공격의 대상이 된다고 할 수 있다.

그러나 비전투원 중 의무요원과 종교요원은 공격의 대상이 되지 않고 특별한 보호를 받는다. 이들은 적의 수중에 들어가더라도 포로을 지원하기 위하여 필요한 경우에만 구금할 수 있다.11) 또한, 이들은 포로로서 간주되어서는 안 되지만 포로와 동일한 법적 보호를 부여받는다.12)

비전투원도 공격으로부터 자신이나 다른 사람을 방어할 권리가 있으며, 의무요원이나 종교요원도 권총이나 소총 등 소형무기를 이러한 목적으로 소지할 수 있다.13)

---

7) 제1추가의정서 제44조 3항.
8) 제1추가의정서 제44조 7항.
9) Dieter Feleck, *supra note 1*, p. 99.
10) 제3협약 제4조 1항 가.
11) Dieter Fleck, *supra note 1*, p. 101.
12) 제3협약 제33조.
13) 제1협약 제22조; 제2협약 제35조; 제1추가의정서 제13조 2항.

(3) 군대의 구성원이 아니면서 군대에 수행하는 사람

국가의 군대에는 군대의 구성원이 아니면서 군대에 수행하는 사람들이 있다. 예를 들어 군용기의 민간인 승무원, 종군기자, 노무대원 등이 이에 해당한다. 이들은 군대의 구성원이 아니기 때문에 전투원이나 비전투원이 아니다. 이들은 민간인으로서 보호를 받는다고 볼 수 있다.[14) 그러나 이들도 적의 수중에 들어가면 포로의 지위를 얻게 된다.[15)

(4) 공중전과 해전의 특수성

육지에서의 군사차량과 다르게, 군용항공기와 군함은 그 국적과 군사적 성격을 나타내는 외부표시를 하여야 한다. 이러한 군용항공기와 군함을 정당하게 사용하여 적대행위에 참가하는 군대의 구성원은 그 군복을 입지 않고 있더라도 전투원의 지위가 유지된다.[16) 그들이 적에게 체포되었을 때에는 신분증명서를 가지고 그들의 신분을 입증하여야 한다.

2. 특수전부대와 공수부대

특수전부대와 공수부대의 대원은 기습공격을 하거나 적의 후방에서 파괴행위나 공격행위를 하더라도 그들이 정규군에 속해 있고 군복을 착용하고 있으면, 체포시에 포로로 대우를 받을 자격이 있다. 그들이 단독으로 작전을 하는 경우에도 포로대우를 받을 자격이 있다.[17)

그러나 이러한 병력이 군복을 착용하지 않고 평상복을 입고 있거나 적군의 군복을 입고 있고 적의 후방에서 파괴행위나 공격행위를 하는 경우에는 제1추가의정서 제37조 1항 다호의 "민간인이나 비전투원의 지위인 것처럼 위장하는 것"으로서 배신행위가 되어 처벌을 받게 된다. 그러나 이러한 행위에 대한 처벌을 할 때에도 정규의 사법절차를 거쳐야 한다.[18)

---

14) Dieter Fleck, *supra note 1*, p. 107.
15) 제3협약 제4조 1항 라.
16) Dieter Fleck, *supra note 1*, p. 113-114.
17) 미국육군교범, p. 27.
18) 제3협약 제82조 이하; 제1추가의정서 제75조 4항.

3. 민병대(Militias)와 의용대(Volunteer Corps) 구성원의 요건

제3협약 제4조 2항 나호(1)에서 (4)까지의 요건은 다음의 경우에 충족된다.

(1) 책임 있는 사람에 의한 지휘

이 요건은 민병대 등의 사령관이 군대의 장교이거나, 일정한 직책을 가진 사람이거나, 또는 민병대 등의 대원이 독자적으로 행동하지 않고 지휘를 받고 행동하였다는 것을 명확히 보여 주는 문서, 신분증명서 등을 제시하면 충족된다.[19] 국가의 승인은 필수적인 것이 아니며, 특정 조직이 즉시 구성되어 그 간부들을 바로 선출하는 것도 가능하다.

(2) 고정된 식별표지

"멀리서 인식할 수 있는 고정된 식별표지를 가질 것"이라는 요건은 군복을 입음으로써 충족이 된다. 완전하게 군복을 입지 않더라도 충분하다.[20] 철모나 군모를 써서 보통 민간인과 쉽게 구별할 수 있다면 이 요건이 충족된다.[21] 민병대나 의용군의 대원은 계급장이나 완장을 고정적으로 부착한 의복을 입는 것이 바람직하다. 적에게 고정된 식별표지를 알리는 것이 필수적이지는 않지만 오해를 피하기 위해 알리는 것이 바람직할 수 있다.

(3) 공공연하게 무기를 휴대할 것

이 요건은 무기를 숨기고 휴대하거나, 개인이 적에게 접근할 때 무기를 숨기는 경우에는 충족되지 않는다.[22] 1969년 이스라엘의 라말라 군사재판소(Military Court at Ramallah)는 카셈(Kassem) 사건에서 피고들이 이스라엘군과 교전할 때 무기를 사용하였다는 것만으로 이 요건을 충족하였다고 할 수 없다고 하였다. 왜냐하면 그들이 이스라엘군과 교전하기 시작할 때까지 무기를 휴대하였는지 알려지지 않았기 때문이라고 하였다.[23]

한편, 민족해방단체 등의 교전행위와 관련하여 제1추가의정서 제44조 3항은

---

19) 미국육군교범, p. 27.
20) Id.
21) Id.
22) Id. p. 28.
23) CIHL, p. 386.

다음과 같이 규정한다.

> 3. 적대행위의 영향으로부터 민간인 보호를 제고하기 위하여 전투원은 그들이 공격
> 이나 공격 전의 예비적인 군사작전에 참여하고 있는 동안 그들 자신을 민간인과
> 구별하여야 한다. 그러나 적대행위의 성격 때문에 무장전투원이 자신을 그와 같이
> 구별시킬 수 없는 무력충돌의 상황이 존재함을 감안하여 그러한 상황하에서 다음
> 기간 중 무기를 공공연히 휴대하는 경우에는 전투원으로서의 지위를 보유한다.
> 가. 각 교전기간 중 및
> 나. 공격개시 전의 작전전개에 가담하는 동안 적에게 노출되는 기간 중
> 본 항의 요구에 복종하는 행위는 제37조 1항 다.호에서 의미하는 배신적 행위로
> 간주되지 아니한다.

　　즉, 원칙적으로 전투원은 자신을 민간인과 구별하여야 할 의무가 있으나, 민
족해방단체 등의 전투원은 이들의 특수성으로 인해 각 교전기간 중과 공격개시
전의 작전 전개에 가담하는 동안 적에게 노출되는 기간 중에 무기를 공공연히 휴
대하는 경우에는 전투원의 지위를 보유할 수 있도록 하였다. 이는 정규군의 전투원
이 공격 전의 예비군사작전에 참여하는 동안에도 민간인과 구별되어야 하는 것과
비교하면 매우 짧은 기간 동안만 무기를 휴대할 것을 요구하고 있다고 할 수 있다.
　　그러나 민족해방단체의 전투원 등이 위의 요건을 준수하지 않으면, 전투원의
지위를 인정받을 수 없다. 이는 제1추가의정서 제44조 2항이 규정하고 있는 일반
원칙, 즉 전투원이 무력충돌에 적용되는 국제법규칙을 준수하지 않더라도 전투원
이 될 수 있는 권리를 박탈당하지 않는다는 원칙의 예외이다. 이 일반원칙은 전투
원의 전쟁법 위반행위를 징계하거나 형사처벌하는 것은 그의 소속국의 책임이
며[24], 전쟁법을 위반한 전투원이 적국의 수중에 들어갔을 때에는 그 억류국이 처
벌을 할 수는 있지만[25] 일차적으로 그 전투원의 지위를 박탈하거나 이차적으로
포로의 지위를 박탈할 수 없다는 것을 의미한다. 민족해방단체의 전투원에 관한
제1추가의정서 제44조 4항은 그 요건을 준수하지 않을 때 전투원의 지위를 잃게
되고, 따라서 포로의 지위를 얻을 수 없음을 규정하고 있다.

---

24) 제1추가의정서 제85조와 제86조.
25) 제3협약 제82조에서 제88조.

(4) 전쟁법의 준수

이 요건은 민병대 등의 구성원의 일부 개인이 전쟁범죄를 범하더라도, 단체 구성원의 대부분이 전쟁법을 준수하면 충족이 된다.[26]

4. 군민병(The Levée en Masse)

제3협약 제4조 바.호에 의하면 점령되어 있지 아니하는 영토의 주민으로서, 적이 접근하여 올 때, 정규군 부대에 편입될 시간이 없이, 침입하는 군대에 대항하기 위하여 자발적으로 무기를 든 자는 군민병으로서 정규 전투원의 자격을 갖게 된다. 단, 이들은 공공연하게 무기를 휴대하고 또한 전쟁법규 및 관행을 존중하여야 한다. 그러나 이들은 고정된 식별표지를 갖지 않아도 된다.

군민병의 경우에는 해당 지역이 점령될 때까지 해당 지역의 모든 주민이 정당한 적으로서 간주될 수 있다. 따라서 그 지역의 일부 주민이 대항작전에 참여한다면, 동 지역의 군사연령대의 모든 남자를 포로로 대우하는 것이 정당화될 수 있다.[27] 또한, 군민병을 구성하였던 주민들이 무기를 내려놓고 그들의 일상생활로 복귀하여도 그들은 포로가 될 수 있다.[28]

5. 상병자

제네바 제1협약 제14조는 "제12조의 규정을 따를 것을 조건으로, 적의 수중에 들어가는 교전국의 부상자 및 병자는 포로가 되며 그들에게는 포로에 관한 국제법의 규정이 적용된다."고 규정하여 교전국의 상병자도 포로가 됨을 명확히 하고 있다.

6. 의무요원과 종교요원

제1협약 제24조는 "부상자 또는 병자의 수색, 수용, 수송이나 치료 또는 질병의 예방에만 전적으로 종사하는 요원, 의무부대 및 시설의 관리에만 전적으로 종사하는 직원 및 군대에 수반하는 종교요원은 모든 경우에 있어서 존중되고 보호되어야 한다."고 규정한다.

---

26) 미국육군교범, p. 28.
27) Id.
28) Id.

제3협약 제33조는 다음과 같다.

의무요원 및 종교요원은 억류국이 포로를 원조하기 위하여 억류하는 동안 포로로 간주되지 아니한다. 단, 그들은 적어도 본 협약의 혜택 및 보호를 받으며 또한 포로에 대하여 의료상의 간호 및 종교상의 봉사를 제공하기 위하여 필요한 모든 편의를 제공받아야 한다.

그들은 억류국의 군법의 범위 내에서 억류국의 권한 있는 기관의 관리하에 그들의 직업적 양심에 따라 포로들, 특히 자기가 소속하는 군대에 예속하는 포로들의 이익을 위하여 그들의 의료 및 종교에 관한 임무를 계속하여 수행하여야 한다. 그들은 또한 그들의 의료 또는 종교상의 임무를 수행하는 데 있어 다음의 편의를 향유한다.

가. 그들은 수용소 밖에 있는 작업반 또는 병원에 있는 포로들을 정기적으로 방문함이 허가된다. 이를 위해서 억류국은 필요한 수송수단을 그들이 자유롭게 사용하도록 제공한다.

나. 각 수용소의 선임 군의관은 억류되어 있는 의무요원의 활동에 관련하는 모든 사항에 관하여 수용소의 군당국에 책임을 진다. 이를 위하여 충돌당사국은 전쟁의 개시와 함께 육전에 있어서의 군대의 부상자 및 병자의 상태개선에 관한 1949년 8월 12일 제네바협약 제26조에 말한 단체의 의무요원을 포함하는 전 의무요원의 상당한 계급에 관하여 합의하여야 한다. 이 선임 군의관 및 군종은 그들의 임무에 관한 모든 문제에 대하여 수용소의 권한 있는 당국과 교섭할 권리를 가진다. 그러한 당국은 이들 문제에 관한 통신을 위하여 모든 필요한 편의를 그들에게 제공하여야 한다.

다. 그러한 요원은 그들이 억류되어 있는 수용소의 내부규율에 따라야 하나, 그들의 의무상 또는 종교상의 임무에 관계가 있는 것 이외의 작업을 수행하도록 강제당하지 아니한다.

충돌당사국들은 전쟁 중 억류된 요원의 가능한 교체(relief)에 관하여 합의하고 또한 따라야 할 절차를 정하여야 한다.

전기의 규정은 포로에 관한 의무 또는 종교상의 분야에서 억류국에 부과되는 의무를 면제하지 아니한다.

비전투원도 공격에 대하여 자기방어를 할 권리가 있다. 따라서 의무요원이나 종교요원도 자기방어를 위하여 권총이나 소총 등을 사용할 수 있다.[29]

---

29) 제1협약 제22조; 제2협약 제35조; 제1추가의정서 제13조 2항.

7. 임시적으로 의료기능을 수행하는 사람들

제1협약 제25조는 "부상자 및 병자의 수용, 수송 또는 치료를 필요한 경우에 담당할 병원당직, 간호원 또는 보조들것 운반보조원으로 충당하기 위하여 특별히 훈련받은 군대 구성원도 그들의 임무를 수행하려고 할 경우, 적과 접촉하고 있을 때나 또는 적의 수중에 들어가 있을 때에 역시 존중되고 보호되어야 한다."고 규정한다.

또한, 동 협약 제29조는 "제25조에서 말하는 요원으로서 적의 수중에 들어가 있는 자는 포로가 된다. 단, 필요한 한 의료상의 임무에 종사하여야 한다."고 하여 임시적으로 의료기능을 수행하는 사람들도 포로가 됨을 밝히고 있다.

8. 구호단체의 직원

제네바 제1협약 제26조는 "각국 적십자사의 직원 및 본국 정부가 정당히 인정한 독지구호단체(篤志救護團體, Voluntary Aid Societies)의 직원으로서, 제24조에 열거한 요원과 동일한 임무에 종사할 수 있는 자는 동 조에 열거한 요원과 동일한 지위에 놓인다. 단, 이들 단체의 직원은 군 관계법령에 따를 것을 조건으로 한다.

각 체약국은 평시에 있어서나, 적대행위의 개시 또는 적대행위가 계속되는 동안에, 그들 단체를 실질적으로 이용하기에 앞서 자국군의 정규의무기관에 원조할 것을 자국의 책임하에 인정한 단체의 명칭을, 타방체약국에 통고하여야 한다."고 하고 있다.

9. 포로지위 대상자의 추가가능성

포로지위를 누릴 수 있는 대상자로서 지금까지 나열한 사람들 이외에 다른 사람도 포로의 지위를 누릴 수 있는 가능성이 있다. 즉, 앞에서 열거한 사람들이 아니어서 포로의 대우보다 덜 우호적인 대우를 받을 사람에 대해서 포로의 대우를 하는 것이 금지되지는 않는다.[30]

---

30) 미국육군교범, p. 30.

10. 잠정적 보호(Interim Protection)

제3협약 제5조는 "본 협약은 제4조에 말한 자에 대하여 이들이 적의 권력 내에 들어간 때부터 그들의 최종적인 석방과 송환 때까지 적용된다. 교전행위를 행하여 적의 수중에 빠진 자가 제4조에 열거한 부류의 1에 속하는 가의 여부에 대하여 의문이 생길 경우에는, 그러한 자들은 그들의 신분이 관할재판소(competent tribunal)에 의하여 결정될 때까지 본 협약의 보호를 향유한다."고 하여 특정인의 포로의 지위 여부가 불명확할 때는 권한 있는 재판소에 의해 포로가 아님이 결정될 때까지 포로로서 잠정적으로 보호를 받도록 하고 있다. 제1추가의정서 제45조 1항과 2항도 유사한 규정을 두고 있다.

미국육군교범은 "권한 있는 재판소"에 대해 3명 이상의 장교로 구성된 위원회(board)가 이 재판소의 역할을 할 수 있다고 해석하고 있다.[31] 권한 있는 재판소에 의해 포로의 지위를 누릴 수 없다고 결정된 사람들도 그들이 범한 행위를 결정하고 그에 대한 처벌을 부과하는 추가적인 사법적 절차를 거치지 않고서는 처형, 구금 또는 다른 형태로 처벌받지 않아야 한다.[32]

제2절   포로가 아닌 사람들

1. 적대행위를 범하는 사람으로서 포로의 대우를 받지 못하는 사람

적대행위를 행하는 사람으로서 제3협약 제4조에 나열된 부류에 속하지 않는 사람은 포로로 인정되지 않는다. 그러나 포로로 인정받지 못하는 사람도 제4협약 제4조상의 "보호되는 자"(protected person)이다. 즉, 그들도 민간인으로서 보호를 받아야 한다.

더구나 제1추가의정서 제75조에 의하면, 포로의 대우를 받지 못하는 사람도 모든 상황에서 인도적으로 대우를 받아야 하며, 적어도 근본적인 인권의 보호 (fundamental human rights protections)를 향유할 수 있다. 즉, 이러한 사람들에게도 국제인권규약 등 관련된 인권조약상의 보호조항이 적용되어야 한다. 예를 들어 구

---

31) Id.
32) Id., p. 31.

금중인 사람은 변호인의 도움을 받을 수 있고, 외국인이 구금된 경우에는 자국의 영사 등 관리에게 이 사실이 통보되고, 영사의 도움을 받을 수 있다. 1963년 영사관계에 관한 비엔나협약 제36조는 전쟁 중에도 의무적으로 적용되어야 하기 때문이다.[33]

2. 군복의 필요성

충돌당사국의 군대 구성원이나 군대의 일부를 이루는 의용군, 민병대의 구성원이 군사정보를 수집하기 위해서나 생명, 재산의 파괴를 통해 전투를 수행하기 위하여 적군의 후방에 침투하려고 의도적으로 그들의 신분을 은폐할 때에는 그 포로의 지위를 상실하게 된다.[34] 민간인의 복장을 하거나 적의 군복을 착용하는 것은 군대 구성원의 지위를 은폐하는 사례이다.

3. 간첩(Spies)

헤이그규칙 제29조는 "교전자의 작전지대 내에서 상대교전자에 통보할 의사로써 은밀히 또는 허위의 구실하에 행동하여 정보를 수집하거나 수집하려는 자가 아니면 이를 간첩으로 인정할 수 없다. 그러므로 변장하지 않은 군인으로서 정보를 수집하기 위하여 적군의 작전지대 내에 진입한 자는 이를 간첩으로 인정하지 않는다. 또 군인이건 아니건 불문하고 자국군 또는 적군에게 송부되는 통신을 전달하는 임무를 공공연히 집행하는 자도 또한 간첩으로 인정되지 않는다. 통신을 전달하기 위하여, 그리고 일반적으로 특정 군대 또는 지방의 각 부대간의 연락을 유지하기 위해 기구(balloons)로 파견된 자도 또한 같다."고 규정한다.

제1추가의정서 제46조 1항은 간첩행위에 종사하는 동안 적국의 권력 내에 들어간 충돌당사국의 군대의 구성원은 전쟁포로의 지위를 가질 권리가 없다고 규정한다. 동 조 2항은 "소속당사국을 위하여 적대당사국에 의하여 지배되는 영토 내에서 정보를 수집하거나 또는 수집하려고 기도하는 충돌당사국 군대의 구성원은 그 군대의 제복을 착용하는 한 간첩행위에 종사하는 것으로 간주되지 아니한다."고 하고 있다.

---

33) Dieter Fleck, *supra note 1*, p. 375 n. 19.
34) 미국육군교범, p. 31.

4. 간첩의 활용은 합법

앞에서 언급한 헤이그규칙 제29조와 헤이그규칙 제24조는 적의 정보를 얻기 위해 간첩과 그 밖의 비밀요원을 활용할 수 있는 교전자의 권리를 묵시적으로 인정하고 있다. 이 권리는 잘 확립되어 있는 것으로 간첩을 활용하는 것이 국제법에 위반되지 않는다. 간첩을 처벌하는 것은 전쟁법규를 위반한 것으로서 처벌하는 것이 아니라, 간첩행위를 통한 정보수집을 가능한 한 위험하고 어렵게 만들기 위한 것이다.

5. 간첩의 처벌

체포된 간첩은 재판을 거치지 아니하고는 처벌할 수 없다.[35] 또한, 일단 소속군에 복귀한 후에 다시 적에게 잡힌 간첩은 포로로서 취급되어야 하며, 이전의 간첩행위에 대해서는 어떤 책임도 지지 않는다.[36]

6. 게릴라(Guerrillas)와 빨치산(Partisans)

게릴라와 빨치산과 같이 교전자로서 승인받기 위한 전쟁법상의 조건(제3협약 제4조)을 준수하지 않고 무기를 사용하여 적대행위를 하는 사람은 체포되었을 경우에 포로의 대우를 받지 못하고, 재판을 받은 후 처형되거나 투옥될 수 있다.[37]

7. 기타 적대행위에 가담한 민간인

파괴행위(sabotage), 통신시설의 파괴, 군대를 의도적으로 잘못된 방향으로 안내하는 행위, 전쟁포로를 탈출시키는 행위 등 적의 후방에서 적대행위를 하는 민간인은 포로의 대우를 받지 못하며, 재판을 받고 처벌받을 수 있다. 이러한 적대행위를 하거나, 그 공모, 미수범은 사형에 처해질 수 있으며, 그보다 가벼운 형으로 처벌될 수도 있다.

8. 중립국의 무관(Military Attaché)과 외교관

중립국의 무관과 외교관이 그 신분을 밝히고 전투지역에 있는 군대에 수행하

---

35) 헤이그규칙 제30조; 제1추가의정서 제75조 4항.
36) 헤이그규칙 제31조; 제1추가의정서 제46조 4항.
37) 미국육군교범, p. 34.

거나 장악된 요새에서 발견되는 경우에, 적의 영토 내이든 적의 점령지역이든 그들이 적대행위에 가담하지 않는 한 포로로 구금되지 않는다. 그러나 그들은 전장 (theater of war)으로부터 퇴거할 것을 명령받을 수 있고, 필요한 경우 그들 소속국의 대사에게 인도될 수 있다. 그들이 전장으로부터 떠날 것을 거부하는 경우에만 그들을 구금할 수 있다.

9. 용병(Mercenaries)

제1추가의정서 제47조 1항은 용병은 전투원이나 포로가 될 수 있는 권리가 없음을 규정하고 있다. 또한 동 조 2항은 용병을 다음과 같이 정의하고 있다.

가. 무력충돌에서 싸우기 위하여 국내 또는 국외에서 특별히 징집되고,

나. 실제로 적대행위에 직접 참가하며,

다. 근본적으로 사적 이익을 얻을 목적으로, 그리고 충돌당사국에 의하여 또는 충돌당사국을 위하여 그 당사국 군대의 유사한 지위 및 기능의 전투원에게 약속되거나 지급된 것을 실질적으로 초과하는 물질적 보상을 약속받아 적대행위에 참가하려고 하고,

라. 충돌당사국의 국민이 아니거나 충돌당사국에 의하여 통치되는 영토의 주민이 아니며,

마. 충돌당사국의 군대의 구성원이 아니고,

바. 충돌당사국이 아닌 국가에 의하여 그 군대의 공적 임무를 가지고 파견되지 않은 자

제3절 포로의 보호

1. 보호기간

제3협약 제5조는 "본 협약은 제4조에 말한 자에 대하여 이들이 적의 권력 내에 들어간 때부터 그들의 최종적인 석방과 송환 때까지 적용된다…"고 규정하여 포로의 보호기간은 이들이 적의 권력 내에 들어간 때부터 그들의 최종적인 석방과 송환 때까지 적용됨을 밝히고 있다.[38]

---

38) 제3협약 제5조.

"적의 권력 내"에 들어갔다는 의미는 특정인이 적의 군인에 의해 체포되거나, 군인, 경찰, 지역 민방위조직 또는 그를 구금하고 있는 적의 민간인에게 항복한 것을 말한다.[39]

2. 포로의 살해

지휘관은 포로의 존재가 그 부대의 이동을 지연시키거나, 많은 경비병을 필요로 하여 부대의 전투력을 약화시키거나, 또는 포로가 식량 등 보급품을 소비하고 있거나, 또는 적군의 공격으로 곧 포로들이 탈출할 것이 예상되는 등의 이유로 포로를 살해하여서는 안 된다. 또한 공수부대, 특수부대의 작전 중이라도 자기보존(self-preservation)을 이유로 포로를 죽이는 것은 불법이다.[40]

3. 특별협정

제3협약 제6조는 다음과 같이 포로의 대우에 관한 특별협정을 체결할 수 있다고 규정한다.

> 체약국은 제10조, 제23조, 제28조, 제33조, 제60조, 제65조, 제66조, 제67조, 제72조, 제73조, 제75조, 제109조, 제110조, 제118조, 제119조, 제122조 및 제132조에 특별히 규정된 협정 외에 그에 관하여 별도의 규정을 두는 것이 적당하다고 인정하는 모든 사항에 관하여 다른 특별협정을 체결할 수 있다. 어떠한 특별협정도 본 협약에서 정하는 포로의 지위에 불리한 영향을 미치거나 또는 본 협약이 포로에게 부여하는 권리를 제한하여서는 아니 된다.
>
> 포로는 본 협약이 그들에게 적용되는 동안 전기의 협정의 이익을 계속 향유한다. 단, 전기의 협정 또는 추후의 협정에 반대되는 명문의 규정이 있는 경우, 또는 충돌당사국의 일방 또는 타방이 포로에 대하여 더 유리한 조치를 취한 경우는 예외로 한다.

4. 포로의 권리포기금지

포로는 어떠한 경우에도 제네바 제3협약 및 제3협약 제6조에서 말한 특별협정에 의하여 그들에게 보장된 권리의 일부 또는 전부를 포기할 수 없다.[41]

---

39) 미국육군교범, p. 35.
40) Id.
41) 제3협약 제7조.

포로는 자발적이라고 하더라도 포로의 권리와 포로의 지위를 포기하는 것이 금지된다. 이러한 금지는 민간인이 되기 위하여 또는 억류국의 군대에 참여하기 위하여 포로지위를 포기하는 포로에게도 적용된다.[42] 즉, 이러한 경우에 포로는 그 포로지위를 포기할 수 없다. 다만, 이 원칙의 예외로서 볼 수 있는 것은 억류 국이 송환을 원하지 않는 포로에게 합법적인 난민지위를 인정하는 것(asylum)이다. 억류국은 그 재량으로서 송환을 원하지 않는 포로에게 난민지위를 주는 것, 즉 망명을 인정할 수 있다.[43]

5. 포로의 대우에 대한 책임

포로는 적국의 권력 내에 있는 것이지, 그들을 체포한 개인이나 군부대의 권력 내에 있는 것이 아니다. 따라서 억류국은 있을 수 있는 개인의 책임에 관계없이 포로에게 부여하는 대우에 관하여 책임을 진다.[44]

억류국은 이송을 받는 국가가 본 협약을 적용할 의사와 능력이 있음을 확인한 후 이 협약당사국에 한하여 포로를 이송할 수 있다. 억류국에 의하여 포로가 위와 같이 이송될 때, 이 협약의 적용에 대한 책임은, 포로가 자국 내에 억류되고 있는 동안 포로를 접수한 국가에 있다.[45]

동 국가가 어떤 중요한 측면에서 이 협약의 규정을 실시하지 않을 경우, 포로를 이송한 국가는, 이익보호국의 통고가 있을 때 동 사태를 시정하기 위한 유효한 조치를 취하거나 또는 포로의 반환을 요청하여야 한다. 이러한 요청은 반드시 수락되어야 한다.[46]

포로의 이송은 제2항에 있듯이 세 가지의 요건이 충족되어야 한다. 첫째, 억류국은 제3협약의 당사국에게만 포로를 이송할 수 있다. 둘째, 접수국이 제3협약을 준수할 의사를 확인하여야 한다. 셋째, 제3협약의 준수를 위한 조건이 충족되었는지 객관적으로 확인이 되어야 한다. 따라서 접수국이 제3협약을 모두 준수하지 않고 일부만 적용하겠다고 밝히는 경우에는 그 국가에 포로를 이송할 수 없다. 포로의 이송문제는 미국이 테러와의 전쟁이라는 명목으로 아프가니스탄에서 체포한

---

42) 미국육군교범, p. 35.
43) Id., p. 77.
44) 제3협약 제12조 1항
45) 제3협약 제12조 2항.
46) 제3협약 제12조 3항.

사람들을 유럽국가 등에 비밀리에 보낸 조치와 관련하여 제3협약의 위반논란이 있었다. 포로수용소나 적절한 수용시설이 없고, 적절한 보급도 이루어지지 않는 장소에 포로를 이송하여서는 안 된다.

6. 포로에 대한 인도적 대우

제3협약 제13조는 "포로는 항상 인도적으로 대우되어야 한다. 그 억류하에 있는 포로를 사망케 하거나 그 건강에 중대한 위해를 가하는 여하한 억류국의 불법적인 작위 또는 부작위도 금지되어야 하며, 이는 또한 본 협약의 중대한 위반으로 간주된다. 특히, 포로에 대하여 신체의 절단 또는 의료, 치과 또는 임상치료상 정당하다고 인정될 수 없고 또한 그 이익에 배치되는 모든 종류의 의료 또는 과학적 실험을 행하지 못한다. 또한 포로는 특히 폭행, 또는 협박과 모욕 및 대중의 호기심으로 부터 항상 보호되어야 한다. 포로에 대한 복구(復仇, reprisal)조치는 금지된다."고 규정하고 있다.

7. 포로의 신체와 명예 존중

제3협약 제14조에 의하여 "포로는 모든 경우에 있어서 그들의 신체와 명예를 존중 받을 권리를 가진다.

여성은 여성이 당연히 받아야 할 모든 고려로서 대우되며, 또한 여하한 경우에도 남성과 동등하게 대우되어야 한다.

포로는 그들이 포로가 될 때에 향유하던 완전한 사법상의 행위능력을 보유한다. 억류국은, 포로라는 신분 때문에 불가피한 경우를 제외하고는 자국의 영토내외에서 그들의 행위능력이 부여하는 권리의 행사를 제한하여서는 안 된다."

제3협약 제15조에 따라 포로를 억류하는 국가는 무상으로 포로에 대한 급양을 제공하고, 또한 그들의 건강상태상 필요한 의료를 제공하여야 한다.

제3협약 제16조는 "억류국은 계급 및 성별에 관한 본 협약의 규정을 고려하고, 또한 그들의 건강상태, 연령 또는 전문능력을 이유로 그들에게 부여할 수 있는 특전적인 대우를 허여하면서, 인종, 국적, 종교적 신앙이나 정치적 의견에 근거를 둔 불리한 차별 또는 유사한 기준에 근거를 둔 기타의 모든 차별 없이 모든 포로를 균등하게 대우하여야 한다."고 규정한다. 그러나 이 조항이 수용소의 질서유지, 처벌 또는 의료상의 이유로 포로들을 분리시키는 것을 금지하지는 않는다.

제4절 포로신분의 개시

1. 포로의 심문

제네바 제3협약 제17조는 다음과 같이 포로의 심문에 대해 규율하고 있다.

모든 포로는 포로와 관련된 문제에 관하여 심문을 받을 때에는, 그 성명, 계급, 출생 연월일 및 소속군번호, 연대번호, 군번을 진술하여야 하며, 또는 이것이 없는 경우에는 이에 상당한 사항을 진술하여야 한다.[47] 그가 고의로 이 규칙을 위반할 경우에는, 그는 그의 계급 또는 지위에 해당하는 특권을 제한받을 수 있다.[48]

각 충돌당사국은, 자국관할하에 있는 자로서 포로가 될 수 있는 모든 자에게 소지자의 성명, 계급, 소속군번호, 연대번호, 군번 또는 이에 상당한 사항 및 출생 연월일을 표시한 신분증명서를 발급하여야 한다. 더욱이 신분증명서에는 소지자의 성명이나 지문, 또는 양자(兩者)를 기재할 수 있으며, 또한 충돌당사국이 그 군대에 소속하는 자에 관하여 부가하기를 원하는 기타의 사항도 기재할 수 있다. 증명서는 가능한 한 6.5×10(cm)의 크기로 하며, 정·부 2통을 발급한다.[49] 신분증명서는 요구가 있을 때 포로에 의하여 제시되어야 하나 여하한 경우에도 포로로부터 탈취되어서는 안 된다.

종류의 여하를 불문하고 정보를 그들로부터 입수하기 위해, 포로에 대하여 육체적 또는 정신적 고문이나 기타 모든 형태의 강제를 가하지 못한다. 답변을 거부하는 포로에 대하여 협박이나 모욕을 가하거나 또는 모든 형태의 불쾌하거나 불리한 대우를 주지 못한다.

그들의 신체적 또는 정신적 상태로 인하여 그들의 신분을 진술할 수 없는 포로는 의무대에 인도되어야 한다.[50] 그러한 포로의 신분은 전항의 규정에 따라 모든 가능한 방법으로 확정되어야 한다.

포로에 대한 심문은 그들이 이해하는 언어로 실시하여야 한다.[51]

---

47) 제3협약 제17조.
48) Id.
49) Id.
50) Id.
51) Id.

2. 포로의 재산

제네바 제3협약 제18조는 다음과 같이 포로의 재산에 대해 규율한다.

무기, 마필, 군장비 및 군 문서를 제외한 모든 개인용품은 포로가 계속하여 소지하며, 철모와 방독면 및 인체의 보호를 위하여 교부된 유사한 물품도 또한 동일하다.[52] 포로의 의복과 식량을 위하여 사용되는 물품도, 비록 그것들이 정규의 군 장비에 속하는 것이라고 하더라도 포로들이 계속하여 소지한다.

포로는 항상 신분증명서를 휴대하여야 한다. 억류국은 그러한 증명서를 소지하고 있지 않은 포로에게 신분증명서를 발급하여야 한다.

계급장 및 국적표시, 훈장 및 특히 개인적인 또는 정서적 가치를 가지는 물품을 포로로부터 탈취하지 못한다.

포로가 소지하는 금전은, 장교의 명령에 의하지 않고는 또한 금액과 소지자에 관한 상세가 특별장부에 기록되고 영수증 발행자의 성명, 계급 및 부대를 읽을 수 있도록 기재한 항목별 영수증이 발급된 후가 아니고는, 그들로부터 탈취하지 못한다. 억류국의 통화로 되어 있거나 또는 포로의 요청으로 그러한 통화로 교환된 금전은 제64조에 규정한 바에 따라 동 포로들의 계좌에 입금하여야 한다.

억류국은 안전을 이유로 하는 경우에 한하여 포로로부터 귀중품을 회수할 수 있다. 그러한 물품을 회수할 때에는 금전을 압수할 경우와 동일한 절차를 적용하여야 한다.

그러한 물품은, 억류국 이외의 통화로 압수되고 또한 그 교환이 소유자에 의하여 요청되지 않은 금전과 함께 억류국이 이를 보관하여야 하며 그들의 포로신분이 종료될 때에 원상대로 포로에게 반환하여야 한다.

한편, 억류국의 군인이 포로의 개인물품에 대해 포로와 물물교환을 하거나 기타 거래를 하는 것은 적절하지 않다. 포로가 설명하지 못하는 아주 많은 액수의 금전을 가지고 있는 경우에, 이 금전은 그의 소유재산이 아닌 적국 정부의 재산이거나 약탈하거나 훔친 재산으로 추정하는 것이 정당하다.

3. 포로의 후송(Evacuation)

포로는 포로가 된 후 가능한 한 신속히, 그들에게 위험이 없을 정도로 전투

---

52) 제3협약 제18조.

지역으로부터 충분히 떨어진 지역에 소재하는 수용소에 후송되어야 한다.53)

부상 또는 질병으로 인하여, 후송됨으로써 현재의 그들의 소재지에 머물러 있는 것보다 더 큰 위험에 부딪히게 될 포로에 한하여 일시적으로 위험지대에 체류시킬 수 있다.54)

포로는 전투 지대로부터 후송을 기다리는 동안 불필요하게 위험에 노출되어서는 안 된다.55)

또한, 포로의 후송은 항상 인도적으로, 또한 억류국 군대가 이동할 경우와 동일한 조건으로, 실행하여져야 한다.56)

억류국은 후송되고 있는 포로에게 충분한 식량과 음료수 및 필요한 의복과 의료를 공급하여야 하고, 후송 중 포로의 안전을 보장하기 위하여 적당한 모든 예비조치를 취하며, 후송되는 포로의 명부를 가능한 한 조속히 작성하여야 한다.57)

포로가 후송 중에 임시수용소를 통과하여야 할 경우에는, 그러한 수용소에서의 체재는 가급적 단축되어야 한다.58)

제5절 포로의 억류

1. 이동의 자유 제한

억류국은 포로를 억류(internment)할 수 있다. 억류국은 포로들이 억류되어 있는 수용소의 일정한 한계를 넘어 떠나지 않도록 하는 의무를, 또는 위에 말한 수용소가 울타리로 둘러싸인 경우에는 그 주위 밖으로 나가지 않도록 하는 의무를 포로들에게 부과할 수 있다.59) 형벌 및 징계벌에 관한 제3협약의 규정에 의할 때를 제외하고, 포로는 격리하여 감금(close confinement)되어서는 안 된다. 단, 그들의 건강을 보호하기 위하여 필요한 경우와, 또한 그러한 감금을 필요로 하는 사정이

---

53) 제3협약 제19조.
54) Id.
55) Id.
56) 제3협약 제20조.
57) Id.
58) Id.
59) 제3협약 제21조.

계속되는 동안은 예외로 한다.60)

2. 억류장소와 조건

포로는 육지에 소재하며 또한 위생상 및 보건상의 모든 보장을 주는 건물에서만 억류될 수 있다.61) 포로들 자신의 이익이 된다고 인정되는 특별한 경우를 제외하고는 포로들을 교도소에 억류할 수 없다.62)

비위생적인 지역에, 또는 기후가 그들에게 해로운 지역에 억류되어 있는 포로는 가능한 한 조속히 더 기후가 좋은 곳으로 이동시켜야 한다.63)

억류국은 포로를 그들의 국적과 언어 및 관습에 따라 수용소 건물에 집결시켜야 하지만, 포로의 동의가 없는 한, 그들이 포로로 되었을 때 복무하던 군대에 속한 포로들로부터 격리시킬 수 없다.64)

3. 포로의 안전

제3협약 제23조는 다음과 같이 포로의 안전을 보장하도록 하고 있다.

포로는 어떠한 때에도 전투지대의 포화에 노출될 우려가 있는 지역에 보내거나 또는 억류하지 못하며, 또한 그의 존재를 일정한 지점이나 지역을 군사작전으로부터 면제되도록 이용하지 못한다.

포로는 지방의 민간인 주민과 동일한 정도로 공중폭격과 기타의 전쟁의 위험에 대한 대피소를 가져야 한다. 그들의 숙사(quarters)를 위에 말한 위험으로부터 보호하는 임무에 종사하는 자들을 제외하고 포로들은 경보발령과 동시에 조속히 그러한 대피소에 대피할 수 있다. 주민을 위하여 취한 기타의 보호조치도 그들에게 적용된다.

억류국들은, 이익보호국의 중계를 통하여, 포로수용소의 지리적 위치에 관한 모든 유용한 정보를 관계국에게 제공하여야 한다.

포로수용소는 군사상 고려로서 허용되는 경우에는 언제든지 주간에 공중으로부터 명료하게 식별할 수 있는 위치에 PW 또는 PG라는 문자로서 표시되어야 한다. 단, 관계국가는 다른 표시방법에 대하여 합의할 수도 있다. 포로수용소 이외에는 위와

---

60) Id.
61) 제3협약 제22조.
62) Id.
63) Id.
64) Id.

같이 표시하지 못한다.

4. 상설적인 임시수용소

상설적인 성격의 임시수용소나 심사수용소는 위에 기술한 바와 유사한 조건 하에 설비되어야 하며, 또한 동 수용소 내의 포로는 다른 수용소와 동일한 대우를 받아야 한다.[65]

제6절 포로의 숙소, 식량, 의복

1. 숙   소

포로의 숙소에 관해 제3협약 제25조는 다음과 같이 규정한다.

포로는 동일한 지역에 숙영하는 억류국의 군대와 동일하게 유리한 조건으로 숙소에 수용되어야 한다. 위에 말한 조건은 포로의 습관 및 풍속을 참작한 것이어야 하며 또한 어떠한 경우에 있어서도 그들의 건강에 해롭지 아니하여야 한다.

앞의 규정은 총 면적 및 최저한의 공간과 일반적 설비, 침구 및 모포에 관하여 특히 포로의 침실에 대하여 적용된다.

포로의 개인적 또는 집단적 사용을 위하여 제공되는 건물은 습기로부터 보호되고 또한 적절히 난방이 되며, 특히 일몰부터 소등시까지 점등되어야 한다. 화재의 위험에 대하여 만전의 예방조치가 취하여져야 한다.

남자포로뿐만 아니라 여자포로도 수용되어 있는 수용소에 있어서는, 그들에 대하여 분리된 침실을 제공하여야 한다.

2. 식   량

제3협약 제26조는 다음과 같이 포로의 식량에 대해 규정하고 있다.

매일의 기본급식은 양, 질 및 종류에 있어서, 포로로 하여금 양호한 건강상태를 유지할 수 있도록 하고 또한 체중의 감소 또는 영양실조의 발생을 방지하는 데 충분하

---

65) 제3협약 제24조.

여야 한다. 포로의 습관적 식품도 참작하여야 한다.

억류국은 노동하는 포로에게, 그들이 취업하고 있는 노동에 필요한 추가의 급식을 제공하여야 한다.

포로에 대하여는 충분한 음료수를 공급하여야 하며 흡연을 허가하여야 한다.

포로는 가능한 한 그들 식사의 조리에 관여시켜야 하며, 이를 위하여 포로를 취사장에서 사용할 수 있다. 또한 포로에 대하여는 그들이 소지하는 다른 식량을 스스로 조리하는 수단을 제공하여야 한다.

적절한 건물을 식당으로 제공하여야 한다.

식량에 영향을 미치는 집단적인 징계는 금지된다.

3. 의   복

제3협약 제27조는 포로의 의복에 관하여 다음과 같이 규정한다.

억류국은, 포로가 억류되어 있는 지역의 기후를 고려하여 피복, 내의 및 신발을 충분히 공급하여야 한다. 기후에 적합한 경우에는 억류국이 포획한 적군의 제복을 포로의 피복으로 제공하여야 한다.

억류국은 전기물품의 정기적인 교환 및 수선을 보장하여야 한다. 또한 노동하는 포로는 노동의 성질상 필요한 때에는 언제든지 적절한 피복을 공급받아야 한다.

4. 매   점

모든 수용소에는, 포로가 식량, 비누, 담배 및 일상 사용하는 보통의 물품을 구매할 수 있는 매점이 설치되어야 한다. 가격은 그 지방의 시장가격을 초과하지 못한다.

수용소의 매점에서 얻은 이익금은 포로를 위하여 사용하여야 한다. 이를 위하여 특별기금을 설정하여야 한다. 포로의 대표는 매점 및 이 기금의 운영에 협력할 권리를 가진다.

수용소가 폐쇄될 때에는 특별기금의 잔액은, 그 기금에 기여한 자들과 동일한 국적의 포로들을 위하여 사용되도록, 국제복지기구에 인도하여야 한다. 전반적 송환의 경우에는 그러한 이익금은 관계국가간에 반대되는 협정이 없는 한 억류국에 의하여 보관된다.[66]

---

66) 제3협약 제28조.

5. 비   용

포로에게 제공되는 숙소, 식량, 의복 등은 포로가 비용을 부담하지 않고, 무상으로 제공된다.

제7절 위생과 의료

1. 위   생

억류국은 수용소의 청결 및 위생의 확보와 전염병의 방지를 위하여 필요한 모든 위생상의 조치를 취하여야 한다. 포로에게는 그들이 주야로 사용하기 위한 것으로서 위생상 규칙에 합치되고 항상 청결한 상태로 유지되는 화장실이 있어야 한다. 여자포로가 수용되어 있는 수용소에 있어서는 그들을 위하여 분리된 화장실을 설비하여야 한다.

또한 수용소에 설비되어야 할 목욕탕 및 샤워기 이외에, 포로에게는 세면과 개인적 세탁을 위한 충분한 물과 비누를 공급하여야 한다. 이를 위하여 포로에게는 필요한 설비, 시설 및 시간이 허용되어야 한다.[67]

2. 치   료

각 수용소에는 포로들이 필요한 치료와 적당한 식사요양을 제공받을 수 있는 적절한 병동이 있어야 한다. 필요한 경우에는 전염병 또는 정신병 환자를 위하여 격리 병동이 마련되어야 한다.

중병에 걸린, 또는 그 상태가 특별한 치료, 외과수술 또는 입원치료를 필요로 하는 포로들은, 그들의 송환이 가까운 장래에 예정되어 있는 경우라 하더라도 그러한 치료를 행할 수 있는 어떠한 군 또는 민간의료기관에라도 수용되어야 한다. 신체장애자, 특히 맹인에게 부여될 치료를 위하여 및 그들의 갱생을 위하여 송환시까지 특별한 편의를 제공하여야 한다.

포로는 가급적 그들이 의존하는 국가의 또한 가능하면 그들의 국적을 가진

---

67) 제3협약 제29조.

의료요원의 치료를 받아야 한다.

　포로는 진찰을 받기 위하여 의료당국에 출두함을 방지되어서는 아니 된다. 억류당국은 요청이 있을 때에는 치료를 받는 모든 포로에 대하여, 그들의 병 또는 부상의 성격과 치료받는 기간 및 종류를 표시하는 정식증명서를 발급하여야 한다. 이 증명서의 사본 1통은 중앙포로기구(Central Prisoners of War Agency)에 송부한다.

　포로를 양호한 건강상태로 유지하기 위하여 필요한 기구, 특히 의치 및 기타의 인공장비와 안경의 비용을 포함하는 의료비용은 억류국이 부담하여야 한다.[68]

　중앙포로기구는 1870년 보불전쟁때 국제적십자위원회(ICRC)가 스위스 바젤에 설치한 것이 시초이다. 1939년 제네바에 설치되었고 2,500여 명이 근무하고 그 중 1,600여 명이 무료로 봉사하였다. 1947년에 3천 6백만 장의 포로관련 카드를 보유하고 있었다.

3. 신체검사

　포로의 신체검사는 적어도 월1회 행하여야 한다. 그 검사에서는 각 포로의 체중을 측정하고 기록하는 것이 포함되어야 한다. 그 검사는 특히 포로의 건강, 영양 및 청결상태의 일반적 상태를 관리하고 또한 전염병, 특히 결핵, 말라리아 및 성병을 검출함을 목적으로 하여야 한다. 결핵의 조기검출을 위하여 집단적인 소형 방사선 사진의 정기적 촬영 등 이용가능하고 가장 유효한 방법을 사용하여야 한다.[69]

4. 의무활동에 종사하는 포로

　억류국은 그들 군대의 의무부대에 배속되지 아니한 자로서 의사, 치과의사, 간호사 또는 의료보조원인 포로에 대하여 동일한 국가에 속하는 포로를 위하여 그들의 의료상의 업무를 행하도록 명령할 수 있다. 이 경우에 그들의 포로신분은 계속되지만, 억류국에 의하여 억류된 대등한 의무요원과 동일한 대우를 받는다. 그들은 제49조에 의거한 다른 어떠한 노동으로부터도 면제된다.[70]

---

68) 제3협약 제30조
69) 제3협약 제31조.
70) 제3협약 제32조.

제8절 종교적, 지적, 신체적 활동

1. 종교적 자유

포로는 군 당국이 정하는 일상의 규율에 따를 것을 조건으로 하여, 그들 신앙의 종교의식에 참석하는 것을 포함하는 그들의 종교상 의무의 이행에 있어서 완전한 자유를 가진다.

종교적 의식을 거행할 수 있는 적당한 건물이 제공되어야 한다.[71]

2. 억류된 군종(Chaplain)

적국의 수중에 들어가거나 포로를 원조하기 위하여 머물러 있거나 억류되고 있는 성직자는 그의 종교적 양심에 따라 포로에 대하여 종교상의 임무를 행하고 또한 같은 종교에 속하는 포로에 대하여 자유로이 자기의 성직을 행함을 허용하여야 한다. 이들 요원은 같은 군대에 속하고 같은 언어를 사용하며 또는 같은 종교에 속하는 포로가 있는 각종의 수용소 및 작업반에 배속되어야 한다. 이들 요원은 그들의 수용소 밖에 있는 포로를 방문하기 위하여 제33조에 규정하는 수송수단을 포함하는 필요한 편의를 향유한다. 이들 요원은 검열을 받을 것을 조건으로 그들의 종교상의 임무에 관한 사항에 대하여 억류국의 종교기관 및 국제적 종교단체와 통신할 자유를 가진다. 그들이 이 목적으로 발송하는 서한 및 엽서는 제71조에 규정하는 할당량과는 별도로 한다.[72]

3. 성직자인 포로

성직자인 포로로서 그의 소속부대의 군종(chaplain)이 아닌 자는 종파의 여하를 불문하고, 동일한 종파에 속하는 자에 대하여 자유로이 그 종교적 직무를 행할 자유를 가진다. 이를 위하여 그들은 억류국이 억류하는 군종들과 동일한 대우를 받아야 한다. 그들은 다른 어떠한 노동도 강요당하지 아니한다.[73]

---

71) 제3협약 제34조.
72) 제3협약 제35조
73) 제3협약 제36조.

4. 해당 종교의 성직자가 없는 포로들

포로들이 억류된 군종이나 그들 종파에 속하는 성직자인 포로의 원조를 받지 못할 경우에, 그 포로들의 유사종파이거나 또는 그러한 성직자가 없을 때에는, 종교적 견지에서 가능하다면 자격 있는 평신도가 관계 포로들의 요청에 따라 이 자리를 채우기 위하여 임명되어야 한다. 이 임명은 억류국의 승인을 조건으로 하고 관계포로들 및 필요한 때에는 동일한 종교의 현지 종교기관의 동의를 얻어서 행하여야 한다. 이와 같이 임명된 자는 억류국이 규율 및 군사상의 안전을 위하여 확립한 모든 규칙을 준수하여야 한다.[74]

5. 여가활동, 지적 활동과 운동경기

억류국은 모든 포로의 개인적 취미를 존중하여 포로들의 지적, 교육적 및 오락적 활동과 운동경기를 장려하며 또한 포로들에게 적당한 장소 및 필요한 설비를 제공하여 포로들이 이것을 활용하도록 필요한 조치를 취하여야 한다.

포로들은 운동경기를 포함하는 신체운동을 행할 기회와 또한 실외에 나갈 기회를 가져야 한다. 이를 위하여 모든 수용소에 충분한 공간을 제공하여야 한다.[75]

제9절   포로의 규율

1. 행   정

모든 포로수용소는 억류국의 정규군대에 소속된 책임 있는 장교의 직접지휘 하에 두어야 한다. 그러한 장교는 본 협약의 사본을 소지하고 수용소 직원 및 경비원이 본 협약의 규정을 확실히 알고 있도록 하며 또한 그의 정부의 지도하에 본 협약의 적용에 대하여 책임을 져야 한다.

장교를 제외한 포로들은 억류국의 모든 장교들에 대하여 경례하고 또한 자국 군에 적용되는 규칙이 정하는 경의의 외부적 표시를 나타내어야 한다.

장교포로는 억류국의 상급장교에 대하여만 경례를 한다. 단, 그들은 수용소장

---

74) 제3협약 제37조.
75) 제3협약 제38조.

에 대하여는 그의 계급에 관계없이 경례를 하여야 한다.[76]

2. 계급장 및 훈장

포로의 계급장 및 국적표지와 훈장의 착용은 허가하여야 한다.[77]

3. 제3협약과 포로관련 규정의 게시

모든 수용소에는 본 협약 및 그 부속서의 본문과 제6조에 규정하는 모든 특별협정의 내용을 포로가 사용하는 언어로써 모든 포로가 읽을 수 있는 장소에 게시하여야 한다. 게시를 볼 기회가 없는 포로에 대하여는 그의 청구에 응하여 게시문의 사본을 교부하여야 한다.

포로의 행동에 관한 각종 규칙, 명령, 통고 및 공시는 포로가 이해하는 언어로써 전하여야 한다. 이들 규칙, 명령, 통고 및 고시는 전항에 정하는 방법으로 게시하여야 하고 그 사본은 포로대표에게 배부하여야 한다. 포로에 대하여 개인적으로 발하는 명령 및 지시도 당해 포로가 이해하는 언어로 하여야 한다.[78]

4. 무기의 사용

포로, 특히 도주하고 있거나 도주하려고 하는 포로에 대한 무기의 사용은 극단적인 조치가 되기 때문에 무기의 사용 전에 당해 사정에 적합한 경고를 반드시 행하여야 한다.[79]

제10절 포로의 계급

1. 계급의 통지

적대행위가 개시될 때에 충돌당사국은 같은 계급에 속하는 포로들의 대우를 평등하게 보장하기 위하여 본 협약 제4조에 말한 모든 자의 직위와 계급을 상호 통지하여야 한다. 그 후에 설정된 직위 및 계급도 유사하게 통지하여야 한다.

---

76) 제3협약 제39조.
77) 제3협약 제40조.
78) 제3협약 제41조.
79) 제3협약 제42조.

　억류국은 포로가 속하는 국가에 의하여 정식으로 통고된 포로의 계급의 승진을 승인하여야 한다.[80]

2. 장교의 대우

　장교인 포로 및 장교에 상당하는 지위의 포로는 그의 계급 및 연령에 적당한 고려를 하고 대우하여야 한다.

　장교 수용소에 있어서의 잡역을 확보하기 위하여 동일군대의 사병으로서 가급적 동일한 언어를 말하는 자를 장교인 포로 및 장교에 상당하는 지위의 포로의 계급을 고려하여 충분한 인원만큼 동 수용소에 파견하여야 한다. 이들 사병에 대하여는 다른 어떤 노동도 요구하여서는 안 된다.

　장교 자신에 의한 식사의 관리에 대하여는 모든 방법으로 편의를 제공하여야 한다.[81]

　이 조의 마지막 항은 장교들이 그들의 식사시설을 관리하는 데 있어서 상당한 자유를 주기 위한 것이다.[82]

3. 다른 포로의 대우

　장교인 포로 및 장교에 상당하는 지위의 포로 이외의 포로는 그의 계급 및 연령에 적당한 고려를 하고 대우하여야 한다.

　이들 포로 자신에 의한 식사의 관리에 대하여는 모든 방법으로 편의를 제공하여야 한다.[83]

제11절　포로의 이동

1. 이동조건

　억류국은 포로의 이동을 결정함에 있어서는 포로 자신의 이익을 고려하여야 하고 특히 포로의 송환을 더욱 곤란하게 하지 않도록 하여야 한다.

---

80) 제3협약 제43조.
81) 제3협약 제44조.
82) Jean S. Pictet et al, *Commentary of the Third Geneva Convention*(1960)[이하 제3협약 해설서], p. 252.
83) 제3협약 제45조.

포로의 이동은 항상 인도적으로 하며 또한 억류국의 군대의 이동의 조건보다도 불리하지 않은 조건으로 하여야 한다. 포로의 이동에 관하여는 포로가 몸에 익숙한 기후상태를 항상 고려하여야 하며, 이동의 조건은 어떠한 경우에도 포로의 건강을 해치는 것이어서는 안 된다.

억류국은 이동 중의 포로에 대하여 그 건강을 유지하기 위한 충분한 식량 및 음료수와 필요한 의복, 숙소 및 의료상의 조력을 제공하여야 한다. 또한, 억류국은 특히 해상 또는 항공수송의 경우에 있어서는 이동 중의 포로의 안전이 확보되도록 적당한 예방조치를 취하여야 한다. 억류국은 이동되는 포로의 완전한 명부를 출발 전에 작성하여야 한다.[84)

2. 이동의 금지

부상자 또는 병자인 포로는 이동에 의하여 그들의 회복이 방해될 염려가 있는 동안은 이동하여서는 안 된다. 단, 이들의 안전을 위하여 절대로 이동을 필요로 하는 경우에는 이동할 수 있다.

전투지역이 수용소에 접근한 경우에는 그 수용소의 포로는 충분히 안전한 조건으로 이동할 수 있을 때 또는 포로를 현지에 남겨 두면 이동할 경우보다 더 큰 위험에 노출되게 될 때를 제외하고는 이동하여서는 안 된다.[85)

3. 이동절차

이동을 할 경우에는 포로에 대하여 그의 출발사실 및 새로운 우편주소를 정식으로 통지하여야 한다. 이 통지는 포로가 충분히 그의 소지품을 준비하고 또한 그의 가족에 통보할 수 있도록 시간적 여유를 주고 이루어져야 한다.

포로에 대하여는 그의 개인용품 및 그들에게 온 서신과 소포를 휴대함을 허가하여야 한다. 이들 물품의 중량은 이동의 조건에 의하여 필요한 때에는 각 포로가 운반할 수 있는 적당한 중량으로 제한할 수 있다. 그 중량은 여하한 경우에도 포로 1인당 25킬로그램(55파운드)을 초과하지 못한다.

구 수용소로 보내온 서신 및 소포는 지체 없이 포로에게 전달하여야 한다. 수용소장은 포로대표와 협의하여 포로들의 공유물 및 이 조의 제2항에 따라 부담하

---

84) 제3협약 제46조.
85) 제3협약 제47조.

게 되는 제한에 따라 포로가 휴대하지 못하는 소지품의 수송을 확보하기 위하여 필요한 조치를 취하여야 한다.

이동의 비용은 억류국이 부담하여야 한다.[86]

제12절　포로의 노동

1. 일반원칙

억류국은, 특히 포로들의 신체적 및 정신적 건강을 양호한 상태로 유지하기 위한 목적을 가지고 그들의 연령, 성별, 계급 및 신체적 적성을 고려하여 신체적으로 적합한 포로의 노동을 이용할 수 있다.

포로인 부사관들에게는 감독적인 일만을 요구하여야 한다. 그렇게 요구되지 않은 자들은 가능한 한 그들을 위하여 발견되는 다른 적당한 노동을 요청할 수 있다.

장교 또는 이에 상당한 지위의 사람들이 적당한 노동을 요청할 경우에, 그들을 위하여 가능한 한 그러한 일을 찾아내어야 한다. 단, 그들은 어떠한 경우에 있어서도 노동을 강요당하지 아니한다.[87]

2. 승인된 노동

제네바 제3협약 제50조는 다음과 같이 승인된 노동을 규정하고 있다.

포로들은, 수용소의 행정, 시설 또는 유지에 관련된 노동 이외에 다음의 종류에 포함되는 노동에 한하여 이를 행하도록 강제될 수 있다.

가. 농업

나. 원료의 생산 또는 채취에 관련되는 산업, 제조업(야금업, 기계공업 및 화학공업은 제외한다)과 군사적 성질 또는 목적을 가지지 않는 토목공사와 건축업

다. 군사적 성질 또는 목적을 가지지 않는 운송업과 창고업,

라. 상업 및 예술과 공예

마. 가사용역

---

86) 제3협약 제48조.
87) 제3협약 제49조.

바. 군사적 성질 또는 목적을 가지지 않는 공익사업
　　위의 규정에 대한 위반이 있을 경우에는 포로들은 제78조에 따라 청원의
권리를 행사하도록 허용되어야 한다.

3. 근로조건

포로들은 특히 숙소, 음식, 피복 및 장비에 관하여 적절한 근로조건을 부여
받아야 한다. 그러한 조건은 유사한 노동에 종사하는 억류국의 국민이 향유하는
조건보다 불리하여서는 안 되며, 기후조건도 고려되어야 한다.

억류국은 포로들의 노동을 이용하는 데 있어서, 그러한 포로들이 노동하는
지역에 적용되는 노동의 보호에 관한 국내법령 특히 노동자의 안전에 관한 규칙
이 정당하게 적용되도록 보장하여야 한다.

포로들은 훈련을 받아야 하며, 또한 그들이 행하여야 하는 노동에 적합하고,
억류국 국민에게 부여되는 것과 유사한 보호수단을 제공받아야 한다. 본 협약 제
52조의 규정에 따를 것을 조건으로 하여, 포로들은 민간인 노동자가 겪는 통상적
인 위험에 노출될 수 있다.

어떠한 경우에도 징계조치에 의하여 노동조건을 더욱 어렵게 만들 수 없다. [88]

4. 위험하거나 굴욕적인 노동

포로는 스스로 희망하지 않는 한 건강에 해로운 또는 위험한 성질의 노동에
종사하지 못한다.

포로는 억류국 자신의 군대의 구성원에 대하여 굴욕적이라고 인정되는 노동
에 배치되어서는 안 된다.

지뢰나 그와 유사한 장치의 제거는 위험한 노동으로 간주된다.[89]

5. 근로시간

작업장까지의 왕복시간을 포함하여 포로들의 일일 노동시간은 과도하여서는
안 되며, 어떠한 경우에도 억류국의 국민으로서 동일한 노동에 고용되고 있는 당

---

88) 제3협약 제51조.
89) 제3협약 제52조.

해 지방의 민간인 노동자에게 허용되는 바를 초과하여서는 안 된다. 포로들은 매일의 노동의 중간에 1시간 이상의 휴식을 허락받아야 한다. 이 휴식은 억류국의 노동자들이 취할 권리가 있는 휴식이 더 길 경우에는 그러한 휴식과 동일한 것으로 하여야 한다. 포로들은 이 휴식 이외에, 되도록이면 일요일 또는 그들의 출신국에 있어서의 휴일에 24시간 지속되는 휴식을 매주 허락받아야 한다. 또한, 1년간 노동한 모든 포로들은 8일간 지속되는 유급휴가를 받아야 한다.

청부노동과 같은 노동방법이 사용될 경우에 그에 의하여 작업기간이 과도하게 되어서는 안 된다.[90]

6. 노동임금과 산업재해 및 질병

포로들이 받아야 하는 노동임금은 본 협약 제62조의 규정에 따라 결정된다.

노동에 관련하여 재해를 입은 포로 또는 그들의 노동 중 또는 노동의 결과로서 질병에 걸리는 포로들은 그들의 상태가 필요로 하는 모든 치료를 받아야 한다. 또한 억류국은, 그러한 포로들에게 그들이 의존하는 국가에게 그들의 청구를 제기할 수 있도록 의료진단서를 발급하여야 하며, 또한 그 진단서의 사본을 본 협약 제123조에 규정된 중앙포로기구(central prisoners of war agency)에 송부하여야 한다(제3협약 제54조).

7. 건강검진

포로가 노동에 적합한지 여부는 적어도 매월 1회 의사의 진찰에 의하여 정기적으로 확인되어야 한다. 그 진찰은 포로가 명령받은 노동의 성질을 특히 고려하여야 한다.

포로는, 그가 노동할 수 없다고 스스로 인정할 경우에, 그의 수용소의 의무당국에 출두하도록 허용되어야 한다. 의사들은 그들의 견해상 노동에 적합하지 않다고 생각되는 포로들을 노동으로부터 면제할 것을 권고할 수 있다(제3협약 제55조).

8. 노동분견대(Iabor Detachments)

노동분견대의 조직 및 관리는 포로수용소의 조직 및 관리와 유사하게 하여야

---

90) 제3협약 제53조.

한다.

모든 노동분견대는 포로수용소의 감독하에 두며 또한 행정적으로 수용소의 일부이다. 수용소의 군 당국 및 소장은, 그들의 정부의 지시하에 노동분견대가 본 협약의 규정을 준수하도록 하는 일에 대하여 책임을 진다.

수용소의 소장은 그의 수용소에 소속된 노동분견대의 최신 기록을 보관하며, 또한 그 수용소를 방문할 수 있는 이익보호국, 국제적십자위원회 또는 포로들에게 원조를 주는 기타의 단체의 대표들에게 그 기록을 통고하여야 한다(제3협약 제56조).

9. 사적 고용주를 위해 노동하는 포로들

사적인 고용주를 위하여 노동하는 포로들의 대우는, 동 사인이 그들을 감시 및 보호하는 책임을 지는 경우에도 본 협약이 정하는 대우보다도 불리한 것이어서는 안 된다. 억류국과 그러한 포로들이 소속하는 수용소의 군 당국 및 수용소장이 그러한 포로들의 급양, 간호 및 노동임금의 지불에 대하여 전적인 책임을 진다.

그러한 포로들은 그들이 속하는 수용소 내의 포로대표와 연락을 유지할 권리를 가진다(제3협약 제57조).

제13절 포로의 금전 관계

1. 소유가능 금액

적대행위가 시작된 때, 또한 이익보호국과 이 문제에 관하여 합의가 성립할 때까지 억류국은 현금 또는 이에 유사한 형식으로 포로들이 소지할 수 있는 최고 한도의 금액을 정할 수 있다. 그들이 정당하게 소지하고 있었으며 또한 그들로부터 압수되었거나 또는 그들에게 인도되지 않은 초과금액은 그들이 예치한 금전과 같이 그들의 계정에 올려야 하며, 또한 그들의 동의를 얻지 않고는 다른 통화로 교환하지 못한다.

포로들이 수용소 밖에서 용역 또는 물품을 구입하고 현금으로 지불하도록 허용될 경우에, 그러한 지불은 포로 자신 또는 수용소 행정부가 행하며, 동 수용소 행정부는 동 지불금액을 관계포로들의 계정에서 공제한다. 억류국은 이에 관하여 필요한 규칙을 정한다(제3협약 제58조).

2. 포로에게서 압수한 현금

포로가 된 때에 포로들로부터 본 협약 제18조에 따라 압수한 억류국의 통화로 된 현금은 제64조의 규정에 따라 그들의 독립계정에 올려야 한다.

포로가 된 때에 포로들로부터 압수한 기타의 통화를 억류국의 통화로 교환한 금액도 그들의 독립계정에 예치하여야 한다(제3협약 제59조).

3. 급여의 선지급(Advances of Pay)

억류국은 모든 포로에 대하여 월급을 선지불하여야 하며, 그 금액은 다음의 액을 억류국의 통화로 환산하여 정한다.

제1류: 병장 이하의 계급의 포로―8스위스 프랑.
제2류: 하사와 기타의 하사관 또는 이에 상당하는 계급의 포로―12스위스 프랑.
제3류: 준위 및 대위 계급 이하의 임관된 장교 또는 이에 상당하는 계급의 포로―
　　　50스위스 프랑.
제4류: 소령, 중령, 대령 또는 이에 상당하는 계급의 포로―60스위스 프랑.
제5류: 장관급 장교 또는 이에 상당하는 계급의 포로―75스위스 프랑.
그러나 관계 충돌당사국은 특별협정에 의하여 위의 부류의 포로가 받아야 할 선불금액을 변경할 수 있다.
또한 위의 제1항에 정하는 금액이 억류국의 군대의 봉급에 비하여 부당하게 높은 경우, 또는 어떤 이유에 의하여 억류국을 심히 난처한 입장에 처하게 할 경우에는, 전기 금액의 변경을 위하여 포로들이 소속하는 국가와 특별협정을 체결할 때까지 억류국은

가. 전기 제1항에 정하는 금액을 계속 포로의 계정에 예치하여야 하며,
나. 포로에 대하여 선지불된 급여 중 그들 자신의 사용을 위하여 이용할 수 있도록 된 금액을 합리적인 금액으로 임시적으로 제한할 수 있다. 단, 그 금액은 제1류에 관하여는 억류국이 자국 군대의 구성원에 지급하는 금액보다 소액이어서는 아니 된다.

제한에 대한 이유는 지체 없이 이익보호국에게 제시하여야 한다(제3협약 제60조).

4. 추가급여

억류국은 포로들이 소속하는 국가가 그들에게 송부하는 금액을 추가급여로서 포로들에게 분배하기 위하여 접수하여야 한다. 단, 분배되는 금액이 동일부류의 각 포로에 대하여 동일한 금액이며, 당해국에 속하는 동일부류의 모든 포로에게 분배되고, 또한 가능한 한 조속히 제64조의 규정에 따라 그들의 독립계정에 올릴 것을 조건으로 한다. 그 추가급여는 억류국에 대하여 본 협약에 의한 어떠한 의무도 면제하는 것은 아니다(제3협약 제61조).

5. 노동임금(Working Pay)

포로들은 억류당국에 의하여 공정한 노동임금을 직접 지급받는다. 그 임금은 억류당국이 정하지만 어떠한 경우에도 하루의 노동에 대하여 4분의 1 스위스 프랑 미만이어서는 안 된다. 억류국은 자국이 정하는 일급(daily working pay)의 액수를 포로 자신과 이익보호국을 통하여 포로가 소속하는 국가에 통지하여야 한다.

노동임금은 수용소의 행정, 시설 또는 유지에 관련되는 임무 또는 이와 관련하여 숙련노동, 반숙련노동을 항구적으로 할당받은 포로에게, 그리고 포로를 위하여 종교상 또는 의료상의 임무의 수행을 요구받은 포로에게 억류당국이 동일하게 지불하여야 한다.

포로대표와 그의 자문 및 보조자의 노동임금은 매점의 이익으로 유지되는 기금에서 지불하여야 하며, 그 임금의 액은 포로대표가 정하고, 또한 수용소장의 승인을 얻어야 한다. 전기의 기금이 없는 경우에는 이들 포로에게 공정한 노동임금을 억류당국이 지불하여야 한다(제3협약 제62조).

6. 금전의 송금

포로들은 개인적 또는 집단적으로 그들에게 송금된 금전을 수령하도록 허가되어야 한다.

모든 포로들은, 억류국이 정하는 범위 내에서 다음 조에 규정하는 그들의 계정의 대변잔고(credit balance)를 처분할 수 있다. 억류국이 필요하다고 인정하는 재정상 또는 통화상의 제한에 따를 것을 조건으로 하여, 포로는 외국으로 향하는 지불을 할 수 있다. 이 경우에 억류국은 포로가 부양가족에게 보내는 지불에 대하여 우선권을 주어야 한다.

　포로들은, 어떠한 경우에도 또한 그들이 소속하는 국가의 동의를 받을 것을 조건으로 하여, 다음의 방법으로 자국에게 지불을 행하도록 할 수 있다. 즉, 억류국은 이익보호국을 통하여 전술한 국가에게 포로에 관한 상세정보와 지불금의 수령자 및 억류국의 통화로 표시한 지불필요 금액에 관한 모든 필요한 세목을 기재한 통지서를 송부하여야 한다. 그 통지서에는 당해 포로가 서명하고 또한 수용소장이 부서한다. 억류국은 전기의 금액을 포로의 계정에서 공제하고 이 금액을 포로가 소속하는 국가의 계정에 기재한다.

　억류국은 전기의 규정을 적용하기 위하여 본 협약 제5부속서의 표본규칙을 유용하게 참고할 수 있다(제3협약 제63조).

7. 포로의 계정

　억류국은 각 포로에 대하여 적어도 다음 사항을 표시하는 계정을 설정하여야 한다.

(1) 포로에게 지불할 금액 또는 급료의 선지불로서나 노동임금으로서 포로가 수령한 금액, 또는 기타의 원천에서 취득한 금액, 포로로부터 압수한 억류국의 통화로 된 금액 및 포로로부터 압수하여 그의 요청에 따라 억류국의 통화로 교환한 금액

(2) 현금 또는 기타의 유사한 형식으로 포로에게 지불된 금액, 포로를 위하여 또한 그 요청에 따라 지불된 금액 및 제63조 3항에 의하여 송금된 금액
　　(제3협약 제64조)

8. 포로계정의 관리

　포로의 계정에 기입된 모든 항목은 당해 포로 또는 그를 대리하는 포로대표가 부서 또는 이니셜하여야 한다.

　포로들은 언제든지 그들의 계정을 열람하고 또한 그 사본을 입수할 적당한 편의를 허락받아야 하고, 그들의 계정은 이익보호국의 대표자가 수용소를 방문한 때에 감사할 수 있다.

　포로들이 수용소로부터 다른 수용소로 이동될 때에는, 포로의 개인계정을 그와 함께 이전하고, 억류국으로부터 다른 억류국으로 이동할 경우에는, 포로들의

재산으로서 억류국의 통화로 되어 있지 않는 금전은 그들과 함께 이전한다. 이 포로들은 그들의 계정에 기재되어 있는 다른 모든 금전에 대하여 증명서를 발급받아야 한다.

관계 충돌당사국은 이익보호국을 통하여 정기적으로 포로의 계정의 금액을 상호 통고할 것을 합의할 수 있다(제3협약 제65조).

9. 포로계정의 정리

포로의 신분이 석방 또는 송환에 의하여 종료된 때에는, 억류국은 포로의 신분이 종료한 시점에서 포로의 대변잔고를 표시하는 증명서를 포로에게 교부하여야 하며, 동 증명서에는 억류국의 권한 있는 장교가 서명하여야 한다. 억류국은 또한 포로가 소속하는 국가에게 이익보호국을 통하여 송환, 석방, 도주, 사망 또는 기타의 사유로 포로의 신분이 종료한 모든 포로에 관하여 적절한 모든 상세와 그들 포로의 대변잔고를 표시하는 일람표를 송부하여야 하고, 그 일람표는 1매마다 억류국의 권한 있는 대표자가 인증하여야 한다.

포로계정 정리에 관한 이 조의 전기 규정은 그 충돌당사국간의 상호합의에 의하여 변경할 수 있다.

포로가 소속하는 국가는 포로의 신분이 종료한 때에 억류국이 포로에게 지불할 대변잔고를 당해 포로에 대하여 지불할 책임을 진다(제3협약 제66조).

포로는 포로의 지위가 종료된 후 현금을 받는 것이 아니라, 그가 받을 수 있는 금액이 적힌 증명서를 받게 된다. 포로는 그 금액을 억류국이 아닌 그가 속한 국가로부터 지불받게 된다.

10. 충돌당사국간의 조정

제60조에 따라 포로에게 지급되는 급료의 선지불은 포로가 소속하는 국가를 대신하여 (on behalf of)행한 것으로 간주한다. 그 급료의 선지불과 제63조 3항 및 제68조에 의하여 억류국이 행한 모든 지불은 적대행위가 끝나는 때에 관계국간의 협정의 대상으로 한다(제3협약 제67조).

11. 보상청구

노동에 의한 부상 또는 기타의 신체장애에 대한 포로의 보상청구는 이익보호국을 통하여 포로가 소속하는 국가에 대하여 행해져야 한다. 억류국은 제54조에 따라 모든 경우에 부상 또는 신체장해에 대하여 그의 성질, 그것이 발생한 사정 및 이에 대하여 행한 의료상 또는 병원에서의 치료에 관한 명세를 표시하는 증명서를 당해 포로에게 교부하여야 한다. 이 증명서는 억류국의 책임 있는 장교가 서명하고 또한 의료명세는 군의관이 확인한다.

제네바협약 제18조에 의하여 억류국이 압수한 개인용품, 금전 및 유가물로서 송환시에 반환되지 않았던 것과 포로가 입은 손해로서 억류국 또는 그 기관의 책임으로 돌아갈 사유에 의한다고 인정되는 것에 관한 포로의 보상청구도 포로가 소속하는 국가에 대하여 행하여야 한다. 단, 개인용품으로서 포로가 포로의 신분에 있는 동안 그 사용을 필요로 하는 것에 대하여서는 억류국 부담으로 제공하여야 한다.[91] 억류국은 여하한 경우에도 개인용품, 금전 또는 유가물이 포로에게 반환되지 않았던 이유에 관한 가능한 모든 정보를 제공하며 또 책임 있는 장교가 서명한 증명서를 포로에게 교부하여야 한다. 이 증명서의 사본 1통은 제123조에 정하는 중앙포로기구를 통하여 포로가 소속하는 국가에 송부하여야 한다(제3협약 제68조).

제14절　포로의 외부와의 관계

1. 취한 조치의 통지

억류국은 포로가 그의 권력 내에 들어온 때에는 곧 포로와 포로가 소속하는 국가에게는 이익보호국을 통하여 제3협약의 규정을 실시하기 위하여 취한 조치를 통지하여야 한다. 억류국은 그 조치가 후에 변경된 때에는 그 변경에 대하여 동일하게 당사자에게 통지하여야 한다(제3협약 제69조).

2. 포로통지표(Capture Card)

모든 포로는 포로가 된 때에 즉시, 또는 수용소(임시수용소 포함)에 도착한 후 1주일 내에, 또는 질병에 걸린 때나 또는 병원이나 다른 수용소로 이동된 경우에도 그 후 1주일 내에 그 가족 및 제123조에 정하는 중앙정보기구에 포로로 된 사실,

---

91) Id.

주소 및 건강상태를 통지하는 통지표를 직접 송부할 수 있도록 하여야 한다. 그 통지표는 가능한 한 본 협약의 부속양식과 같은 형식의 것이어야 하고, 가능한 한 조속히 송부하여야 하며, 어떤 방식으로도 지연되어서는 안 된다(제3협약 제70조).

3. 서신교환

포로들은 편지나 엽서를 송부하고 또한 받을 것이 허가되어야 한다. 억류국이 각 포로가 발송하는 편지 및 엽서의 수를 제한함이 필요하다고 인정할 경우에는, 그 수는 제70조에 정하는 통지표를 제외하고 매월 편지 2통 및 엽서 4통 이상이어야 하고, 이들 편지 및 엽서는 가능한 제3협약의 부속양식과 같은 형식의 것이어야 한다. 억류국이 필요한 검열의 실시상 유능한 번역자를 충분히 얻을 수가 없기 때문에 번역에 어려움이 발생하고, 따라서 당해 제한을 행함이 포로의 이익이라고 이익보호국이 인정하는 경우에 한하여 추가적인 제한을 과할 수가 있다. 포로에게 보낸 서신이 제한되어야 하는 경우에는 그 제한은 통상 억류국의 요청에 따라 포로가 소속하는 국가만이 명할 수 있다. 위의 편지 및 엽서는 억류국이 사용할 수 있는 가장 신속한 방법으로 송부하여야 하며 징계의 이유로 지연시키거나 보류하여서는 안 된다.

장기간에 걸쳐 가족으로부터 소식을 받지 못하는 포로 또는 가족과의 사이에 통상의 우편 노선에 의하여는 서로 소식을 전할 수가 없는 포로, 그리고 가족으로부터 매우 먼 장소에 있는 포로에 대하여는 전보를 발신함을 허가하여야 한다. 그 요금은 억류국에 있어서의 포로의 계정에서 공제하거나 또는 포로가 처분할 수 있는 통화로 지불하여야 한다. 포로는 긴급한 경우에도 이 조치에 의한 혜택을 받아야 한다.

포로의 통신은 원칙적으로 모국어를 사용하나, 충돌당사국은 기타의 언어로 통신함을 허가할 수 있다.[92]

포로의 우편물을 넣는 우편물 행낭은 확실히 봉인하고 또한 그 내용을 명시한 표찰을 붙이고 난 후에 목적지 우체국으로 송부하여야 한다(제3협약 제71조).

---

92) Id.

4. 구호품

포로에게는, 특히 식량, 피복, 의료품 및 포로의 필요를 충족시킬 수 있는 도서, 종교용품, 과학용품, 시험용지, 악기, 운동구 및 포로에게 연구 또는 문화활동을 할 수 있게 하는 여러 용품을 포함하여 종교상, 교육상 또는 오락상의 용품이 들어 있는 개인 또는 집단적인 구호품을 우편 또는 기타의 경로에 의하여 수령함을 허가하여야 한다.

그러나 이들 구호품이 억류국에 대하여 본 협약에서 억류국에 부과하는 의무를 면제시켜 주는 것은 아니다.

이 구호품에 대하여 과할 수 있는 유일한 제한은 이익보호국이 포로 자신의 이익을 위하여 제안하는 제한 또는 국제적십자위원회 또는 기타 포로에게 원조를 주는 단체가 운송상의 과도한 혼잡으로 인하여 당해 단체 자신의 화물에 관하여서만 제안하는 제한으로 한다.

개인적 구호품 또는 집단적 구호품의 발송에 관한 조건은 필요하다면 관계국간의 특별협정의 대상으로 하여야 하며, 관계국은 여하한 경우에도 포로에 의한 구호품의 수령을 지연시켜서는 안 된다. 도서는 피복 또는 식량의 소포 중에 넣어서는 안 되며, 의료품은 원칙적으로 집단적 화물 속에 송부하여야 한다(제3협약 제72조).

5. 집단적 구제품을 위한 특별협정

집단적 구제품의 수령 및 분배의 조건에 관하여 관계국간에 특별협정이 없는 경우에는, 본 협약에 부속된 집단적 구제에 관한 규칙을 적용하여야 한다.

위의 특별협정은 여하한 경우에도 포로대표가 포로에게 보내온 집단적 구제품을 보유하고 분배하고 또한 포로의 이익이 될 수 있도록 처분하는 권리를 제한하여서는 안 된다.

위의 특별협정은 또한 이익보호국, 국제적십자위원회 또는 포로에게 원조를 주는 기타의 단체로서 집단적 화물의 전달에 관하여 책임을 지는 자들의 대표자가 수령인에 대해 당해 화물의 분배를 감독할 권리를 제한하여서는 안 된다(제3협약 제73조).

6. 우편요금과 운송비용 등의 면제

포로를 위한 모든 구제품은 수입세, 세관수수료 또는 기타의 과징금으로부터 면제된다.

포로에게 보내오고 또는 포로가 발송하는 통신, 구제품 및 허가된 송금으로서 우편에 의하는 것은 직접 송부되거나 제122조에 정하는 정보국(Information Bureaux) 및 제123조에 정하는 중앙포로정보기구(Central Prisoners of War Agency)를 통하여 송부되거나를 불문하고 발송국, 접수국 및 중계국에서 우편요금이 면제된다.

포로에게 발송된 구제품이 중량 또는 기타의 이유로서 우편으로 송부할 수 없는 경우에는 그 수송비는 억류국의 관리하에 있는 모든 지역에 있어서는 억류국이 부담하여야 한다. 본 협약의 기타의 체약국은 각자의 영역에서의 수송비를 부담하여야 한다.

관계국간에 특별협정이 없는 경우에는 전기의 구제품의 수송에 요하는 비용으로서 면제되는 비용을 제외한 것은 발송인이 부담하여야 하며, 체약국은 포로가 발신하고 또는 포로에게 보내온 전보의 요금을 가능한 한 인하하도록 노력하여야 한다(제3협약 제74조).

1952년 만국우편협약(Universal Postal Convention) 제37조는 포로나 수용된 민간인이 수령자이거나 그들이 보내는 서신, 소포, 보험에 가입한 서신이나 상자, 우편환(postal money order)은 우편요금을 면제하도록 하고 있다. 이 혜택을 받기 위해서는 해당 물건에 "포로용"(Prisoners of War Service, Service des prisonniers de guerre) 또는 "수용자용"(Internees Service, Service des internes)이라고 기재하여야 한다.

7. 특별 수송수단

군사작전으로 인하여 관계국이 본 협약 제70조, 제71조, 제72조 및 제77조에 정하는 송부품의 수송을 보장하는 의무를 이행할 수 없는 경우에는, 관계 이익보호국, 국제적십자위원회, 또는 충돌당사국이 정당히 승인한 기타의 단체는 기차, 자동차, 선박, 항공기 등 적당한 수송수단에 의하여 그 송부품의 전달을 보장하도록 할 수 있다. 이를 위하여 체약국은 이들에게 전기의 수송수단을 제공하도록 노력하고, 또한 특히 필요한 안도권(safe-conduct)을 주어서 수송수단의 사용을 허가하여야 한다.

전기의 수송수단은 다음의 것의 수송을 위하여도 사용할 수 있다.

　가.　제123조에 정하는 중앙포로정보기구와 제122조에 정하는 각국의 정보국과의
　　　사이에 교환되는 통신, 명부 및 보고서
　나.　이익보호국, 국제적십자위원회 또는 포로에게 원조를 주는 기타의 단체가 그
　　　의 대표 또는 충돌당사국과의 사이에 교환되는 포로에 관한 통신 및 보고서

전기의 규정은 충돌당사국이 희망하는 경우에 다른 수송수단에 관하여 협정
할 권리를 제한하는 것은 아니며 또한 서로 합의된 조건으로 그의 수송수단에 대
하여 안도권이 주어짐을 배제하지 아니한다.

특별협정이 없는 경우에는 이러한 수송수단의 사용에 필요한 비용은 그로 인
하여 자국민이 이익을 받는 충돌당사국이 비례하여 부담한다(제3협약 제75조).

8. 검열과 검사

포로에게 보내오고 또는 포로가 발송하는 통신의 검열은 가능한 한 조속히 행
하여야 한다. 그 통신은 발송국 및 접수국만이 각각 1회에 한하여 검열할 수 있다.

포로에게 보내온 화물의 검사는 그 물품을 손상할 염려가 있는 상태하에서
행하여서는 안 되며, 그 검사는 문서 또는 인쇄물의 경우를 제외하고 수령인 또는
수령인이 정당히 위임한 포로의 입회하에 행하여야 한다. 포로에 대한 개인 또는
집단적인 구호품의 인도는 검사의 어려움을 이유로 지연시켜서는 안 된다.

충돌당사국이 명하는 통신의 금지는 군사적 이유에 의한 것이거나 정치적 이
유에 의한 것이거나를 불문하고 일시적이어야 하고 그 금지기간은 가능한 한 짧
아야 한다(제3협약 제76조).

9. 법적 문서의 작성, 집행과 전달

억류국은 포로를 위하여 작성되거나 또는 포로들이 발송하는 여러 종류의 서
류, 특히 위임장과 유서를 이익보호국이나 제123조에 규정한 중앙포로정보국을
통하여 발송하는 데 있어서 모든 편의를 제공하여야 한다.

모든 경우에 있어서 억류국은 포로들을 위한 서류의 작성과 집행에 있어서
편의를 제공하여야 하고, 특히 억류국은 포로들이 변호사와 상의할 것을 허용해야
하며 포로들의 서명을 인증하는 데 필요한 조치를 허락하여야 한다(제3협약 제77조).

제15절 포로와 군 당국과의 관계

1. 이의 제기와 청원

포로들은 그 권력하에 그들이 있는 군 당국에 대하여 억류조건에 관한 요청을 제기할 권리를 가진다.

포로들은 그 억류조건 중 이의를 제기하려고 하는 사항에 대하여 이익보호국의 대표자의 주의를 환기하기 위하여 포로대표를 통하거나 또는 필요하다고 인정할 때에는 직접 이익보호국의 대표자에 대하여 신청할 무제한의 권리를 가진다.

위의 요청 및 이의는 제한하지 못하며 또한 본 협약 제71조에 정하는 통신의 할당수의 일부를 구성하는 것으로 인정하여서는 안 된다. 이 요청 및 이의는 즉시 전달되어야 한다. 이 요청 및 이의가 이유가 없다고 인정된 경우에도 이를 이유로 처벌하여서도 안 된다.

포로대표는 이익보호국의 대표자에 대하여 수용소의 상태 및 포로의 필요에 관한 정기적 보고를 보낼 수가 있다(제3협약 제78조).

2.포로대표의 선출

포로들은, 장교들이 있는 장소를 제외하고 포로가 있는 모든 장소에 있어서, 군 당국, 이익보호국, 국제적십자위원회 및 포로를 원조하는 기타의 단체에 대하여 그들의 대표행위를 위임할 포로대표를 6개월마다 또는 결원이 생긴 때마다 자유로이 비밀투표로 선거하여야 한다. 이 포로대표는 재선될 수 있다.

장교 및 이에 상당하는 자의 수용소 또는 혼합수용소에서는 포로 중의 선임장교가 그 수용소의 포로대표로 인정된다. 장교의 수용소에서 포로대표는 장교들에 의하여 선출된 1인 또는 2인 이상의 자문에 의하여 보좌되고, 혼합수용소에서는 포로대표의 보조자가 장교가 아닌 포로 중에서 장교가 아닌 포로들에 의하여 선출되어야 한다.

포로가 준수해야 하는 수용소의 행정상 의무를 준수하기 위하여 포로의 노동수용소에는 동일국적의 장교포로를 배치하여야 한다. 이들 장교는 본 협약 제1항에 따라 포로대표로서 선출될 수 있다. 이 경우에는 포로대표의 보조자는 장교가 아닌 포로 중에서 선출되어야 한다.

선출된 포로대표는 모두 그 임무를 시작하기 전에 억류국의 승인을 얻어야 한다. 억류국이 포로에 의하여 선출된 포로대표의 승인을 거부한 때에는 그 거부의 이유를 이익보호국에 통지하여야 한다.

포로대표는 모든 경우에 자기가 대표하는 포로와 동일한 국적, 언어 또는 관습을 가진 사람이어야 하며, 따라서 국적, 언어, 및 관습에 따라 다른 수용소에 구분 수용된 포로는 앞의 절차에 따라 각각의 포로대표를 가진다(제3협약 제79조).

3. 포로대표의 의무

포로대표는 포로의 육체적, 정신적 및 지적 복지를 위하여 공헌하여야 한다.

특히 포로가 그들 상호간에 상호부조의 제도를 조직하도록 결정한 경우에는, 이 조직은 본 협약의 다른 규정에 의하여 포로대표에게 위임되는 특별한 임무에 추가하여 포로대표의 권한범위에 포함된다.

포로대표는 그의 의무만을 이유로 해서는 포로가 범한 죄에 대하여 책임을 지지 않는다(제3협약 제80조).

포로대표의 권리와 의무는 제3협약 제57조, 제78조에서 제81조, 제98조, 제104조, 제107조, 제125조와 제127조에 규정되어 있다.

4. 포로대표의 특권

포로대표들은, 그들의 임무의 수행이 다른 노동에 의하여 더 어렵게 될 때에는 그 다른 노동을 강요받지 않는다.

포로대표들은 그들이 필요로 하는 보조자를 포로 중에서 지명할 수가 있고, 포로대표들에 대하여는, 모든 물질적 편의, 특히 그 임무의 달성을 위하여 필요한 어느 정도의 행동의 자유(노동 분견대의 방문, 보급품의 수령 등)를 허가하여야 한다.

포로대표들에게 포로들이 억류되어 있는 시설을 방문하는 것이 허가되어야 하며, 모든 포로들은 그들의 포로대표들과 자유로이 협의할 권리를 가진다.

포로대표들에 대하여는 억류국의 당국, 이익보호국, 국제적십자위원회와 이들의 대표, 혼성의료위원회 및 포로를 원조하는 단체와 우편 또는 전신으로 통신하기 위한 모든 편의를 주어야 한다. 노동 분견대의 포로대표들은 주요 수용소의 포로대표들과 통신하기 위하여 동일한 편의를 향유한다. 이 통신은 제한되어서는 안

되고, 본 협약 제71조에 정하는 할당수의 일부를 구성하는 것으로 간주하여서는 안 된다.

이송되는 포로대표들은 그들의 후임자에게 현재의 사정을 설명하도록 충분한 시간을 받아야 한다.

해임의 경우에 있어서는 그에 대한 이유를 이익보호국에 통지하여야 한다(제3 협약 제81조).

제16절 형벌과 징계벌

1. 적용 법규

포로는 억류국의 군대에 적용되는 법률, 규칙 및 명령에 복종하여야 하며, 억류국은 그의 법률, 규칙 및 명령에 대한 포로의 위반행위에 대하여 사법상 또는 징계상의 조치를 취할 수 있다. 단, 그 절차와 처벌은 제네바 제3협약의 규정에 배치되어서는 안 된다.

억류국의 법률, 규칙 또는 명령이 포로가 행한 행위를 처벌한다고 선언하였으나, 동일행위가 억류국의 군대의 구성원에 의하여 행하여진 때에는 이를 처벌할 수 없는 경우, 그러한 행위에 대하여는 징계벌만을 부과할 수 있다(제3협약 제82조).

고용된 의무요원, 종교요원과 이와 유사한 지위에 있는 사람들은 제3협약 제82 조에서 제108조까지에 규정된 징계 및 형벌과 관련된 보장(safeguards)을 향유한다.

2. 징계절차 또는 사법절차의 선택

억류국은 포로가 행하였다고 주장되는 위반행위에 대한 처벌을 사법상 또는 징계상의 절차 중의 어떤 것에 의할 것인가를 결정함에 있어서, 권한 있는 당국이 최대의 관용을 보이고 또한 가급적 사법상의 조치보다도 징계상의 조치를 취하도록 보장하여야 한다(제3협약 제83조).

3.재판소

포로는 군사재판소만이 재판할 수 있으나, 포로가 범하였다고 주장되어 있는 당해 위반행위와 동일한 행위에 관하여 억류국의 군대의 구성원을 민간재판소에서 재판함이 억류국의 현행법령상 명백히 허용되어 있는 경우에는 그러하지 아니하다.

포로는 어떠한 경우에도 일반적으로 인정된 독립성과 공평에 관한 본질적인 보장을 주지 않는, 특히 그 절차가 제105조에 정하는 변호의 권리와 수단을 피고인에게 주지 않는 어떠한 종류의 재판소에 의하여도 재판을 받아서는 안 된다(제3협약 제84조).

4. 포로가 되기 전의 행위

포로가 되기 전에 행한 행위에 대하여 억류국의 법령에 의하여 소추된 포로는 유죄 판결을 받은 경우라 하더라도 제네바 제3협약의 혜택을 보유한다(제3협약 제85조).

이 조항은 국제법 또는 국내법상의 전쟁범죄를 저지른 포로를 포함하여, 포로의 대우를 받을 자격이 있는 사람에 대해서만 적용된다.[93]

위의 제3협약의 혜택에는 이익보호국에 대한 통지, 자격 있는 변호사에 의한 원조, 통역인의 통역을 받을 권리 등이 포함된다.[94]

5. 일사부재리의 원칙

제네바 제3협약 제86조는 "포로는 동일한 행위 또는 동일의 범죄 사실에 대하여 두 번 처벌되지 아니한다."고 하여 일사부재리의 원칙을 밝히고 있다.

6. 형　　벌

억류국의 군 당국 및 법원은 포로에 대하여 동일한 행위를 한 억류국의 군대의 구성원에 관하여 규정한 형벌 이외의 형벌을 부과하지 못한다.

형벌을 결정함에 있어서 피고인이 억류국의 국민이 아니고 동국에 대하여 충성의 의무를 지지 않는다는 사실 및 피고인이 그의 의사에 관계없는 사정에 의하여 억류국의 권력 내에 있는 사실 등을 가능한 한 고려하여야 한다. 위의 법원 또는 당국은 포로가 소추된 위법행위에 관하여 정하여진 형벌을 자유로이 경감할 수 있으며, 따라서 최소 법정형을 적용할 의무에 구속되지 않는다.

---

93) 미국육군교범, p. 63.
94) ICRC, *Commentary of Geneva Convention III*, p. 423(1960).

개인의 행위에 대한 집단적 처벌, 육체에 가하는 형벌(태형), 햇빛이 들어오지 않는 장소에의 구금 및 일반적으로 모든 종류의 고문과 잔학행위는 금지된다.

억류국은 포로의 계급을 박탈하여서는 안 되며 또한 포로의 계급장의 착용을 방해하여서도 안 된다(제3협약 제87조).

그러나 위의 제3협약 제87조의 규정은 포로의 대우를 받을 수 있는 사람에 대해서만 적용되며, 포로가 전쟁범죄를 저지른 혐의를 받고 있는 경우에도 적용된다.[95]

7. 형벌 또는 징계벌의 집행

형벌 또는 징계벌을 받는 장교, 하사관 및 사병포로에 대하여는 동일한 벌에 관하여 억류국의 군대 중 동등 계급의 구성원에게 주는 대우보다 더 가혹한 대우를 하여서는 안 된다.

여자포로에 대하여는 억류국의 군대의 여성 구성원이 동일한 위반행위에 대하여 받는 것보다 더 가혹한 처벌을 부과하여서는 안 되며 처벌을 받는 동안 더 가혹한 대우를 해서는 안 된다.

어떠한 경우에도 억류국의 군대의 구성원인 남자가 동일한 위반행위에 대하여 받는 것보다 더 가혹한 처벌을 부과해서는 안 되며, 처벌을 받는 동안 더 가혹한 대우를 해서도 안 된다.

포로는 징계벌 또는 형벌에 복역한 후에는 다른 포로와 차별대우를 받지 않는다(제3협약 제88조).

8. 징계벌의 종류

포로에 대하여 부과할 수 있는 징계벌은 다음과 같다.

(1) 30일 이내의 기간 동안 제60조 및 제62조의 규정에 따라 포로가 수령할 선지불의 봉급과 노임의 50퍼센트 미만의 벌금
(2) 본 협약에 의하여 부여되는 대우 이외에 추가적으로 부여되고 있는 특권의 정지
(3) 1일 2시간 내의 노역
(4) 구금

---

95) 미국육군교범, pp. 63-64.

그러나 (3)에서 정하는 노역은 장교에게는 부과하지 않는다.

징계벌은 어떠한 경우에도 비인도적인 것, 잔혹한 것, 또는 포로의 건강에 위험한 것이어서는 안 된다(제3협약 제89조).

9. 징계벌의 기간

하나의 징계벌의 기간은 여하한 경우에도 30일을 초과하지 못한다. 기율 위반행위에 대한 심리(hearing)를 기다리는 동안 또는 징계벌 결정이 있을 때까지의 구금기간은 포로에게 언도하는 징계벌 기간에 산입되어야 한다.

포로가 징계의 결정을 받는 경우에 있어서 동시에 둘 이상의 행위에 관하여 책임이 추궁되는 때에도 이들 행위간의 관련성 유무를 불문하고 전기의 30일의 최대한도는 초과할 수 없다.

징계의 언도와 집행간의 기간은 1개월을 초과할 수 없다.

포로에 대하여 추가징계의 결정이 있는 경우에 그중 하나의 징계벌의 기간이 10일 이상인 때에는 양 징계벌의 집행 사이에는 적어도 3일간의 기간을 두어야 한다(제3협약 제90조).

10. 성공한 도주

포로의 도주는 다음 경우에는 성공한 것으로 간주한다.

(1) 포로가 그가 속하는 국가 또는 동맹국의 군대에 복귀한 경우

(2) 포로가 억류국 또는 그 동맹국의 지배하에 있는 지역을 떠났을 때

(3) 포로가 억류국의 영해에서 그가 속하는 국가 또는 동맹국의 국기를 게양하는 함선에 승선했을 때. 단, 상기 함선이 억류국의 지배하에 있는 경우를 제외한다.

도주에 성공한 후 다시 포로로 된 자에 대하여는 전의 도주에 대하여 처벌할 수 없다(제3협약 제91조).

11. 실패한 도주

도주를 기도하는 포로와 제네바 제3협약 제91조의 의미에 있어서의 도주에 성공하기 전에 다시 붙잡힌 포로에 대하여는 그 위반행위가 반복된 경우라도 그

것에 대하여는 징계벌만 과하여야 한다.

다시 붙잡힌 포로는 지체 없이 권한 있는 군 당국에 인도되어야 한다.

포로는 징계벌 또는 형벌에 복역한 후에는 차별대우를 받지 않는다는 제네바 제3협약 제88조 제4항의 규정에 불구하고 성공하지 못한 도주의 결과로서 처벌되는 포로는 특별한 감시하에 둘 수가 있다. 그 감시는 포로의 건강상태를 해하는 것이어서는 안 되고, 포로수용소 내에서 행하여져야 하며, 또한 본 협약에 의하여 포로에게 부여되는 보호의 어떠한 것도 배제하여서는 안 된다(제3협약 제92조).

12. 도주와 관련된 범죄

도주 또는 도주의 기도는, 그것이 반복된다 하더라도, 포로가 도주 또는 도주의 기도 중에 행한 범죄행위에 대하여 사법절차에 의한 재판에 회부될 경우에 형을 가중하는 상황으로 간주되어서는 안 된다.

포로를 가급적 형벌보다 징계벌로 처벌하라는 제네바 제3협약 제83조에 정한 원칙에 따라, 포로가 도주를 용이하게 할 의도만으로 행한 위반행위로서 생명 및 신체에 대한 폭행을 동반하지 않는 것, 예컨대 공용재산에 대하여 행한 위법행위, 이득의 의사가 없는 절도, 위조문서의 작성 또는 사용, 민간인 피복의 착용 등에 대하여는 징계벌만을 과할 수 있다.

도주 또는 도주의 기도를 방조하거나 교사한 포로에 대하여는 그 행위에 대하여 징계벌만을 과할 수 있다(제3협약 제93조).

13. 재체포의 통지

도주한 포로가 다시 붙잡힌 경우에는 그 사실을 제네바 제3협약 제122조에 정하는 바에 따라 포로가 속하는 국가에 통고하여야 한다. 단, 그 도주가 이미 통고되어 있는 때에 한한다(제3협약 제94조).

14. 심리대기 중의 구금

기율 위반행위에 대하여 입건된 포로는 억류국의 군대의 구성원이 유사한 위반행위에 대하여 입건된 때와 마찬가지로 구금되는 경우와 수용소의 질서 및 기율의 유지 때문에 필요로 하는 경우를 제외하고는 심리의 대기 중에 구금되어서는 안 된다.

기율 위반행위에 대한 처분이 있기까지의 포로의 구금기간은 최소 한도로 하여야 하고 또한 14일을 경과하여서는 안 된다.

형벌집행시설과 처벌과정에서의 기본권을 보장하는 제네바 제3협약의 제97조 및 제98조의 규정은 기율 위반행위에 대한 처분이 있기까지 구금되어 있는 포로에게 적용된다(제3협약 제95조).

15. 권한 있는 당국(Competent Authorities)과 변호권리

기율 위반행위를 구성하는 행위는 즉시 조사되어야 한다.

법원 및 상급의 군 당국의 권한을 침해함이 없이, 징계벌은 수용소장의 자격으로 징계권을 갖는 장교, 또는 그를 대리하거나 그의 징계권이 위임된 책임 있는 장교에 의하여서만 언도될 수 있다.

징계권은 여하한 경우에도 포로에게 위임되거나 포로에 의하여 행사되어서는 안 된다.

징계결정의 언도에 앞서, 입건된 포로에 대하여는 입건된 죄과의 정확한 내용을 알려 주고, 또한 당해 포로가 자기의 행위를 해명하고 자기를 변호할 기회가 부여되어야 한다. 그 포로에게는 특히 증인을 소환하고 필요하면 자격 있는 통역관에게 통역시킬 것을 허용하여야 한다. 징계결정은 당해 포로 및 포로대표에게 통고 하여야 한다.

징계의 기록은 수용소장이 보관하고 또한 이익보호국의 대표자가 열람할 수 있어야 한다(제3협약 제96조).

16. 형벌집행 시설

포로는 여하한 경우에도 감옥, 구치소, 교도소 등의 교정시설에 이동하여 징계벌을 받게 하여서는 안 된다.

포로가 징계벌을 받게 하는 모든 장소는 제네바 제3협약 제25조에 따르는 위생상의 요건을 충족시켜야 한다. 징계벌을 받는 포로는 동 협약 제29조의 규정에 따라 그들 자신을 청결한 상태로 유지할 수 있도록 하여야 한다.

장교 및 이에 상당하는 자는 하사관 또는 사병과 동일장소에 구금하여서는 안 된다.

징계벌을 받는 여자포로는 남자포로와 분리된 장소에 구금하고 또한 여자의 직접 감시하에 두어야 한다(제3협약 제97조).

17. 처벌과정에서의 기본적 보장

징계벌로서 구금되는 포로는 구금된 사실만으로 제네바 제3협약 규정의 적용이 필연적으로 불가능하게 된 경우를 제외하고는 계속하여 동 협약규정의 혜택을 받는다. 제네바 제3협약 제78조 및 제126조에 규정된 혜택은 여하한 경우에도 그 포로로부터 박탈하여서는 아니 된다.

징계벌을 받는 포로로부터 그의 계급에 따르는 특권을 박탈하여서는 아니 된다.

징계벌을 받는 포로에 대하여서는 하루에 적어도 두 시간 운동하고 또한 옥외에 있음을 허가하여야 한다.

이들 포로에 대하여서는 그 요청이 있는 때에 매일 의료검진을 받을 수 있도록 하여야 한다. 이들 포로는 그의 건강상태에 따라 필요로 하는 치료를 받고 또한 필요한 경우에는 수용소의 병동 또는 병원에 이송되어야 한다.

그들에게는 읽고, 쓰고 편지를 수발하도록 허가하여야 한다. 단, 보내온 소포 및 금전은 처벌이 종료될 때까지 유치될 수 있다. 그동안 보내온 소포 또는 금전은 포로대표에게 위탁하여야 하며, 포로대표는 그 소포 중에 포함되어 있는 변질하기 쉬운 물품을 병실에 인도하여야 한다(제3협약 제98조).

18. 사법절차 : 일반적 원칙

그 행위 당시에 유효하였던 억류국의 법령 또는 국제법에 의하여 금지되어 있지 않는 포로의 행위에 대하여는 이를 재판에 회부하거나 형벌을 과할 수 없다.

기소된 행위를 유죄로 인정시키기 위하여 포로에게 정신적 또는 육체적 강제를 가하여서는 아니 된다.

포로는 자신을 변호할 기회와 자격 있는 변호인의 원조를 받은 후가 아니면 유죄의 판결을 받을 수 없다(제3협약 제99조).

19. 사 형

포로와 이익보호국은 억류국의 법령에 따라 사형으로 처벌될 수 있는 범죄행위를 가급적 조속히 통지받아야 한다.

그 후 다른 범죄행위는 포로가 속하는 국가의 동의를 얻지 않고 사형에 처할 수 없다.

법원은 제3협약 제87조 2항에 따라 포로는 억류국의 국민이 아니므로 충성의
의무를 지지 않는다는 사실과, 그의 의사에 관계없는 사정에 의하여 억류국의 권력
내에 있다는 사실을 유의하지 않고서는 포로에게 사형을 언도하지 못한다(제3협약
제100조).

20. 사형집행의 연기

포로에 대하여 사형을 언도한 경우에는 제3협약 제107조에 정하는 상세한 통
고를 지정된 수신처로 이익보호국이 수령한 날로부터 적어도 6개월의 기간이 경
과하기 전에는 그 판결을 집행하여서는 안 된다(제3협약 제101조).

21. 판결의 유효성을 위한 조건

포로에 대하여 언도된 판결은 억류국의 군대의 구성원의 경우와 동일한 절차
에 따라 동일한 법원에서 행하여지고 또한 제네바 제3협약의 관한 규정이 준수된
경우가 아니면 효력을 가지지 못한다(제3협약 제102조).

미국의 경우, 포로들은 미국의 군사재판통일법규(Uniform Code of Military Justice)
에 의한 군사재판소(courts-martial)나 전쟁법상의 다른 재판소에서 미군이 가지는
동일한 절차적 보장을 받을 권리가 있다.[96]

22. 재판대기 중의 구금

포로에 대한 사법상의 수사는 사정이 허락하는 한 조속히 행하여 재판이 가
급적 조속히 이루어지도록 하여야 한다. 포로는 억류국의 군대의 구성원이 동일한
범죄행위로서 구속되는 경우 또는 국가의 안전상 그 구속을 필요로 하는 경우를
제외하고는 재판을 기다리는 동안 구속되지 아니한다. 여하한 경우에도 이 구속은
3개월을 초과할 수 없다.

재판대기 중에 포로가 구속된 기간은 당해 포로에게 과하는 구금일자에 통산
하여야 하며 또한 형벌의 결정에 있어서 고려하여야 한다. 제네바 제3협약 제97조
및 제98조의 규정은 재판대기 중에 구속된 포로에게 적용된다(제3협약 제103조).

---

96) 미국육군교범, p. 69; UCMJ, 제2조(9)항, 제18조와 제21조.

23. 재판절차의 통지

억류국이 포로에 대하여 재판절차를 개시하기로 결정한 경우에는 이익보호국에 대하여 가급적 조속히 그리고 적어도 재판 개시 3주일 전에 그 사실을 통보하여야 한다. 이 3주일의 기간은 이익보호국이 미리 억류국에 지정한 이익보호국 내의 주소에 상기 통고가 도착한 날로부터 계산한다.

전기의 통고에는 다음 사항을 포함하여야 한다.

(1) 포로의 성명, 계급, 군번, 군의 명칭, 연대의 명칭, 개인의 번호, 또는 군번, 생년월일 및 직업

(2) 억류 또는 구류의 장소

(3) 포로에 대한 공소사실의 상세와 적용 법규

(4) 사건을 취급할 법원의 지정 및 재판개시 일자와 장소

억류국은 포로대표에게도 동일한 통지를 하여야 한다.

개시시 이익보호국, 포로 본인 및 관계 포로대표가 적어도 재판 개시 3주일 전에 전기의 통지를 수령하였다는 증거가 제출되지 않는 경우에는 재판을 개시하지 못하며, 이를 연기하여야 한다(제3협약 제104조).

24. 변호권리와 방법

피고포로는 동료 1인의 보좌를 받으며, 자신이 선임한 자격 있는 변호사에 의하여 변호되고, 증인의 소환을 요구하며, 그가 필요하다고 생각할 때에는 유능한 통역관에게 통역시킬 권리를 가진다. 억류국은 재판개시 전 적당한 시기에 포로에게 이러한 권리에 관하여 통고하여야 한다.

이익보호국은 포로가 변호인을 선임하지 못하는 경우는 변호인을 선임하여 주어야 하며 이를 위하여 이익보호국은 적어도 1주간의 기간을 가져야 한다. 억류국은 이익보호국의 요구가 있으면 변호를 할 수 있는 자격이 있는 사람들의 명부를 이익보호국에 전달하여야 한다. 포로 자신이나 이익보호국이 변호인을 선임하지 못하는 경우에는, 억류국이 변호를 위하여 유능한 변호인을 지명하여야 한다.

포로의 변호에 임하는 변호인에 대하여는 피고인의 변호의 준비를 위하여 재판 개시 전 적어도 2주간의 기간을 주고, 또한 필요한 편의를 제공하여야 한다. 이

변호인은 특히 자유로이 피고인을 방문하고 또한 입회인이 없이 피고인과 면접할 수 있다. 이 변호인은 또한 변호를 위하여 포로를 포함하는 증인과 협의할 수 있다. 이 변호인은 항소 또는 청원의 기간이 만료할 때까지 전기의 편익을 향유한다.

포로에 대한 혐의사실의 상세한 내용과 억류국의 군대에 적용되는 법령에 따라 통상 피고인에게 송달되는 서류는 피고인 포로가 이해하는 언어로 통지되어야 하고, 재판 개시전 충분한 여유를 두고 조속히 피고인인 포로에게 송달되어야 한다. 포로의 변호에 임하는 변호인에 대하여서도 동일한 조건으로 동일한 사항이 송달되어야 한다.

이익보호국의 대표자는 특히 국가의 안전을 위하여 재판이 비공개로 행하여지는 경우를 제외하고는 사건의 재판에 참석할 권리를 가진다. 이 경우 억류국은 이익보호국에 대하여 그 취지를 통고하여야 한다(제3협약 제105조).

위 조항에서 재판이 비공개로 행해지는 경우에는 억류국이 이익보호국에 대해 그 취지를 통고하여야 한다. 그리고 억류국은 재판의 비공개로 인하여 이익보호국이 재판에 참석하지 못하도록 하는 것을 남용하여서는 안 된다.[97]

25. 항   소

각 포로는 자기에 대하여 언도되는 판결에 관하여 억류국의 군대의 구성원이 하는 방식과 동일한 방식에 따라 판결의 파기, 정정 또는 재심을 청구하기 위하여 항소하고 또는 청원할 권리를 가진다. 그 포로는 항소 또는 청원의 권리 및 이것을 행사할 수 있는 시한에 관하여 충분한 통지를 받아야 한다(제3협약 제106조).

26. 판결 및 형량의 통지

포로에 대하여 언도되는 판결과 형량은 요약된 문서로서 즉시 이익보호국에 통고되어야 한다. 그 문서에는 포로가 판결의 파기, 정정 또는 재심을 청구하기 위하여 항소하고 또는 청원을 할 권리를 가지는 가의 여부도 기재하여야 한다. 이 문서는 관계 포로대표에게도 송부하여야 한다. 만일 포로가 출두하지 않고 판결이 언도된 때에는 피고인인 포로에 대하여서도 이 문서를 당해 포로가 이해하는 언어로 작성하여 교부하여야 한다. 억류국은 또한 항소의 권리를 행사할지 아니면

---

97) 제3협약 해설서, p. 492.

포기할지에 관한 포로의 결정을 이익보호국에 즉시 통고하여야 한다.

또한 포로에 대하여 유죄의 판결이 확정된 경우, 또는 제1심 판결에서 사형의 언도가 있는 경우에는 억류국은 이익보호국에 대하여 다음 사항을 기재한 상세한 문서를 가급적 조속히 송부하여야 한다.

(1) 판결 및 형량의 정확한 본문
(2) 예심조사 및 재판에 관한 요약보고로서, 특히 소추 및 변호의 요점을 명시한 것
(3) 필요한 경우에는 형이 집행될 시설의 통고

전 각호에 정하는 통고는 이익보호국이 미리 억류국에 통고한 주소로 송부하여야 한다(제3협약 제107조).

27. 형벌의 집행

유죄판결 후 포로에 대하여 행하여진 선고는 적절하게 집행될 수 있으며, 억류국 군대의 구성원의 경우와 동일한 시설에서 동일한 조건하에 집행되어야 한다. 이 조건은 모든 경우에 있어서 건강 및 인도상의 제 요건을 갖추어야 한다.

전기의 형이 언도된 여자포로는 분리된 장소에 구금하고 또한 여자의 감시하에 두어야 한다.

자유형이 언도된 포로는 여하한 경우에도 제네바 제3협약 제78조 및 제126조의 규정에 의한 혜택을 계속 향유한다. 또한 포로는 서신을 보내고 받으며, 매월 적어도 1개의 구호품 소포를 수령하고, 옥외에서 규칙적으로 운동하며, 그 건강상태에 따라 필요로 하는 치료를 받고, 그들이 희망하는 종교상의 원조를 받을 수 있다. 이들 포로에게 과하는 형벌은 제3협약 제87조 3항의 규정에 따라야 한다(제3협약 제108조).

제17절 포로신분의 종료

1. 선서(Parole)에 의한 석방

포로는, 그들이 의존하는 국가의 법률에 의하여 허용되는 한, 선서 또는 약속

에 의하여 불완전 또는 완전 석방을 받을 수 있다. 그러한 조치는 특히 그들의 건강상태의 증진에 기여하게 될 경우에 취하여져야 한다. 포로는 선서 또는 약속에 의하여 자유를 수락하도록 강제되어서는 아니 된다.

전쟁이 개시되면, 각 충돌당사국은 그 국민이 선서나 약속에 의한 자유의 수락을 허용하거나 또는 금지하는 자국 법령을 상대국에 통고하여야 한다. 그렇게 통고된 법령에 따라 선서 또는 약속 석방된 포로는 그들의 개인적인 명예를 걸고 그들이 의존하는 국가와 그들을 포로로 한 국가에 대하여 그들의 선서 또는 약속 사항을 양심적으로 수행할 의무를 진다. 그러한 경우에 그들의 의존하는 국가는 행하여진 선서 또는 약속에 배치되는 용역을 그들에게 요구하거나 수락하지 아니 할 의무를 진다(제3협약 제21조 2항과 3항).

선서의 내용을 위반한 사람은 다시 잡히면 포로의 대우를 받지만 그 위반에 대해 처벌을 받을 수 있다.

선서는 서면으로 작성되고 포로가 서명하여야 한다. 선서에는 특히 포로로 잡은 국가에 대해 모든 적대행위를 하지 않을 것을 약속하는지, 아니면 군사작전에 직접 가담하는 것만을 금지하는지 등 포로의 의무에 대해 명확한 서술이 있어야 한다.[98]

2. 직접 송환 및 중립국에서의 수용

제109조 3항의 규정에 따를 것을 조건으로, 충돌당사국은 중상 및 중병의 포로를 그의 수와 계급의 여하를 불문하고 그들이 여행에 적합할 때까지 치료한 후에 제110조 1항에 따라 본국으로 송환하여야 한다.

충돌당사국은 적대행위 동안 관계 중립국의 협력에 의하여 다음 조 제2항에서 언급하는 부상자 또는 병자인 포로의 중립국내에서의 수용에 관하여 조치를 취하도록 노력하여야 한다. 뿐만 아니라, 충돌당사국은 장기간 포로의 신분으로 있었던 건강한 포로의 직접 송환 또는 중립국 내에서의 억류에 관하여 협정을 체결할 수 있다.

제109조 1항에 의하여 송환이 가능한 부상자 또는 병자인 포로는 적대행위의 기간 동안 그의 의사에 반하여 송환되어서는 아니 된다(제3협약 제109조).

---

98) 미국육군교범, p. 72.

3. 송환과 수용 대상자

다음의 자는 직접 송환하여야 한다.

(1) 불치의 부상자 또는 병자로서 정신적 또는 육체적 기능이 현저히 감퇴되었다고 인정되는 자

(2) 1년 이내에 회복할 가망이 없다고 의학적으로 진단된 부상자 또는 병자로서 그의 상태가 요양을 필요로 하고 또한 정신적 및 육체적 기능이 현저히 감퇴되었다고 인정되는 자

(3) 회복한 부상자 또는 병자로서 정신적이나 육체적 기능이 현저히 그리고 영구적으로 감퇴되었다고 인정되는 자

다음의 자는 중립국 내에서 수용할 수 있다.

(1) 부상 또는 발병일로부터 1년 이내에 회복된다고 예상되는 부상자나 병자로서 중립국에서 요양하면 일층 확실하고 신속히 회복할 수 있다고 인정되는 자

(2) 계속하여 포로의 신분으로 있으면 정신 또는 육체의 건강에 현저한 위험이 있다고 의학적으로 진단되는 포로로서 중립국에 수용하면 이 위험이 제거될 것이라고 인정되는 포로

중립국에 수용된 포로가 송환되기 위하여 충족시킬 조건 및 이들 포로의 지위는 관계국간의 협정으로 정하여야 한다. 일반적으로 중립국에 수용되어 있는 포로로서 다음 부류에 속하는 자는 송환하여야 한다.

(1) 건강 상태가 직접 송환에 관하여 정한 조건에 이를 정도로 악화한 자

(2) 정신적 또는 육체적 기능이 요양 후에도 현저히 악화되어 있는 자

직접 송환 또는 중립국에서의 수용으로 인한 장애 또는 질병에 관한 사건들을 결정하기 위해 특별협정이 관계 충돌당사국간에 체결되어 있지 않는 경우에는 이 사건들은 본 협약에 부속된 부상자 또는 병자인 포로의 직접 송환 및 중립국에서의 수용에 관한 표본협정(model agreement)과 혼성의료위원회에 관한 규칙(Regulations concerning Mixed Medical Commissions)이 정하는 원칙에 따라 결정하여야 한다(제3협약 제110조).

4. 중립국에서의 구금

억류국, 포로가 속하는 국가 및 그 2국간에 합의된 중립국은 적대행위가 종료할 때까지 그 중립국 영토 내에 포로를 억류할 수 있도록 하는 협정의 체결에 노력하여야 한다(제3협약 제111조).

5. 혼성의료위원회(Mixed Medical Commissions)

적대행위가 시작된 때, 부상자 또는 병자인 포로를 진찰하고 그 포로에 관하여 적절한 모든 결정을 취하도록 혼성의료위원회를 설치하여야 한다. 혼성의료위원회의 임명, 임무 및 활동에 관하여는 본 협약에 부속된 규칙(regulations)의 조항에 따라야 한다.

그러나 억류국의 의료당국이 명백히 중대한 부상을 입었거나 중병이라고 인정하는 포로는 혼성의료위원회의 진찰을 거치지 않고 송환될 수 있다(제3협약 제112조).

6. 혼성의료위원회의 진찰을 받을 수 있는 포로

억류국의 의료당국이 지정한 포로 이외에 다음 부류에 속하는 부상자나 병자인 포로는 제3협약 제112조에 규정된 혼성의료위원회의 진찰을 받을 권리를 가진다.

(1) 동일국적을 갖는 의사 또는 당해 포로 소속국의 동맹국인 충돌당사국 국민인 의사로서 수용소 내에서 그 임무를 행하는 자가 지정한 부상자 및 병자

(2) 포로대표가 지정한 부상자 및 병자.

(3) 그가 속하는 국가, 또는 포로에게 원조를 주는 단체로서 그 국가가 정당히 승인한 단체에 의하여 지정된 부상자 및 병자

전기의 세 부류 중의 하나에 속하지 않는 포로도 이들 부류에 속하는 자가 진찰을 받은 다음에는 혼성의료위원회의 진찰을 받을 수 있다.

혼성의료위원회의 진찰을 받는 포로와 동일한 국적을 갖는 의사, 그리고 그 포로대표에 대하여서는 그 진찰에 입회함을 허가하여야 한다(제3협약 제113조).

7. 사고를 당한 포로

사고를 당한 포로는, 스스로 상해를 입힌 경우를 제외하고는 송환 또는 중립
국에서의 수용에 관하여 본 협약에 규정된 혜택을 향유한다(제3협약 제114조).

8. 형을 복역 중인 포로

징계벌이 부과되었으나 송환 또는 중립국 내에서의 수용에 적합한 자는 그
처벌이 끝나지 않았음을 이유로 억류하여 두어서는 아니 된다.

형사소추나 유죄판결과 관련하여 구금된 포로로서 송환 또는 중립국 내에서
의 수용이 지정된 자는 억류국이 동의한 때에는 사법절차 또는 형의 만료 전에 송
환 또는 중립국 내에서의 수용의 혜택을 향유할 수 있다.

충돌당사국은 사법절차 또는 형의 만료시까지 억류되는 포로의 성명을 상호
통고하여야 한다(제3협약 제115조).

9. 송환비용

포로의 송환 또는 중립국 이송의 비용은 억류국의 국경으로부터는 포로가 속
하는 국가가 부담하여야 한다(제3협약 제116조).

10. 송환 이후의 활동

송환된 자는 현역 군무(active military service)에 복무시켜서는 안 된다(제3협약 제117조).

제3협약 제117조는 부상이나 질병으로 제3협약 제109조에서 제116조까지의
조항에 의해 송환된 사람에게만 적용된다. 제117조에 의하면 송환된 사람은 그 이
전에 그를 포로로 억류하였던 국가나 그 동맹국에 대한 전투행위를 할 수 없다고
보아야 하나, 순수한 행정업무나 의료업무는 수행할 수 있다고 이해된다.[99]

11. 포로의 교환(Exchange of Prisoners of War)

제3협약에 의해 요구되는 포로의 송환 이외에도 교전국들은 협정을 통하여
포로의 교환을 할 수 있다. 그러나 어떠한 교전국도 포로교환에 관한 교전국간의

---

99) 미국육군교범, p. 76.

일반적인 합의(cartel)가 없는 한, 포로를 교환해야 하는 의무는 없다. 포로의 교환 조건은 당사국들이 합의하여 정하며, 반드시 동일계급간이나 숫자가 동일할 것을 조건으로 포로교환이 이루어지도록 할 필요는 없다.100)

12. 적대행위 종료시의 포로의 석방과 송환

포로는 적극적인 적대행위가 종료한 후 지체 없이 석방되고 송환되어야 한다.

적대행위의 종료를 위하여 충돌당사국간에 체결된 협정에 상기 취지의 규정이 없거나 그러한 협정이 없는 경우에는 각 억류국은 전항에 규정된 원칙에 따라 지체 없이 송환계획을 작성하고 실천하여야 한다.

전항의 어느 경우에라도 채택된 조치는 포로에게 통지하여야 한다.

포로송환의 비용은 여하한 경우에도 억류국과 포로의 소속국에 공평히 할당하여야 한다. 이 할당은 다음 기초에 따라 행하여져야 한다.

   가. 양국이 인접하여 있을 경우에는 포로소속국은 억류국 국경으로부터의 송환비용을 부담하여야 한다.

   나. 양국이 인접하지 아니하는 경우에는 억류국은 자국의 국경에 이르기까지 또는 포로소속국 영토에 가장 가까운 자국의 승선항에 이르기까지의 포로 수송비용을 부담하여야 한다. 관계국은 기타의 송환비용을 공평히 할당하기 위하여 서로 협정을 체결하여야 한다. 이 협정체결은 여하한 경우에도 포로의 송환을 지연시키는 이유로 하지 못한다(제3협약 제118조).

13. 세부절차

송환은 제3협약 제118조 및 다음 항 이하의 규정을 고려하여, 포로의 이동에 관한 동 협약 제46조로부터 제48조까지 정한 조건과 유사한 조건으로 실시하여야 한다.

송환시에는 제18조의 규정에 따라 포로로부터 압수한 유가물 및 억류국의 통화로 교환하지 않은 외국 통화는 포로에게 반환하여야 한다. 이유의 여하를 불문하고 송환에 있어서 포로에게 반환하지 않는 유가물 및 외국 통화는 제122조에 따라 설치되는 포로정보국(Information Bureau)에 인도하여야 한다.

---

100) Id.

포로는 그 개인용품과 수령한 통신 및 소포를 휴대함이 허락되어야 한다. 이들 물품의 중량은 송환조건에 의하여 필요할 때에는 각 포로가 휴대할 수 있는 적당한 중량으로 제한할 수 있다. 각 포로는 여하한 경우에도 최소한 25킬로그램(55파운드)의 물품을 휴대할 수 있도록 허락되어야 한다.

송환된 포로의 기타 개인용품은 억류국이 보관한다. 이들 개인용품은 억류국이 포로의 소속국가와 수송조건 및 수송비용의 지불을 정하는 협정을 체결하는 대로 포로에게 송부하여야 한다.

기소할 수 있는 범죄에 대한 형사소추가 진행 중인 포로는 그러한 소추가 종료될 때까지 그리고 필요하면 형벌의 종료시까지 억류할 수 있다. 이것은 기소할 수 있는 범죄에 대해 이미 유죄판결을 받은 포로에 대하여서도 동일하게 적용된다.

충돌당사국은 절차 종료시까지 또는 형벌의 종료시까지 억류되는 포로의 성명을 상호 통고하여야 한다.

충돌당사국간의 협정으로 위원회를 구성하여 분산된 포로를 수색하고, 또한 가급적 조속히 포로를 송환할 것을 보장하여야 한다(제3협약 제119조).

14. 포로의 사망

포로의 유언서는 그 본국법에서 필요로 하는 유효요건을 충족시키도록 작성하여야 하고 본국은 이점에 관한 요건을 억류국에 통지하기 위하여 필요한 조치를 취한다. 포로의 요청이 있는 경우와, 포로의 사망 후 모든 경우에 유언서는 이익보호국에 지체 없이 송부되고, 그 인증등본은 중앙포로정보국(central agency)에 송부되어야 한다.

포로로서 사망한 모든 자에 대하여는 제네바 제3협약에 부속된 표본에 합치되는 사망증명서 또는 책임 있는 장교가 인증한 표를 제122조에 따라 설치되는 포로정보국(Prisoners of War Information Bureau)에 가능한 한 조속히 송부하여야 한다. 동 증명서 또는 인증한 표에는 제17조 3항에 규정된 신분증명의 상세, 사망 연월일, 장소, 사인, 매장 연월일과 그 장소, 무덤을 식별하기 위하여 필요한 모든 특기사항을 기재하여야 한다.

포로의 매장 또는 화장은 반드시 사망을 확증하고, 보고서의 작성을 가능하게 하며, 또한 필요한 때에는 사망자의 신원을 확인할 목적으로 시행되는 시신에 대한 의학적 검시를 한 후에 행하여야 한다.

억류당국은 포로의 신분으로 있는 동안에 사망한 포로가 가급적 그가 속하는 종교의 의식에 따라 명예롭게 매장되도록 하고, 또한 그 분묘가 존중되고, 적당히 유지되며, 언제든지 찾아낼 수 있게 표시하도록 하여야 한다. 사망한 포로로서 동일국가에 속하는 자는 가급적 같은 장소에 매장하여야 한다.

사망한 포로는 공동분묘를 사용하여야 할 불가피한 사정이 없는 한 각각 별개의 분묘에 매장하여야 한다. 시신은 위생학상의 절대적인 이유나, 사망자의 종교 또는 화장에 대한 본인의 명백한 희망에 따라서만 화장할 수 있다. 화장한 경우에는 포로의 사망증명서에 화장의 사실 및 이유를 기재하여야 한다.

매장 및 분묘에 관한 모든 명세는 분묘를 언제든지 찾아낼 수 있도록 억류국이 설치하는 분묘등록기관(Graves Registration Service)에 기록 비치되어야 한다. 분묘의 목록 및 묘지와 기타의 장소에 매장된 포로들에 관한 명세서는 그 포로들의 소속국에 송부하여야 한다. 이들의 분묘를 관리하고 또한 추후에 있어서의 시신의 이동을 기록하는 책임은 그 지역을 관할하는 국가가 제네바 제3협약의 당사국인 경우에는 그 국가가 부담한다. 본 항의 규정은 분묘등록기관이 본국의 희망에 따라 적절히 처리될 때까지 보관하는 유골(ashes)에 대해서도 적용한다(제3협약 제120조).

15. 특별한 상황에서 죽거나 부상당한 포로

위병, 다른 포로 또는 기타 사람에 의하거나 또는 그렇게 추정되는 포로의 사망이나 중상, 그리고 원인불명의 사망에 대하여는 억류국이 곧 정식조사를 행하여야 한다.

전기의 사항은 즉시 이익보호국에 통고되어야 한다. 증인, 특히 포로인 증인으로부터 진술을 청취하고 그 진술을 포함하는 보고서를 이익보호국에 송부하여야 한다.

조사에 의하여 1인 또는 2인 이상의 자가 죄를 범하였다고 인정될 때에는 억류국은 그 책임이 있는 자를 소추하기 위하여 모든 조치를 취하여야 한다(제3협약 제121조).

제18절 포로에 관한 정보국과 구제단체

1. 국가정보국(National Bureaus)

각 충돌당사국은 충돌이 개시될 때와 모든 점령의 경우에 그 권력 내에 있는 포로를 위한 공식정보국(an official Information Bureau)을 설치하여야 한다. 제3협약 제4조에서 말한 부류 중의 하나에 속하는 자를 자국 영토 내에 수용할 수 있는 중립국 또는 비교전국은 그들에 관하여 동일한 조치를 취하여야 한다. 관계국은 포로정보국(Prisoners of War Information Bureau)에 대하여 그의 능률적인 운영에 필요한 건물 설비 및 직원을 제공할 것을 보장하여야 한다. 관계국은 제3협약 중의 포로의 노동에 관한 부에 정하는 조건에 따라서 포로정보국에서 포로를 사용할 수 있다.

각 충돌당사국은 그의 권력 내에 있는 제4조에서 말한 부류 중의 하나에 속하는 적국인에 관하여 제3협약 제122조 제4항, 제5항 및 제6항에서 말하는 정보를 가급적 신속히 자국의 정보국에 제공하여야 한다. 중립국 또는 비교전국은 그의 영토 내에 수용한 전기의 부류에 속하는 자에 관하여 동일한 조치를 취하여야 한다.

포로정보국은 이익보호국 및 제3협약 제123조에 정하는 중앙포로정보국(central agency)의 중계에 의하여 그러한 정보를 가장 신속한 방법으로 즉시 관계국에 통고하여야 한다.

그 정보는 관련된 친족에게 신속히 알려져야 한다. 제17조의 규정에 따를 것을 조건으로 그 정보는 포로정보국으로서 입수가능한 한 각 포로에 관하여 그의 성명, 계급, 군의 명칭, 연대의 명칭, 개인번호와 군번, 출생지, 생년월일, 소속국, 부친의 명 및 모친의 결혼 전 성명, 통지를 받을 자의 성명 및 주소, 포로에 대한 서신을 송부할 수 있는 주소를 포함하여야 한다.

포로정보국은 포로의 이동, 석방, 송환, 도주, 병원입원 및 사망에 관한 정보를 각 부처로부터 입수하여 그 정보를 전기의 제3항에 정하는 방법으로 통지하여야 한다.

마찬가지로 중병이나 중상자인 포로의 건강상태에 관한 정보도 정기적으로 가능하면 매주 제공하여야 한다.

포로정보국은 또한 포로의 신분으로 있는 동안에 사망한 자를 포함하는 포로에 관한 모든 조회에 답변할 책임을 진다. 포로정보국은 정보의 요청을 받은 경우에 그 정보를 가지고 있지 않은 때에는 그것을 입수하기 위하여 필요한 조사를 행한다.

정보국의 모든 서면통신은 서명 또는 날인하여 인증하여야 한다.

포로정보국은 또한 송환, 석방, 도주, 혹은 사망한 포로가 남긴 억류국 통화 이외의 통화 및 그 친족에게 중요한 서류를 포함하는 모든 개인적인 유가물을 수집하여 관계국에 송부할 책임이 있다. 포로정보국은 이들 유가물을 봉인한 포장에 넣어 송부하여야 한다. 그 봉인 포장에는 그 물품을 소지하고 있던 자를 식별하기 위한 명확하고 완전한 명세서 및 내용물의 완전한 목록을 첨부하여야 한다. 전기 포로의 기타 개인용품은 관계 충돌당사국간에 체결되는 협정에 따라 송부하여야 한다(제3협약 제122조).

2. 중앙포로정보국(Central Agency)

중앙포로정보국은 중립국에 설치한다. 국제적십자위원회는 필요하다고 인정하는 경우 관계국가에 대하여 중앙포로정보국의 조직을 제안하여야 한다.

중앙포로정보국의 직능은 공적 또는 사적 경로로 입수할 수 있는 포로에 관한 모든 정보를 수집하고 포로의 본국 또는 포로가 속하는 국가에 그 정보를 가급적 조속히 전달하여야 한다. 충돌당사국은 중앙포로정보국이 그러한 정보를 전달하는 데 대하여 모든 편의를 제공하여야 한다.

체약국과 특히 그 국민이 중앙포로정보국 업무의 혜택을 향유하는 국가는 중앙포로정보국에 대하여 그가 필요로 하는 재정적 원조를 제공할 것을 요한다.

전기의 규정은 국제적십자위원회 또는 제3협약 제125조에 정하는 구제단체의 인도적 활동을 제한하는 것으로 해석되어서는 안 된다(제3협약 제123조).

3. 우편요금 등의 면제

각국의 정보국(Information Bureaux) 및 중앙정보국(Central Information Agency)은 우편요금의 면제 및 제3협약 제74조에 정하는 모든 면제를 받으며, 또 가능한 한 전보요금의 면제 또는 적어도 상당한 감액을 받아야 한다(제3협약 제124조).

4. 구호단체(Relief Societies)와 다른 기구

억류국이 자국의 안전을 보장하거나 또는 기타 합리적인 필요에 대처하기 위하여 긴요하다고 인정하는 조치에 따를 것을 조건으로, 종교단체, 구제단체, 기타 포로에게 원조를 주는 단체의 대표자 및 정당하게 위임받은 그 대리인들은 포로의 방문, 그리고 그 출처의 여하를 불문하고 종교, 교육 또는 오락목적을 가지는 구제품과 물자를 분배하고 수용소 내에서 여가를 활용하도록 원조하는 데 필요한 편의를 억류국으로부터 제공받아야 한다. 전기의 단체나 기구는 억류국의 영토 내에서나 기타의 여하한 국가 내에서도 설립할 수 있으며 또한 국제적 성격을 가질 수도 있다.

억류국은 그 대표들이 자국 영토 내에서 억류국의 감독하에 임무를 수행할 것이 허용되고 있는 단체 또는 기구의 수를 제한할 수 있다. 단, 그 제한은 모든 포로에 대한 충분한 구제를 효과적으로 시행하는 것을 방해하지 않아야 한다.

이 분야에 있어서 국제적십자위원회의 특별한 지위는 항상 승인되고 존중되어야 한다.

전기의 목적에 충당되는 구제품 및 물자가 포로에게 교부된 때에는 즉시 또는 교부 후 단기간 내에 포로대표가 서명한 각 송부품의 영수증을 그 송부품을 발송한 구제단체 또는 기구에 송부하여야 한다. 이와 동시에 포로의 보호책임을 지는 행정당국도 그 송부품의 영수증을 송부하여야 한다(제3협약 제125조).

5. 감   독

이익보호국의 대표자나 사절단은 포로가 있는 모든 장소, 특히 억류, 구금 및 노동의 장소를 방문할 수 있으며 포로가 사용하는 모든 시설에 출입할 수 있다. 그들은 또한 이동되는 포로의 출발, 통과 및 도착장소를 방문할 수 있다. 그들은 입회인이 없이 직접 또는 통역을 통하여 포로, 특히 포로대표와 면담할 수 있다.

이익보호국의 대표자나 사절단은 자유로이 그들이 방문하고자 하는 장소를 선정할 수 있다. 그 방문기간과 횟수는 제한할 수 없다. 방문은 긴급한 군사상 필요를 이유로 하는 예외적이고 일시적인 조치로서 행하여지는 경우를 제외하고는 금지되지 아니한다.

억류국 및 전기의 방문을 받는 포로들의 소속국은 필요할 경우에는 이들 포로와 같은 국적의 사람이 방문에 참가하는 것을 합의할 수 있다.

국제적십자위원회의 대표도 동일한 특권을 향유한다. 그 대표의 임명은 방문을 받는 포로를 억류한 국가의 승인을 받아야 한다(제3협약 제126조).

제4장

부상자와 병자, 난선자

제1절 일반규정

1. 보호받는 사람들과 일반원칙

제1추가의정서 제8조 가호는 "부상자"(the wounded)와 "병자"(the sick)라 함은 군인 또는 민간인을 불문하고 외상, 질병, 기타 신체적·정신적인 질환 또는 불구로 인하여 의료적 지원 또는 가료가 필요한 자로서 적대행위를 하지 아니하는 자를 말한다. 이들 용어는 임산부, 신생아 및 허약자나 산모와 같은 즉각적인 의료적 지원 또는 가료를 필요로 하는 자로서 적대행위를 하지 아니하는 기타의 자를 포함한다고 규정하고 있다.

동 조의 나호는 "난선자"(shipwrecked persons)라 함은 군인 또는 민간인을 불문하고 본인 또는 그를 수송하는 선박 또는 항공기에 영향이 미치는 재난의 결과로 해상 또는 기타 수역에서 조난을 당한 자로서 적대행위를 하지 아니하는 자를 말한다고 난선자를 정의하고 있다.

상병자에 대해 규정하는 제1협약은 포로의 자격을 가진 사람들에게 적용된다.[1] 포로의 자격을 가지지 못하는 사람들은 전시 민간인보호에 관한 제네바협약(제4협약)의 보호를 받게 된다.

상병자와 난선자는 어느 충돌당사국에 속하든지 항상 존중되고 보호받아야 한다.[2] 이들의 생명에 위협을 가하는 조치나 이들에게 폭력을 행사하는 것은 금지된다. 상병자 등은 인도적으로 대우하여야 하며 의료상의 근거가 아닌 다른 근거로 불리한 차별을 받아서는 안 된다.[3]

2. 해상에 있어서의 군대의 부상자, 병자 및 조난자

(1) 병원선

해상에 있어서의 군대의 부상자, 병자 및 조난자의 상태개선에 관한 1949년

---

1) 제1협약 제13조.
2) 제1협약 제12조 1항과 제35조 1항; 제2협약 제12조 1항; 제3협약 제3조 1항; 제4협약 제16조; 제1추가의정서 제10조 1항; 제2추가의정서 제7조 1항.
3) 제1협약 제12조 2항; 제2협약 제12조 2항; 제1추가의정서 제10조 2항; 제2추가의정서 제7조 2항.

8월 12일자 제네바협약(제2협약) 제43조에 규정된 방식으로 표시된 군사병원선은 어떠한 경우에도 공격이나 포획을 당하지 아니하며 그들 선박이 사용되기 10일 전에 그 선명과 형태가 충돌당사국에 통고됨을 조건으로, 언제든지 존중되고 보호되어야 한다.[4] 적의 수중에 들어가는 항구에 있는 병원선은 동 항구로부터 출항하도록 허용되어야 한다.[5] 또한, 제2협약의 보호를 받을 권리를 부여받은 병원선은 육상으로부터 공격되어서는 안 된다.[6]

(2) 연안 구조선박

연안 구조작업을 위하여 국가 또는 공인된 구명정, 단체가 사용하는 작은 선박도 작전상의 요건이 허락하는 한 존중되고 보호되어야 한다.[7]

(3) 상륙한 군대

제2협약의 규정은 충돌당사국의 지상군과 해군간의 적대행위의 경우에 있어서 선내의 군대에 대하여만 적용된다. 상륙한 군대는 즉시 육전에 있어서의 군대의 상병자 보호에 관한 제네바협약, 즉 제1협약규정의 적용을 받는다.[8]

억류된 종교요원, 의무요원은 존중되고 보호를 받으며, 이들은 하선과 동시에 육전에 있어서의 군대의 부상자 및 병자의 상태 개선에 관한 1949년 8월 12일자 제네바협약(제1협약)의 규정의 적용을 받는다.[9]

3. 중립국에 의한 협약 적용

중립국은 그 영토 내에 접수 또는 억류된 충돌당사국 군대의 부상자, 병자 및 의무요원과 종교요원, 그리고 발견된 사망자에 대하여는 본 협약의 규정을 유추하여 적용하여야 한다(제1협약 제4조).

4. 적용기간

본 협약에 의하여 보호되는 자로서 적의 수중에 들어가 있는 자에 대하여, 본

---

4) 제2협약 제22조.
5) 제2협약 제29조.
6) 제1협약 제20조.
7) 제2협약 제27조.
8) 제2협약 제4조.
9) 제2협약 제37조.

협약은 그들의 송환이 완전히 이루어질 때까지 적용된다(제1협약 제5조).

5. 특별협정들

체약국은 제1협약 제10조, 제15조, 제23조, 제28조, 제31조, 제36조, 제37조 및 제52조에서 명문으로 규정한 협정 이외에도 그에 관하여 별도의 규정을 두는 것이 적당하다고 인정하는 모든 사항에 관하여 특별협정을 체결할 수 있다. 어떠한 특별협정도 제1협약에서 정하는 부상자, 병자, 의무요원 및 종교요원의 지위에 불리한 영향을 미치거나 또는 제1협약이 그들에게 부여하는 권리를 제한하여서는 아니 된다.

부상자, 병자, 의무요원 및 종교요원은, 제1협약이 그들에게 적용되는 한, 전기의 협정의 혜택을 계속 향유한다. 단, 전기의 협정 또는 추후의 협정에 반대되는 명문의 규정이 있는 경우 또는 충돌당사국의 일방 또는 타방이 그들에 대하여 더 유리한 조치를 취한 경우는 그렇지 않다(제1협약 제6조).

6. 권리의 포기금지

부상자, 병자, 의무요원 및 종교요원은 어떠한 경우에도 제1협약 및 제1협약 제6조에서 말한 특별협정이 존재할 경우에 그 협정에, 그들에게 보장된 권리의 일부 또는 전부를 포기할 수 없다(제1협약 제7조).

7. 복구(Reprisal)의 금지

제1협약에 의하여 보호되는 부상자, 병자, 요원, 건물 또는 장비에 대한 복구(reprisal)는 금지된다(제1협약 제46조).

제2협약 제47조도 제2협약에 의해 보호되는 부상자, 병자, 조난자, 요원, 선박 또는 그 장비에 대한 복구를 금지한다. 제1추가의정서 제20조도 제1추가의정서의 부상자, 병자, 난선자에 관한 조항에 의해 보호받는 자와 물건에 대한 복구를 금지하고 있다.

제2절 부상자 및 병자

1. 보호와 치료

제1협약 제2장(제12조에서 제18조)에서 군대의 구성원과 기타의 사람으로서 부상자 또는 병자인 사람은 모든 경우에 존중되고 보호되어야 한다.

그들은, 그들을 그 권력하에 두고 있을 충돌당사국에 의하여 성별, 인종, 국적, 종교, 정견 또는 기타의 유사한 기준에 근거한 차별 없이 인도적으로 대우되고 또한 간호되어야 한다. 그들의 생명에 대한 위협 또는 신체에 대한 폭행은 엄중히 금지된다. 특히 그들은 살해되거나 절멸(extermination)되거나 고문 또는 생물학적 실험을 받도록 되어서는 안 된다. 그들은 고의로 치료나 간호를 제공받음이 없이 방치되어서는 안 되며 또한 전염이나 감염에 노출되는 상태도 조성되어서는 안 된다.

치료의 순서에 있어서의 우선권은 긴급한 의료상의 이유로서만 허용된다.

여성은 여성이 당연히 받아야 할 모든 고려로서 대우되어야 한다.

충돌당사국은, 부상자 또는 병자를 부득이하게 적측에 유기할 경우에는, 군사상의 고려가 허용하는 한 간호를 돕기 위한 의무요원과 자재의 일부를 그들과 함께 잔류시켜야 한다(제1협약 제12조).

상병자와 난선자를 일반적으로 승인된 의료기준에 부합하지 않는 의료적 처리를 받도록 하는 것은 금지된다.[10]

2. 피해자의 수색

충돌당사국은 항상, 특히 매 교전 후에 부상자 및 병자를 찾아 수용하고 그들을 약탈 및 학대로부터 보호하며, 그들에 대한 충분한 간호를 보장하고 또한 사망자를 찾아 그들이 약탈당하는 것을 방지하기 위하여 모든 가능한 조치를 지체 없이 취하여야 한다.

충돌당사국은 사정이 허용하는 한, 전장에 남아 있는 부상자의 수용, 교환 및 이송을 가능하게 하기 위하여 휴전이나 발포정지를 약정하든가 현지협정을 마련

---

10) 제1추가의정서 제11조; 제2추가의정서 제5조 2항.

하여야 한다.

또한 점령 또는 포위된 지역으로부터의 부상자 및 병자의 수용과 교환 또는 동 지역으로 갈 의무요원, 종교요원 및 장비를 통과시키기 위하여, 충돌당사국 상호간에 현지약정(local arrangement)을 체결하여야 한다(제1협약 제15조).

제2협약 제18조 1항, 제3협약 제19조, 제4협약 제16조, 제2추가의정서 제8조도 피해자의 수색과 치료를 유사하게 규정하고 있다. 특히, 제2추가의정서 제8조는 비국제적 무력충돌에서 피해자의 수색, 수용 및 치료의무를 규정하고 있다는 점에서 의미가 크다.

또한 위의 규정은 상병자가 약탈이나 학대로부터 보호받도록 규정하고 있는 바, 제2협약 제18조 1항과 제4협약 제16조 그리고 제2추가의정서 제8조도 유사한 규정을 두고 있다.

3. 적의 수중에 있는 부상자

충돌당사국은 그들의 수중에 들어오는 적측의 부상자, 병자 및 사망자에 관하여 가능한 한 조속히 그러한 자의 신원판별에 도움이 될 어떠한 세부사항이라도 기록하여야 한다. 이들 기록은 되도록 다음의 사항을 포함하여야 한다.

가. 그가 의존하는 국가명
나. 소속부대명 및 군번
다. 성
라. 이름
마. 생년월일
바. 신분증명서 또는 표지에 표시된 기타의 상세
사. 포로가 된 일자 및 장소 또는 사망일자 및 장소
아. 부상, 질병 또는 사망의 원인에 관한 상세

전술한 자료는 포로의 대우에 관한 1949년 8월 12일자 제네바협약 제122조에 기술된 정보국에 가능한 한 조속히 송부되어야 하며, 동 정보국은 이익보호국 및 중앙포로기구를 통하여 이들의 소속국가에 이 자료를 전달하여야 한다.

충돌당사국은, 사망증명서 또는 정당하게 인증된 사망자 명부를 작성하여 동 정보국을 통하여 상호 송부하여야 한다. 충돌당사국은, 사망자에게서 발견된 이중

신분표지의 반, 근친자에 대한 유서나 기타의 중요한 서류, 금전 및 일반적으로 고유의 가치 또는 정서적 가치를 가지는 모든 물품을 동일하게 수집하여, 동 정보국을 통하여 상호 송부하여야 한다. 이들 물품은 확인되지 않은 물품과 함께 밀봉된 소포로 송부되어야 하며, 이에는 사망한 소유자의 신원확인에 필요한 모든 상세를 기재한 서류와 동 소포의 내용을 완전히 표시하는 표를 첨부하여야 한다(제1협약 제16조).

충돌당사국은 사망자들을 수색하고 식별하며 발견하기 위해 노력하여야 하고, 시신이 모욕적으로 훼손되지 않도록 노력하여야 한다.[11]

4. 사망자의 기록관리 및 실종자(Missing Person)

충돌당사국은, 사망을 확인하고 신원을 확실히 하며 또한 보고서의 작성을 가능하게 하기 위하여, 사정이 허용하는 한 개별적으로 실시될 사망자의 매장이나 화장이 시체의 면밀한 검사, 가능하면 의학적 검사가 있은 다음에 행하여지도록 보장하여야 한다. 이중신분표지가 사용되는 경우에는, 동 표지의 반은 시체에 남겨 두어야 한다.

시체는 위생상 절대로 필요한 경우 및 사망자의 종교상 이유를 제외하고는 화장을 하여서는 안 된다. 화장을 하였을 때는 사망증명서 또는 인증된 사망자 명부에 화장의 사정과 이유를 상세하게 기재하여야 한다.

충돌당사국은, 또한 사망자를 가능한 한 이들이 신봉하는 종교의 의식에 따라서 정중히 매장하고 동 사망자의 묘소를 존중할 것이며, 가능하면 사망자의 묘지를 국적별로 구분하며 언제든지 찾을 수 있도록 적절히 유지하고 표시하도록 하여야 한다. 이 목적으로, 충돌당사국은 전쟁개시시에 공식 분묘등록소를 설치함으로써 매장 후의 발굴을 가능하게 하고, 또한 분묘의 위치 여하를 불문하고 시체의 식별 및 경우에 따라 본국으로의 이송이 가능하도록 보장하여야 한다. 이 규정은 본국의 희망에 따라 적절히 처리될 때까지 분묘등록소가 보관하여야 할 유골에 대하여도 적용하여야 한다.

사정이 허락하는 즉시 그리고 늦어도 전쟁종료시까지 각 분묘등록소는, 제16조 2항에서 말한 정보국을 통하여 분묘의 정확한 위치와 표지 및 그곳에 매장되

---

11) 제2협약 제18조와 제19조; 제4협약 제16조 2항; 제1추가의정서 제33조 4항; 제2추가의정서 제8조.

어 있는 사망자에 관한 상세를 교환하여야 한다(제1협약 제17조).

제2협약 1항은, 충돌당사국은 사망을 확인하고 신원을 확실히 하며 또한 보고서의 작성을 가능하게 하기 위하여 사정이 허용하는 한 개별적으로 실시될 사망자의 수장이 시신의 면밀한 검사, 가능하면 의학적 검사가 있은 다음에 행해지도록 보장하여야 한다. 이중신분표지가 사용되는 경우에는 동 표지의 반은 시신에 남겨 두어야 한다고 규정한다.

사망자는 정중히 매장되어야 하고, 그들의 무덤은 적절히 유지되어야 한다.[12]

실종자에 대하여 제1추가의정서 제33조 1항은 "상황이 허락하는 즉시, 그리고 아무리 늦어도 실질적 적대행위의 종결시부터 각 충돌당사국은 적대당사국에 의하여 실종된 것으로 보도된 자들을 수색하여야 한다. 동 적대당사국은 그러한 수색을 촉진시키기 위하여 그러한 자들에 관한 모든 관련정보를 전달하여야 한다."고 규정한다.

5. 자발적인 간호

군 당국은 주민에 대하여 그의 지시하에 자발적으로 부상자 및 병자를 수용하고 또한 간호해 주는 자선을 호소할 수 있고, 군 당국은 이 요청에 응하는 자에 대하여 필요한 보호 및 편의를 부여한다. 적국이 그 지역을 점령하거나 또는 탈환하게 될 때에도 그 적국은 이러한 주민에게 동일한 보호와 편의를 부여하여야 한다.

군 당국은 침공 또는 점령한 지역에 있어서도, 주민과 구호단체에 대하여, 자발적으로 그 국적의 여하를 불문하고 부상자 또는 병자를 수용, 간호하는 것을 허가하여야 한다. 민간인은 이들 부상자 및 병자를 존중하여야 하며, 특히 그들에게 폭행을 가하지 않도록 하여야 한다.

여하한 자도 부상자 또는 병자를 간호하였다는 이유로 박해 또는 유죄선고를 받을 수 없다.

전기의 규정은 점령국이 부상자 및 병자에 대해 신체적 또는 정신적 간호를 부여하여야 하는 의무를 면제하지 않는다(제1협약 제18조).

---

12) 제3협약 제120조 4항; 제4협약 제130조 1항; 제1추가의정서 제34조; 제2추가의정서 제8조.

제3절 의무부대 및 의무시설

1. 보   호

충돌당사국은 어떠한 경우를 막론하고 의무기관의 고정시설이나 이동의무부대를 공격하여서는 안 되며, 항상 이를 존중하고 보호하여야 한다. 이들이 적국의 수중에 들어 갈 경우, 점령국은 이러한 시설 및 부대 내에 있는 부상자 및 병자에 대하여 필요한 간호를 스스로 보장하지 못하는 한, 이들 시설 및 부대의 요원은 자유로이 그 임무를 수행할 수 있어야 한다.

책임 있는 당국은 가능한 한 전기의 의무시설 및 의무부대가 군사목표에 대한 공격에 의하여 그 안전이 위태로워지지 않게 위치하도록 보장하여야 한다(제1협약 제19조).

"의무요원"(medical personnel)은 충돌당사국에 의하여 전적으로 의료목적이나 의무부대의 행정 또는 의료수송의 운영 또는 행정에 배속된 자를 의미한다. 이 용어에는 (1) 제1협약 및 제2협약에 규정된 자를 포함하여 군인 또는 민간인을 불문하고 충돌당사국의 의료요원 또는 민방위조직에 배속된 의료요원, (2) 국내 적십자(적신월, 적사자태양)사와 충돌당사국에 의하여 정당히 인정되고 허가된 기타 국내 자발적 구호단체의 의료요원, (3) 중립국 또는 기타 충돌당사국이 아닌 국가, 그러한 국가가 인정하고 허가한 구호단체 또는 공평한 국제인도주의 단체가 인도적 목적으로 충돌당사국에게 제공한 의료요원이 포함된다.[13]

의무부대(medical units)는 부상자, 병자, 난선자에 대한 일차진료를 포함하여 수색, 수용, 수송, 진찰 및 치료와 같은 의료목적과 질병의 예방을 위하여 구성된 군인 또는 민간시설 및 기타 부대를 의미한다. 이 용어는 예를 들어 병원 및 유사한 단체, 수혈센터, 예방의료본부 및 기관, 의료창고와 의무부대의 의약품 저장소를 포함한다. 의무부대는 고정식 또는 이동식일 수 있고, 영구적이거나 임시적일 수 있다.[14] "의무수송수단"은 군용 또는 민간용이든 영구적 또는 일시적이든간에 충돌당사국의 권한 있는 당국의 통치하에 있고 의무수송에 전적으로 할당된 모든

---

13) 제1추가의정서 제8조.
14) Id.

수송수단을 의미한다.15)

의무부대와 의무수송수단은 항상 존중되고 보호받아야 하며, 공격의 대상이 되어서는 안 된다.16) 의무부대는 그들의 안전에 위협이 될 수 있는 군사목표물로부터 가능한 한 멀리 위치하여야 한다.17)

2. 보호의 중단

의무기관의 고정시설 및 이동의무부대가 향유할 수 있는 보호는, 그들 시설 및 부대가 인도적 임무로부터 이탈하여 적에게 유해한 행위를 행하기 위하여 사용되는 경우를 제외하고는 소멸되지 아니한다. 단, 이 보호는 모든 경우에 합리적인 기한을 정한, 적당한 경고가 있은 후에 또한 그 경고가 무시된 후에 한하여 소멸될 수 있다(제1협약 제21조).

의무부대와 의무수송수단은 그 인도적 기능을 벗어나 적에게 해로운 행위를 하는 데 사용되는 경우에 그 보호를 상실하게 된다. 그러나 이 보호는 적당한 경고가 있은 후에 또한 그 경고가 무시된 경우에만 소멸된다.18)

3. 보호를 박탈하지 않는 상황

다음의 상황은 의무부대 또는 의무시설로부터 제19조에 의하여 보장되는 권리를 박탈하는 것으로 간주하여서는 안 된다.

   (1) 부대 또는 시설의 요원이 무장하고, 또한 정당방위 또는 그들의 책임하에 있는 부상자 및 병자의 방위를 위하여 무기를 사용하는 것
   (2) 무장한 위생병이 없는 경우, 감시병, 보초 또는 호위병이 부대나 시설을 보호하는 것
   (3) 부상자 및 병자로부터 받아 둔 소형무기 및 탄약으로서, 아직 적당한 기관에 인도되지 않은 채로 부대 또는 시설 내에서 발견되는 것
   (4) 의무부대 또는 의무시설 내에서 수의기관(veterinary service)의 요원 및 자

---

15) 제1추가의정서 제8조.
16) 헤이그규칙 제27조 1항; 제1협약 제19조; 제4협약 제18조 1항; 제1추가의정서 제12조 1항과 제21조; 제2추가의정서 제11조 1항.
17) 제1협약 제19조 2항; 제4협약 제18조 5항; 제1추가의정서 제12조 4항.
18) 제1협약 제21조; 제4협약 제19조 1항; 제1추가의정서 제13조 1항과 제21조; 제2추가의정서 제11조 2항.

재가 발견되더라도 이것이 동 부대 또는 시설의 불가분의 일부분을 구성하지 아니하는 것

(5) 의무부대 및 시설 또는 이들 요원의 인도적 활동이 민간인 부상자 및 병자의 간호에까지 미치는 것(제1협약 제22조).

의무요원이 정당방위를 위해 무기를 소지할 수 있지만, 그 무기를 가지고 전쟁법에 의한 적대행위를 적군에게 가할 수는 없다. 이 무기들은 그들 자신과 그 책임하에 있는 상병자들을 약탈자 등 전쟁법을 위반하는 자들로부터 보호하기 위해 사용하여야 한다. 전쟁법에 의해 정당화될 수 없는 방법으로 무기를 사용한 의무요원은 전쟁법 위반으로 인한 처벌을 받을 수 있게 되며, 그러한 행위를 중단하라는 경고를 받은 후에는 그가 소속한 의무부대나 시설의 보호권리가 박탈될 수 있다.19)

4. 병원지대

평시에 있어서의 제1협약의 체약국과 적대행위의 개시 이후의 충돌당사국은 자국 영역 내에, 그리고 필요한 경우에는 점령지역 내에 부상자 및 병자를 전쟁의 영향으로부터 보호하기 위하여 조직되는 병원지대와 지구를 설정하고, 또한 동 지대와 지구의 조직, 관리 및 그곳에 수용되는 자의 간호를 책임질 요원을 정할 수 있다.

적대행위가 발발하였을 때와 적대행위가 계속 중일 때, 관계당사국은 그들이 설정할 병원지대와 지구의 상호 승인을 위한 협정을 체결할 수 있다. 이를 위하여 관계 당사국은 필요하다고 생각되는 경우에는 수정을 가하여서, 제1협약에 부속하는 협정안의 규정을 시행할 수 있다.

이익보호국 및 국제적십자위원회에 대하여 지대와 지구의 설치 및 식별을 용이하게 하기 위하여 주선을 행하도록 요청할 수 있다(제1협약 제23조).

5. 상근요원의 보호

부상자 또는 병자의 수색, 수용, 수송이나 치료 또는 질병의 예방에만 전적으로 종사하는 요원, 의무부대 및 시설의 관리에만 전적으로 종사하는 직원 및 군대에 수반하는 종교요원은 모든 경우에 있어서 존중되고 보호되어야 한다(제1협약 제24조).

---

19) 미국육군교범, p. 88.

제1협약 제19조, 제24조, 제25조에서 의무요원, 종교요원 등의 "존중과 보호" (respect and protection)의 의미는 그들이 의도적으로 공격당하거나 사격의 대상이 되거나 또는 그들이 고유한 기능을 수행하는 것을 불필요하게 방해받지 않는다는 것을 의미한다. 그러나 의무요원이나 종교요원 등이 실제 전투가 벌어지는 장소의 근처에 있다가 전투원을 겨냥한 공격으로 인해 우발적으로 사망하거나 부상하는 경우에는 그 피해에 대한 항의를 하기가 어렵게 된다.[20]

의무요원은 항상 존중되고 보호되어야 한다.[21] 의료윤리에 합치하게 의료행위를 한 사람을 처벌하거나 의료윤리의 규칙에 위반하여 의료행위를 하도록 강요하는 것은 금지된다.[22] 군대의 의무요원은 비전투원이다.[23]

6. 보조요원의 보호

부상자 및 병자의 수용, 수송 또는 치료를 필요한 경우에 담당할 병원당직, 간호원 또는 보조들것 운반보조원으로 충당하기 위하여 특별히 훈련받은 군대 구성원도 그들의 임무를 수행하려고 할 경우, 적과 접촉하고 있을 때나 또는 적의 수중에 들어가 있을 때에 역시 존중되고 보호되어야 한다(제1협약 제25조).

7. 구호단체요원의 보호

국가적십자사의 직원 및 본국 정부가 정당히 인정한 독지구호단체의 직원으로서, 제1협약 제24조에 열거한 요원과 동일한 임무에 종사하는 자는 동 조에 열거한 요원과 동일한 지위에 놓인다. 단, 이들 단체의 직원은 군 관계법령에 따를 것을 조건으로 한다. 각 체약국은 평시에 있어서나 적대행위의 개시 또는 적대행위가 계속되는 동안에, 그들 단체를 실질적으로 이용하기에 앞서 자국군의 정규의 무기관에 원조할 것을 자국의 책임하에 인정한 단체의 명칭을, 타방체약국에 통고하여야 한다(제1협약 제26조).

---

20) 미국육군교범, p. 89; 제1협약 제19조.
21) 제1협약 제24조와 제25조; 제2협약 제36조와 제37조; 제1추가의정서 제15조; 제2추가의정서 제9조.
22) 제1추가의정서 제16조; 제2추가의정서 제10조.
23) 제1추가의정서 제43조 2항.

8. 중립국의 단체

중립국의 승인된 단체는, 미리 자국 정부의 동의 및 관계 충돌당사국의 승인을 얻은 경우에 한하여, 그 의무요원 및 의무부대의 원조를 충돌당사국에 제공할 수 있다. 그들 요원 및 부대는 당해 충돌당사국의 통제하에 둔다.

중립국 정부는 그와 같은 원조를 받는 국가의 적국에 대하여 전기의 동의를 통고하여야 한다. 이러한 원조를 수락하는 충돌당사국은 원조를 활용하기 전에 적국에 대하여 통고할 의무를 진다.

어떠한 경우에도 이 원조는 충돌에의 개입이라고 인정하여서는 안 된다.

위에 기술한 요원은 그들이 속하는 중립국을 떠나기 전에, 제1협약 제40조에 정하는 신분증명서를 정식으로 교부받아야 한다(제1협약 제27조).

9. 억류된 요원

제1협약 제24조 및 제26조에 지정된 요원으로서 적국의 수중에 들어간 자는 포로의 건강상태, 종교상의 요구 및 포로의 수에 의하여 필요하다고 인정되는 한도를 넘어서 억류하여서는 안 된다.

이와 같이 억류된 요원은 포로라고 인정하여서는 안 된다. 단, 그들 요원은 적어도 포로의 대우에 관한 1949년 8월 12일자 제네바협약의 모든 규정에 의한 이익을 향유한다. 그들 요원은 억류국의 군법의 범위 내에서 그리고 억류국의 권한 있는 기관의 관리하에, 그 직업적 윤리에 따라서 포로, 특히 자기가 소속하는 군대의 포로에 대한 의료상 및 종교상의 임무를 계속 수행하여야 한다. 그들 요원은, 그 의료상 또는 종교상의 임무의 수행을 위하여 또한 다음의 편의를 향유한다.

가. 그들 요원은 수용소 밖에 있는 노동분견대 또는 병원에 있는 포로를 정기적으로 방문할 수 있어야 한다. 억류국은 그들 요원에 대하여 필요한 수송수단을 제공하여야 한다.

나. 각 수용소에 있어서 최선임 군의관인 의무장교는 억류되어 있는 의무요원의 직업적 활동에 관하여, 수용소의 군 당국에 대하여 책임을 진다.

이 목적을 위하여, 충돌당사국은 적대행위 개시시부터 제1협약 제26조에 지정하는 단체의 의무요원을 포함하여, 자국의 의무요원들 상호간에 상응하는 계급에 관하여 합의하여야 한다. 이 선임 군의관 및 종교요원은 그 임무로부터 발생하는 모든 문제에 대하여 수용소의 군 당국 및 의료당국과 직접 접촉할 수 있어야 한다. 이러한 당국은 그러한 문제에 관한 통신을 위하여 그들이 필요로 하는 편의를 부여하여야 한다.

다. 수용소 내에 억류된 요원은 수용소 내의 기율을 따르지 않으면 안 되나, 그들에게 의료상 또는 종교상의 임무 이외의 노동을 요구해서 아니 된다.

충돌당사국은 적대행위의 계속 중에 억류된 요원을 가능한 경우에 석방하기 위한 조치를 취하고, 그 석방의 절차를 정하여야 한다.

전기의 규정이 억류국에 대하여 포로의 의료상 및 종교상의 복지에 관하여 억류국에 과하는 의무를 면제하는 것은 아니다(제1협약 제28조).

10. 종교 및 의무요원의 귀환

제1협약 제28조의 규정에 의하여 억류를 필요로 하지 않는 요원은 그 귀로가 열리고 또한 군사상의 요건이 허용하는 때에는, 즉시 그들 요원이 속하는 충돌당사국에 귀환시켜야 한다.

그들 요원은 귀환할 때까지 포로로 인정되지 아니한다. 단, 그들 요원은 적어도 포로의 대우에 관한 1949년 8월 12일자 제네바협약의 모든 규정에 의한 혜택을 향유한다. 그들 요원은 적국의 명령하에 자기의 임무를 계속 수행하고 또한 가능한 한 자기가 속하는 충돌당사국의 부상자 및 병자의 간호에 종사하여야 한다.

그들 요원은 출발시에 그 소유에 속하는 개인용품, 유가물 및 기구를 휴대할 수 있어야 한다(제1협약 제30조).

그러나 이 조항이 이들 요원이 전략적·전술적 가치가 있는 정보를 가지고 본국 군대로 귀환하는 것을 방지하기 위한 합리적인 조치를 취하는 것까지 금지하는 것은 아니다. 만일 그들이 이러한 정보를 가지고 있다면, 그 정보가 실질적인 가치가 없어질 때까지 그들을 본국 군대로 귀환시키는 것을 연기할 수 있다.[24]

11. 귀환자의 선발

제1협약 제30조에 의하여 귀환되는 요원의 선발은 그 인종, 종교 또는 정견의 여하를 불문하고 가능한 한 그들 요원이 포로가 된 순서 및 그들 요원의 건강

---

24) 미국육군교범, p. 92.

상태에 따라서 행하여야 한다.

충돌당사국은, 적대행위의 개시시부터 포로의 인원수와 수용소에서 그들 요원의 배치에 비례하여 억류하여야 할 요원의 비율을 특별협정으로 정할 수 있다(제1협약 제31조).

12. 중립국 단체요원의 귀환

제1협약 제27조에서 지정된 자로서, 적국의 수중에 들어가 있는 자는 억류하여서는 안 된다.

반대의 합의가 없는 한, 그들은 그 귀로가 열리고 또한 군사상의 고려가 허용하는 경우에는 즉시 자국에 귀환할 것이 허용되어야 하며, 자국에의 귀환이 불가능할 경우에는 그들이 근무하는 기관이 있는 충돌당사국의 영역에 귀환하도록 허용되어야 한다.

그들은 석방될 때까지 적국의 지휘하에서 계속 자기의 임무를 수행하여야 한다. 그들은 가능한 한 그들이 근무하는 충돌당사국의 부상자 및 병자의 간호에 종사하여야 한다.

그들은 출발할 때 자기의 소유에 속하는 개인용품, 유가물, 문서, 무기 그리고 가능하면 운송수단도 휴대할 수 있어야 한다.

충돌당사국은 이들 요원이 그 권력하에 있는 동안 이 요원들에게 자국 군대의 상응하는 요원에게 부여하고 있는 것과 마찬가지의 식량, 숙사, 수당 및 급여를, 그들 요원을 위하여 확보하여야 한다. 식량은 여하한 경우에도 수량 및 품질에 있어서 그들 요원이 통상의 건강상태를 유지함에 충분한 것이어야 한다(제1협약 제32조).

이들 중립국 요원들에 대해서도 의무요원이나 종교요원이 전략적·전술적 정보를 가지고 본국 군대에 복귀하지 못하도록 하는 조치를 취한 것처럼 합리적인 조치를 취할 수 있다.

13. 건물 및 자재

적의 수중에 들어간 군 이동의무대의 재료는, 부상자 및 병자의 간호를 위하여 유보되어야 한다.

군대의 고정의무시설의 건물, 재료 및 저장품은 계속 전쟁법규의 적용을 받는다. 단, 그들 건물, 재료 및 저장품은 부상자 및 병자의 간호를 위하여 필요한 그 사용목적을 변경하여서는 아니 된다. 그럼에도 불구하고 야전의 군대의 지휘관은 긴급한 군사상의 필요가 있을 경우에는 전기의 시설 내에서 간호를 받는 부상자 및 병자의 복지를 위하여 미리 조치를 취할 것을 조건으로 그들 건물, 재료 및 저장품을 사용할 수 있다.

제1협약 제33조에서 말하는 재료 및 저장품은 고의로 파괴하여서는 아니 된다(제1협약 제33조).

적의 수중에 들어간 이동의무부대의 자재는 그 자재를 잃은 교전국에게 반환할 필요가 없다. 그러나 이 자재는 상병자의 간호를 위해서만 사용되어야 하며, 헤이그규칙 제53조상의 전리품(war booty)이 아니다.

의무부대와 의무수송수단의 징발은 민간주민의 의료상 필요와 치료 중인 상병자의 필요가 충족되는 경우에만 가능하다.25)

14. 구호단체의 재산

이 협약에 의한 특권이 인정되는 구호단체의 부동산 및 동산은 사유재산으로 간주한다.

전쟁법규 및 관습에 의하여 교전국에 인정되는 징발권(right of requisition)은, 긴급한 필요가 있는 경우를 제외하고는 행사할 수 없으며, 부상자 및 병자의 복지가 확보된 연후에만 행사하여야 한다(제1협약 제34조).

15. 의무수송의 보호

부상자 및 병자 또는 의무장비의 수송수단은 이동의무부대와 같은 방식으로 존중되고 보호되어야 한다.

그러한 수송수단 또는 차량이 적국 수중에 들어가는 경우에는 전쟁법규의 적용을 받는다. 다만, 그들을 포획한 충돌당사국이 모든 경우에 있어서 그 안에 있는 부상자 및 병자의 간호를 확보할 것을 조건으로 한다.

민간요원 및 징발에 의하여 얻은 모든 수송수단은 국제법의 일반원칙의 적용을 받는다(제1협약 제35조).

의무수송과 관련된 민간인 요원에 대한 국제법의 적용은 그 요원의 구체적인

---

25) 제1협약 제19조 1항, 제33조, 제35조 2항; 제4협약 제57조; 제1추가의정서 제14조와 제21조.

지위에 따라서 달라진다. 그가 군대에 부속하는 군무원이면 포로로서 포로에 관한 협약(제3협약 제4조 가(4)호)이 적용된다. 그가 교전국의 구호단체의 직원이면 제1협약 제26조가 적용되어 군대의 의무요원과 같은 지위를 가진다. 또는 그가 중립국의 구호단체 직원이면 제1협약 제27조가 적용되어 신분증명서를 발급받고 충돌당사국의 통제하에 의무상 원조를 할 수 있다. 또는 위의 제1협약과 제3협약의 어느 것도 적용되지 않는 민간인은 제4협약의 적용을 받는다.

16. 의무항공기

교전국은, 의무항공기 즉 부상자 및 병자의 수용과 의무요원 및 재료의 수송에 전적으로 사용되는 항공기가 관계교전국간에 특별히 합의된 고도, 시각 및 항로에 따라서 비행하고 있는 중에는 공격하여서는 아니 되며, 존중하여야 한다.

의무항공기는 그 하면, 상면 및 측면에, 제1협약 제38조에 정하는 식별표장을 자국의 국기와 함께 명백히 표시하여야 한다. 의무항공기는, 적대행위의 개시 또는 진행 중 교전국간에 합의될 다른 표지 또는 식별수단을 갖추어야 한다.

별도의 합의가 없는 한, 적의 영역 또는 적의 점령지역 상공의 비행은 금지된다.

의무항공기는 모든 착륙지시에 따라야 한다. 이와 같은 강제착륙의 경우, 항공기는 그 탑승자와 함께 검문이 있다면 그것을 받은 후 비행을 계속할 수 있다.

의무항공기의 승무원은 물론 부상자 및 병자도 적의 영역 또는 적의 점령지역 내에 불시착할 경우에는 포로가 된다. 의무요원은 제1협약 제24조 이하의 규정에 따라 대우하여야 한다(제1협약 제35조).

의무항공기는 전적으로 의무수송을 위한 군용 또는 민간항공기로서, 영구적이거나 임시적으로 사용될 수 있고, 충돌당사국의 권한 있는 당국에 복종하는 항공기이다.[26] 한편, 항공기가 의무항공기용으로 제작되거나 장비를 갖출 필요는 없다. 보통 항공기도 의무항공기로 개조하여 사용할 수 있으며, 의무항공기도 의무항공기 표장을 지운 후에는 다른 용도로 사용할 수 있다.[27] 의무항공기는 국가의 표시(국기)뿐만 아니라 의무항공기를 나타내는 표장을 날개와 측면에 하여야 한다.

충돌당사국이 적대당사국으로부터 군사적 이득을 얻기위하여 의무항공기를

---

26) 제1추가의정서 제26조 1항과 제29조; 제2협약 제39조.
27) 미국육군교범, p. 94.

사용하는 것은 금지되며, 의무항공기의 배치는 군사목표물을 공격으로부터 면제시키기 위한 목적으로 사용되어서는 안 된다.[28]

의무항공기는 검사를 위해 지상이나 해상에 착륙할 것을 명령받을 수 있다.[29] 그 검사는 지체 없이 신속하게 이루어져야 하며, 검사를 하는 당사국은 검사를 위해 필수적인 경우가 아닌 한 상병자를 항공기에서 이동시키도록 요청할 수 없다.[30] 검사국은 어떠한 경우에도 부상자나 병자의 상태가 검사나 이동에 의하여 불리한 영향을 받지 않도록 보장하여야 한다.[31]

검사결과 그 항공기가 특별한 보호를 받기 위한 요건을 충족하지 못하거나 그 의무를 위반하였다는 것이 밝혀지는 경우 그 항공기는 압류될 수 있다.[32] 영구적인 의무항공기로 배정되었다가 압류된 모든 항공기는 그 후로는 의무항공기로서만 사용될 수 있다.[33]

제4절 적십자 표장

1. 제네바협약상의 식별표장

스위스에 경의를 표하기 위하여, 스위스 연방의 국기를 반대로 작성한 흰 바탕에 적십자의 문장을 군대의 의무기관의 표장 및 식별기장으로서 계속 사용하도록 하였다.

특히 적십자 표장(The Red Cross Emblem)대신에 흰 바탕에 붉은 초생달 또는 붉은 사자와 태양을 표장으로 이미 사용하고 있는 국가의 경우 이러한 표장은 이 협약상 동일하게 인정된다(제1협약 제38조).

터키는 적신월을 사용하고, 이란은 붉은 사자와 태양을 표장으로 사용하며, 이스라엘은 다윗의 붉은 방패를 자국의 의무부대의 표장으로 사용할 것을 유보하고 제1협약에 서명하였다.

---

28) 제1추가의정서 제28조 1항.
29) 제1추가의정서 제30조 2항.
30) Id.
31) Id.
32) 제1추가의정서 제30조 4항.
33) Id.

2005년 12월 추가 식별표장의 채택을 위한 제3추가의정서가 채택되었고, 이 의정서는 2007년 1월 14일 발효하였다. 제3추가의정서는 제네바협약상의 식별표장으로서 적십자(red cross)와 적신월(red crescent)에 추가하여 적수정(red crystal)을 규정하였다.[34]

2. 표장의 사용

관할 군 당국의 지시에 따라 의무기관이 사용하는 기, 완장 및 모든 장비에는 흰 바탕에 적십자 표장을 표시하여야 한다(제1협약 제39조).

식별표장은 의무요원, 종교요원, 의무부대와 수송수단 그리고 의료장비를 표시하기 위하여 사용되어야 한다.[35]

3. 의무·종교요원의 식별

제1협약 제24조, 제26조 및 제27조(제2협약 제36조와 제37조)에서 규정하는 요원은 군 당국이 압인 발급한 식별표장이 된 방수성의 완장을 왼팔에 둘러야 한다.

이러한 요원은 제1협약 제16조(제2협약 제19조)에 규정하는 신분표지에 추가하여 식별표장이 표시된 특별한 신분증명서를 휴대하여야 한다. 이 증명서는 방수성이며, 또한 호주머니에 들어갈 만한 크기의 것이어야 한다. 이 증명서는 자국어로 기입되어야 하며, 적어도 소지자의 성명, 생년월일, 계급 및 군번이 표시되고, 또한 소지자가 어떤 자격으로 제1협약의 보호를 받을 권리가 있는 지가 기재되어 있어야 한다. 이 증명서에는 또한 소지자의 사진, 서명이나 지문 또는 그 양자가 첨부되어야 하며, 군 당국의 인장을 압인하여야 한다.

본 신분증명서는 동일국가의 전군을 통하여 동일규격이어야 하며 가능한 한 모든 체약국의 군대에 대하여 유사한 규격이어야 한다. 충돌당사국은 제1협약의 부록에 예시된 양식에 따를 수 있다. 충돌당사국은 적대행위의 개시시에 각국이 사용하는 신분증명서의 양식을 상호 통보하여야 한다. 신분증명서는 가능하면 적어도 2매를 작성하여 그 1매는 본국이 보관하여야 한다.

---

34) 제3추가의정서 제2조.
35) 제1협약 제39조에서 제43조; 제2협약 제41조에서 제43조; 제4협약 제18조 3항과 4항, 제20조 2항과 3항, 제21조, 제22조 2항; 제1추가의정서 제18조; 제2추가의정서 제12조; 제3추가의정서 제2조.

어떠한 경우에도 전기의 요원은 그들의 계급장 또는 신분증명서, 완장을 두를 권리를 박탈당하지 아니한다. 이들은 신분증명서 또는 계급장을 분실하는 경우 신분증명서의 사본을 재교부받거나 계급장을 다시 수령할 권리를 가진다(제1협약 제40조).

4. 보조요원의 식별

제1협약 제25조에 지정하는 요원은 의무상의 임무수행 중에 한하여 가운데 작은 식별표장을 표시한 백색의 완장을 둘러야 한다. 그 완장은 군당국이 압인 발급하여야 한다.

그들 요원이 휴대할 군의 신분증명서류에는 그들 요원이 받은 특수훈련의 내용, 그들 요원이 종사하는 임무의 일시적인 성격 및 완장 사용권 등을 명기하여야 한다(제1협약 제41조).

5. 의무부대 및 시설의 표시

제1협약 협약에서 정하는 식별기(distinctive flag)는 동 협약에 의하여 존중되는 권리를 가지며, 군 당국의 동의를 얻은 의무부대 및 의무시설에 한하여 게양하여야 한다.

이동부대는 고정시설에 있어서와 마찬가지로 그들 부대 또는 시설이 속하는 충돌당사국의 국기를 전기의 국기와 더불어 게양할 수 있다.

그럼에도 불구하고 적의 수중에 들어간 의무부대는 이 협약에서 정하는 기 이외의 기를 게양하여서는 안 된다.

충돌당사국은 군사상의 고려가 허용하는 한, 의무부대 또는 의무시설에 대한 공격의 가능성을 제거하기 위하여 적의 지상군, 공군 또는 해군이 식별표장을 명백히 식별할 수 있도록 필요한 조치를 취하여야 한다(제1협약 제42조).

6. 중립국 부대의 표시

제1협약 제27조에 정하는 조건에 따라서 일 교전국에 용역을 제공하도록 된 중립국의 의무부대는, 그 교전국이 제1협약 제42조에 의하여 부여된 권한을 행사할 때에는 언제나 그 교전국의 국기를 이 협약에서 정하는 기와 더불어 게양하여야 한다.

중립국 의무부대는 책임 있는 군당국의 반대의 명령이 없는 한 모든 경우에 있어서, 비록 적국의 수중에 들어간 경우라 하더라도 자국의 국기를 게양할 수 있다(제1협약 제43조).

7. 표장사용의 제한

제1협약 제44조에서 규정된 경우를 제외하고, 흰 바탕의 적십자 표장 및 "적십자" 또는 "제네바 십자"라는 말은, 평시 또는 전시를 불문하고 이 협약 및 이 협약과 유사한 사항을 정하는 다른 협약에 의하여 보호되는 의무부대, 의무시설, 요원 및 재료를 표시하고 또는 보호하기 위하여서가 아니면 사용할 수 없다. 제1협약 제38조 2항에서 말하는 표장(적신월, 적사자와 태양)에 관하여도 그들을 사용하는 국가에 대하여는 동일하게 적용된다. 국가의 적십자사 및 제1협약 제26조에서 지정하는 기타의 단체는 이 협약의 보호를 부여하는 식별표장을 본 항의 범위 내에서만 사용하는 권리를 가진다.

또한 국가의 적십자사(적신월사, 적사자와 태양사)는, 평시에 있어서 자국의 국내법령에 따라 적십자국제회의가 정하는 원칙에 합치하는 기타의 활동을 위하여 적십자의 명칭 및 표장을 사용할 수 있다. 그 활동이 전시에 행하여질 때에는, 표장은 그 사용에 의하여 이 협약의 보호가 부여된다고 인정될 우려가 없도록 하여야 한다. 즉, 이 표장은 비교적 작은 것이어야 하며, 또한 완장 또는 건물의 지붕에 표시하지 말아야 한다.

국제적십자기구(International Red Cross Organizations) 및 정당히 권한이 부여된 그 직원에 대하여는 언제든지 흰 바탕의 적십자 표장을 사용할 것이 허용된다.

예외적 조치로서, 국내법령에 따라 국가적십자사(적신월사, 적사자와 태양사)의 어느 하나로부터 명시의 허가를 받은 경우, 이 협약에서 정하는 표장을 구급차로서 사용되는 차량을 식별하기 위하여, 또한 부상자 및 병자를 무상으로 치료하기 위하여 전적으로 사용되는 구호소의 위치를 표시하기 위하여 평화시에 사용할 수 있다(제1협약 제44조).

평시에는, 제네바협약의 식별표장은 국가의 적십자사, 적신월사 또는 적수정사, 국제적십자기구와 그들이 정당히 권한을 위임한 사람, 그리고 예외적으로 응급차량이나 상병자에 대한 무상치료를 제공하는 구호소를 나타내기 위하여만 사

용할 수 있다.[36)

이 표장을 남용하는 것은 헤이그규칙 제23조에 의해 금지되며 ICC규정상 전쟁범죄가 된다. 국가들은 식별표장과 신호의 사용을 감독하여야 하고, 그 남용을 방지하고 억제하여야 한다.[37)

---

36) 제1협약 제44조 2항에서 4항; 제3추가의정서 제3조.
37) 제1협약 제53조, 제54조; 제2협약 제45조; 제1추가의정서 제18조 8항, 제37조에서 38조, 제85조 3항; 제3추가의정서 제6조; 헤이그규칙 제23조.

제5장

민간인의 보호

제1절 서 론

　민간인(civilian persons)의 보호는 1949년 전시민간인의 보호에 관한 협약(제4협약)과 1907년 헤이그규칙에 의해 주로 규율되며, 제1추가의정서와 제2추가의정서에도 관련 규정이 있다. 이 협약규정들은 상호 보완적으로 민간인의 보호를 규정하고 있다. 이 장에서는 관련 협약의 규정을 중심으로 민간인의 보호에 관해 살펴보고자 한다. 점령에 관한 사항은 다음 장에서 보다 자세히 설명한다.

　민간주민과 민간물자의 존중 및 보호를 보장하기 위하여 충돌당사국은 항시 민간주민과 전투원, 민간물자와 군사목표물을 구별하며, 따라서 그들의 작전은 군사목표물에 대해서만 행하여지도록 하여야 한다.[1]

1. 민간인의 정의

　제1추가의정서 제50조 1항은 "민간인이라 함은 제3협약 제4조 1항 (가), (나), (다), (바) 및 본 의정서 제43조에 언급된 자들의 어느부류에도 속하지 아니하는 모든 사람을 말한다. 어떤 사람이 민간인인지의 여부가 의심스러운 경우에는 동인은 민간인으로 간주된다."고 민간인을 정의하고 있다. 위의 제3협약 제4조 1항 (가), (나), (다), (바)에 언급된 사람은 충돌당사국 군대의 정규군 구성원, 그 군대의 일부를 구성하는 민병대 또는 의용군의 구성원, 억류국이 승인하지 않은 정부 또는 당국에 충성을 서약한 정규군대의 구성원, 군민병을 의미하며, 제1추가의정서 제43조에 언급된 사람은 충돌당사국의 군대 구성원이다. 이러한 부류에 속하지 않는 사람은 모두 민간인이라고 할 수 있다.

　제4협약은 제4조에서 보호받는 사람의 정의(definition)를 다음과 같이 규정한다.

> 　본 협약에 의하여 보호되는 자는, 무력충돌 또는 점령의 경우에, 특정 시점에 그 형식의 여하에 관계없이 충돌당사국 또는 점령국의 권력 내에 있는 자로서 동 충돌당사국 또는 점령국의 국민이 아닌 자이다.
> 　본 협약의 구속을 받지 않는 국가의 국민은 본 협약의 보호를 받지 못한다. 교전국 영역 내에 있는 중립국 국민 또는 공동 교전국 국민은 그들을 권력하에 두고 있

---

1) 제1추가의정서 제48조.

는 국가 내에 그들의 본국이 통상적인 외교대표를 주재시키고 있는 기간 동안은 피보호자로 간주되지 아니한다.

그러나 제2편의 규정들은, 제13조에서 규정한 바와 같이 그 적용범위가 보다 광범위하다.

육전에 있어서의 군대의 부상자 및 병자의 상태 개선에 관한 1949년 8월 12일자 제네바협약, 해상에 있는 군대의 부상자, 병자 및 조난자의 상태 개선에 관한 1949년 8월 12일자 제네바협약, 또는 포로의 대우에 관한 1949년 8월 12일자 제네바협약에 의하여 보호를 받는 자는, 본 협약이 의미하는 피보호자로 고려되지 않는다(제4협약 제4조).

제4협약에 의해 보호되는 사람들은 동 협약 제5조의 제한을 조건으로 포로의 대우를 받지 못하면서 적대행위를 하는 모든 사람을 포함한다. 또한 제1추가의정서는 제4협약보다 보호대상인 민간인의 정의를 넓혀, 포로가 아닌 사람으로서 적대행위에 가담하거나 또는 충돌당사국 또는 점령당국의 권한 내에 있는 모든 사람을 민간인으로서 포함한다.[2]

2. 적용제한

충돌당사국의 영역 내에서 피보호인이 동 충돌당사국의 안전을 해하는 활동을 하였다는 혐의 또는 그러한 활동에 종사하고 있다는 사실을 확인하였을 경우에는 그러한 개인은 그를 위해 행사된다면 충돌당사국의 안전에 유해할 제4협약상의 권리와 특권을 주장할 수 없다.

점령지역 내에서, 피보호인이 점령국에 의하여 간첩이나 파괴행위자(saboteur) 또는 점령국의 안전을 해하는 활동을 하였다는 혐의로써 억류되고 있는 동안, 그러한 자는 절대적인 군사상의 안전이 요구되는 경우에 제4협약에 의한 통신의 자유를 상실한 것으로 간주된다.

그러나 어느 경우에 있어서도 그러한 자는 인도적인 대우를 받아야 하며, 재판의 경우에 있어서는 제4협약에서 규정한 공평한 정규재판을 받을 권리를 박탈당하지 아니한다. 또한 그러한 자는, 가장 조속한 시일에 충돌당사국 또는 점령국의 안전에 부합하는, 제4협약에 의한 완전한 권리와 특권을 부여받아야 한다(제4

---

2) 제1추가의정서 제50조.

협약 제5조).

　제4협약 제5조에서 명시된 지역이 아닌 다른 지역에서의 경우에도, 보호받는 사람이 국가의 안전에 유해한 행위를 하고 있다는 혐의가 명백하다고 충돌당사국이 인정하는 경우에, 그 사람은 그를 위하여 행사된다면 그 충돌당사국의 안전에 유해할 제4협약상의 권리와 특권을 주장할 수 없다.

　제4협약 제5조는 간첩, 파괴행위자, 그리고 포로대우를 받지 못하는 기타의 사람을 충돌당사국이 사형이나 다른 형벌로써 처벌할 권한이 있음을 묵시적으로 인정하고 있다고 할 수 있다.[3] 그러나 제4협약 제68조가 그러한 권한을 제한하거나 박탈할 때는 그 권한을 행사할 수 없다.

　또한 제1추가의정서 제75조는 민간인들의 기본권을 보장하고 있고, 특히 일반적으로 승인된 정식의 사법절차 원칙을 존중하는 공정하고 정식으로 구성된 법원의 재판을 받을 권리를 인정하고 있다.

3. 협약적용의 개시와 종료

　제4협약은 동 협약 제2조에서 언급된 충돌 또는 점령의 개시시부터 적용된다.

　충돌당사국의 영역 내에 있어서는 제4협약의 적용은 군사행동의 일반적 종료와 동시에 정지된다.

　점령지역의 경우에 있어서는, 제4협약의 적용은 군사행동의 일반적 종료 일년 후에 정지된다. 단, 점령국은 점령기간 중 동 지역 내에서 정부의 기능을 행사하는 한도에 있어 제4협약 제1조로부터 제12조, 제27조, 제29조로부터 제34조, 제47조, 제49조, 제51조, 제52조, 제53조, 제59조, 제61조에서 제77조 및 제143조의 규정의 구속을 받는다.

　그러한 일시 후에 석방, 송환(repatration), 또는 정착(re-establishment)을 받을 피보호인은 그동안 제4협약에 의한 이익을 계속 향유한다(제4협약 제6조).

　위의 조항 중 "정착"이라는 용어는 그 본국에서 형사처벌을 받을 가능성이 있거나, 그의 집이 파괴되어 송환이 될 수 없는 피보호인을 포함하기 위하여 사용되었다.[4]

---

3) 미국육군교범, p. 99.
4) 미국육군교범, p. 100.

4. 특별협정(Special Agreements)

제4협약 제11조, 제14조, 제15조, 제17조, 제36조, 제108조, 제109조, 제132조, 제133조 및 제149조에서 명문으로 규정한 협정에 부가하여 체약국은 별도규정을 설정함이 적당하다고 인정하는 모든 관계 사항에 관하여 다른 특별협정을 체결할 수 있다. 어떠한 특별협정이라도 본 협약에서 정하는 피보호인의 지위에 불리한 영향을 미치거나, 또는 본 협약이 그들 피보호인에게 부여하는 권리를 제한해서는 안 된다.

피보호인은 제4협약의 적용을 받는 동안 전기 제 협정의 이익을 계속 향유한다. 단, 반대의 명문규정이 상술한 또는 추후의 제 협정에 포함되었거나 또는 피보호인에 관한 보다 유리한 조치가 충돌당사국의 일방 또는 타방에 의하여 취하여졌을 경우에는 예외이다(제4협약 제7조).

5. 권리포기의 금지

피보호인은 어떠한 경우에 있어서도 제4협약 및 제4협약 제7조에 언급된 특별협정(그러한 협정이 있는 경우)에 의하여 보장된 권리를 부분적으로나 또는 전체적으로 포기할 수 없다(제4협약 제8조).

제2절 전쟁의 특정 결과에 대한 주민의 일반적 보호

1. 적용범위

제4협약 제2편의 규정은 특히 인종, 국적, 종교 또는 정치적 의견에 따른 불리한 차별을 받음이 없이 충돌당사국의 주민 전체에 적용되며 또 전쟁에 의하여 발생되는 고통을 경감함을 목적으로 한다(제4협약 제13조).

제4협약 제13조는 특정 국가와 외국인의 관계에서 적용될 뿐만 아니라 그 국가와 자국민과의 관계에서도 적용된다. 또한 충돌국가에 거주하는 중립국의 국민에 대해서도 적용된다.

2. 병원과 안전지대

평시에 있어서 체약국, 그리고 적대행위의 발발 후에 있어서 적대행위의 당사국은 각자의 영역 내에 그리고 필요한 경우에는 점령지역 내에, 부상자, 병자, 노인, 15세 미만 아동, 임산부 및 7세 미만의 유아의 어머니를 전쟁의 영향으로부터 보호하기 위하여 편제되는 병원, 안전지대(safety zone) 및 지점(localities)을 설정할 수 있다.

관계국은 적대행위의 발발시 및 적대행위의 계속기간 중 그들이 설정한 지대 및 지점을 상호 승인하는 데 관한 협정을 체결할 수 있다. 관계국은 이 목적을 위하여 필요하다고 인정되는 수정을 가하여 제4협약에 부속된 협정안(draft agreement)의 규정을 적용할 수 있다.

이익보호국 및 국제적십자위원회는 이러한 병원, 안전지대 및 지점의 설정 및 승인을 용이하게 하기 위하여 주선을 제공하도록 초청된다(제4협약 제14조).

3. 중립지대(Neutralized Zones)

어느 충돌당사국 일방은 직접으로 또는 중립국 또는 인도적인 기구를 통하여 전쟁이 계속되고 있는 지역 내에 다음 사람을 차별 없이 전쟁의 영향으로부터 보호하기 위한 중립지대를 설치할 것을 상대방 당사국에게 제의할 수 있다.

가. 상병자인 전투원 또는 비전투원
나. 적대행위에 참가하지 아니하고 그 지역에 거주하는 동안 여하한 군사적 성질을 가진 일을 수행하지 아니하는 민간인

관계국이 제안된 중립지대의 지리적 위치, 관리, 식량공급 및 감시에 관하여 합의하였을 경우에는 충돌당사국의 대표자는 문서에 의한 협정을 체결·서명하여야 한다. 동 협정은 지대중립화의 시기와 존속기간을 확정해 두어야 한다(제4협약 제15조).

위의 협정은 관련된 정부들간에 체결될 수도 있고 그보다 하위인 군사사령관들간에 체결될 수도 있다.5)

제1추가의정서 제60조 1항은 충돌당사국이 합의하여 비무장지대(demilitarized

---

5) 미국육군교범, p. 101.

zone)를 정할 수 있고, 이 지대에 군사작전을 확장하는 것은, 그러한 확장이 동 합의의 조건에 반하는 경우에 금지된다고 규정하고 있다.

이러한 중립지대나 비무장지대에서는 군사적 행동이 금지된다. 이 지대의 목적은 상병자와 기타 충돌에 참여하지 않는 다른 사람들을 보호하기 위한 것이다.

4. 상병자의 일반적 보호

부상자, 병자, 허약자 및 임산부는 특별한 보호 및 존중의 대상이 되어야 한다.

군사적인 사정이 허락하는 한, 각 충돌당사국은 사망자 및 부상자를 수색하고, 조난자 및 기타 중대한 위험에 처한 자를 구조하며 약탈 및 학대로부터 이들을 보호하기 위하여 취하여지는 조치에 편익을 제공하여야 한다(제4협약 제16조).

5. 상병자의 소개(Evacuation)

충돌당사국은, 공격 또는 포위된 지역으로부터의 부상자, 병자, 허약자, 노인, 아동 및 임산부의 철수와 동 지역으로 향하는 모든 종류의 성직자, 의무요원 및 의료기재의 통로를 위한 지역적 협정을 체결토록 노력하여야 한다(제4협약 제17조).

6. 병원의 보호

부상자, 병자, 허약자 및 임산부를 간호하기 위하여 조직된 민간병원은 어떠한 경우에도 공격의 대상이 되어서는 안 되며 항시 충돌당사국에 의하여 존중되고 보호되어야 한다.

충돌당사국은 모든 민간병원에 대하여 그 병원이 민간병원이라는 것 및 그 병원이 사용하는 건물이 제4협약 제19조의 규정에 따라 병원으로서의 보호를 박탈당할 만한 목적으로 사용되고 있지 않다는 것을 제시하는 증명서를 발급하여야 한다.

민간병원은 국가의 허가가 있는 경우에 한하여 육전에 있어서의 군대의 부상자 및 병자의 상태 개선에 관한 1949년 8월 12일자의 제네바협약 제38조에 규정된 표장에 의하여 표시되어야 한다.

충돌당사국은 군사상의 사정이 허용하는 한, 적대행위의 가능성을 제거하기 위하여 적의 육·공·해군에게 민간병원을 명백히 보일 수 있도록 명확한 표장을 부착하는 필요한 조치를 취하여야 한다.

병원이 군사목표물에 근접해 있음으로써 노출될 위험에 비추어, 그러한 병원은 가능한 한 그러한 목표물로부터 멀리 떨어져 위치할 것이 요망된다(제4협약 제18조).

7. 병원보호의 중단

민간병원이 향유할 수 있는 보호는 그러한 병원이 그 인도적인 임무를 벗어나 적에게 유해한 행위를 하도록 사용된 경우를 제외하고는 소멸되어서는 안 된다. 단, 그 보호는 모든 적당한 경우에 합리적인 기한을 정한 경고를 하고, 그 경고가 무시된 후가 아니면 소멸될 수 없다.

부상자 또는 병자인 군대의 구성원이 이들 병원에서 간호되고 있는 사실, 또는 이들 전투원으로부터 받아 둔 소형무기 및 탄약이 존재하나, 아직 정당한 기관에 인도되지 않고 있는 사실은 적에게 유해한 행위로 인정되지 않는다(제4협약 제19조).

"적에게 유해한 행위"(acts harmful to the enemy)는 고유한 의미의 전투행위(warfare)뿐만 아니라 병원에 정찰초소를 세우는 행위, 병원을 전투부대의 연락센터로 사용하는 행위 등 전투원(combatant)의 행동이라고 볼 수 있는 성격을 가지는 다른 행위도 포함한다.

8. 병원직원

민간인 부상자 및 병자, 허약자 및 임산부의 수색, 철수, 수송 및 간호에 종사하는 자를 포함하여 민간병원의 운영 및 관리에 정규로 또 전적으로 종사하는 자는 존중되고 보호되어야 한다.

점령지역 및 군사작전 지역 내에서 위에 언급된 자는, 소지자의 사진을 첨부하고 책임 있는 당국의 도장을 식별할 수 있도록 날인하여 그들의 신분을 증명하는 증명서 및 임무수행 중 왼팔에 달아야 할 날인된 방수용 완장에 의하여 식별될 수 있도록 하여야 한다. 이 완장은 국가에 의하여 교부되어야 하고 아울러 육전에 있어서의 군대의 부상자 및 병자의 상태 개선에 관한 1949년 8월 12일자 제네바협약 제38조에 정한 표장을 달아야 한다.

민간병원의 운영 및 관리에 종사하는 기타의 직원도 그들이 고용되는 동안 제4협약 제20조에 규정된 바에 따라, 그리고 동 조에서 규정된 조건하에서 존중·보호되며 완장을 사용할 권리가 있다. 신분증명서에는 그들 직원이 종사하는 임무를 기재하여야 한다.

각 병원의 사무소는 항시 그들 직원의 최근의 명부를 자국 또는 점령군의 권한 있는 당국의 사용에 제공할 수 있도록 비치하여야 한다(제4협약 제20조). "민간병원의 운영 및 관리에 정규로 또 전적으로 종사하는 자"는 그들의 병원에서의 직업 이외에 다른 직업을 가지지 않는, 병원의 모든 의사, 간호사, 여타 직원을 포함한다.

9. 육상 및 해상교통

민간인 부상자 및 병자, 허약자 및 임산부를 수송하는 육상의 호송차량대, 또는 병원열차, 또는 해상의 특수선박은 제4협약 제18조에서 규정된 병원과 동일하게 존중 및 보호되어야 하며, 아울러 국가의 동의를 얻어 육전에 있어서의 군대의 부상자 및 병자의 상태 개선에 관한 1949년 8월 12일자 제네바협약의 제38조에서 규정한 특수표장을 게시하여 표시하여야 한다(제4협약 제21조).

10. 항공교통

민간인 부상자 및 병자, 허약자 및 임산부의 철수, 의무요원 및 의료기구의 수송을 위하여 전적으로 사용되는 항공기는 모든 관계 충돌당사국간에 특별히 합의된 고도, 시각 및 항로에 따라 비행하고 있는 동안은 공격되어서는 안 되고 존중되어야 한다.

이들 항공기는 육전에 있어서의 군대의 부상자 및 병자의 상태 개선에 관한 1949년 8월 12일자 제네바협약 제38조에서 정하는 식별표장으로 표시되어야 한다.

별도의 합의가 없는 한, 적의 영역 또는 적이 점령한 영역의 상공을 비행하는 것은 금지된다.

그러한 항공기는 모든 착륙요구에 복종하여야 한다. 이러한 요구에 의하여 착륙하는 경우에는 동 항공기는 그 승객과 함께 조사가 있을 때에는 조사를 받은 후에 비행을 계속할 수 있다(제4협약 제22조).

11. 의료품, 식량, 의복 등의 탁송품(Consignment)

각 체약국은 타방체약국, 비록 적국인 체약국이라도 민간인에게만 향하는 의료품 및 병원용품, 그리고 종교상의 의식을 위하여 필요로 하는 물품 등 모든 탁송품의 자유통과를 허용하여야 한다. 각 체약국은 15세 미만의 아동, 임산부에게 송부되는 필수적인 식료품, 피복 및 영양제 등 모든 탁송품의 자유통과를 허가하여야 한다.

체약국은 다음과 같은 경우들을 우려할 중대한 이유가 없다고 인정할 때에는 앞에서 말한 탁송품의 자유통과를 허가할 의무를 진다.

가. 탁송품이 그 행선지로부터 전용될 우려가 있는 경우

나. 관리가 유효하게 실시되지 못할 우려가 있는 경우

다. 적이 자신이 공급 또는 생산하지 않으면 안 될 물품의 대용으로 그 탁송품을 충당하거나, 또는 당해 탁송품이 없었더라면 그러한 물품의 생산에 필요한 원료 용역 또는 설비를 사용치 않게 됨으로써 적의 군사력 또는 경제에 대하여 명백히 이익을 주게 될 우려가 있는 경우

제4협약 제23조 1항에서 언급한 탁송품의 통과를 허가하는 국가는 그 탁송품의 이익을 받는 자에 대한 분배가 현지에 있어서의 이익보호국의 감독하에 행하여질 것을 그 허가의 조건으로 할 수 있다.

전기의 탁송품은 가능한 한 신속히 수송되어야 하며 또 탁송품의 자유통과를 허가하는 국가는 그 통과를 허가하는 데 관한 기술적 조건을 정할 권리를 갖는다(제4협약 제23조).

제1추가의정서 제54조 1항은 "전투방법으로서 민간인의 기아작전은 금지된다."고 규정하고 있다. 또한 제1추가의정서 제70조도 피점령지역이 아닌 모든 지역의 민간주민에 대한 구호활동을 허용할 것을 규정하고 있다.

12. 아동의 복지에 관한 조치

충돌당사국은 전쟁의 결과로 고아가 되었거나, 또는 자기 가족들로부터 이산된 15세 미만의 아동이 유기되지 않도록, 그리고 모든 경우에 있어 그들의 부양, 종교생활 및 교육이 용이하게 보장됨을 확보하기 위한 필요한 조치를 취하여야 한다. 그들의 교육은 가능한 한 유사한 문화적 전통을 가진 자들에게 위탁되어야 한다.

충돌당사국은 위에 언급한 제 원칙이 준수되리라는 적당한 보장이 있는 경우에는 이익보호국이 있는 경우 이익보호국의 동의를 얻어, 충돌이 계속되고 있는 동안 전기 아동들의 중립국내 수용에 대하여 편의를 제공하여야 한다.

충돌당사국은 또한 12세 미만의 모든 아동들에게 명찰의 패용 또는 기타의

방법으로 그들의 신원을 식별케 할 수 있도록 하여야 한다(제4협약 제24조).

아동은 특별한 보호의 대상이 되며 모든 형태의 저열한 폭행으로부터 보호된다.[6] 충돌당사국은 15세 미만의 아동이 적대행위에 직접 가담하지 아니하고, 특히 자국군대에 그들이 징모되지 않도록 하기 위하여 모든 실행가능한 조치를 취하여야 한다.[7] 15세 이상 18세 미만의 자들 중에서 징모하는 경우에는 충돌당사국은 최연장자들에게 우선순위를 부여하기 위하여 노력하여야 한다.[8] 만일 예외적으로 15세 미만의 아동들이 적대행위에 직접 가담하여 적대국의 권력에 들어가는 경우에는, 그들이 포로이든 아니든 불문하고 제1추가의정서 제77조에 부여된 특별한 보호를 계속 향유한다.[9]

13. 가족의 소식

충돌당사국의 영역 또는 그 점령지역 내에 있는 모든 자에 대하여는 그들의 가족이 있는 장소의 여하를 불문하고 엄밀한 사적 성격을 가진 소식을 그들 가족들과 상호 전달할 수 있도록 하여야 한다. 이러한 서신은 신속히 그리고 부당하게 지체됨이 없이 전달되어야 한다.

만일 어떤 사정에 의하여 통상 우편으로는 자기 가족과의 서신교환이 곤란 또는 불가능하게 되었을 경우에는 관계 충돌당사국은 제4협약 제140조에 규정된 중앙피보호자정보국(central agency)과 같은 중립적인 중개기관에 의뢰하여야 하며, 그리고 그러한 중개기관과 협의하여 특히 각국 적십자사(적신월사, 적사자와 태양사)의 협력을 얻어 가장 좋은 조건하에서 그들의 의무이행을 확보하기 위한 방법을 결정하여야 한다.

만약 충돌당사국이 가족통신을 제한할 필요가 있다고 인정하는 경우에도, 그러한 제한은 자유로이 선택된 25개의 단어가 들어갈 수 있는 표준서식의 강제적 사용과 동 서식에 의한 서신의 횟수를 월 1회로 제한하는 것에만 국한되어야 한다(제4협약 제25조).

---

6) 제1추가의정서 제77조 1항.
7) 제1추가의정서 제77조 2항.
8) Id.
9) 제1추가의정서 제77조 3항.

14. 이산가족(Dispersed Family)

각 충돌당사국은 전쟁 때문에 이산된 가족들이 상호 연락을 회복하고 될 수 있으면 재회하려는 목적으로서 행하는 조회(enquiries)에 대하여 편의를 제공하여야 한다. 각 충돌당사국은 특히 이러한 사업에 종사하는 단체가 자국에서 용인될 수 있고 또한 그러한 단체가 자국의 안전보장규칙에 복종하는 한 동 단체의 사업을 장려하여야 한다(제4협약 제26조).

제3절 충돌당사국의 영역 및 점령지역 내에 공통되는 규정

1. 일반원칙

피보호자들은 모든 경우에 있어서 그들의 신체, 명예, 가족으로서 가지는 제 권리, 신앙 및 종교상의 행사, 풍속 및 관습을 존중받을 권리를 가진다. 그들은 항시 인도적으로 대우되어야 하며, 특히 모든 폭행 또는 협박, 모욕 및 공중의 호기심으로부터 보호되어야 한다.

여성들은 그들의 명예에 대한 침해 특히 강간, 강제매춘 또는 기타 모든 형태의 외설행위로부터 특별히 보호되어야 한다.

피보호자를 그 권력하에 두고 있는 충돌당사국은 건강상태, 연령과 성별에 관한 규정을 침해함이 없이, 특히 인종, 종교 또는 정치적 의견에 따르는 불리한 차별을 둠이 없이, 모든 피보호자들을 동일한 고려하에 대우하여야 한다.

그러나 충돌당사국은 피보호자에 대하여 전쟁의 결과로서 필요할 수 있는 통제 및 안전조치를 취할 수 있다(제4협약 제27조).

제1추가의정서 제76조 1항도 부녀자는 특별한 보호의 대상이 되며, 특히 강간, 강제매춘 및 기타 모든 형태의 저열한 폭행으로부터 보호된다고 규정한다.

2. 위험지대(Danger Zones)

피보호자의 존재가 그 지점 또는 지역이 군사작전으로부터 면제되도록 이용되어서는 안 된다(제4협약 제28조). 또한, 제1추가의정서 제51조 7항도 민간인을 인간방패로 사용해서는 안 된다고 규정하고 있다.

3. 책　임

피보호자를 그 권력하에 두고 있는 충돌당사국은 발생할 수 있는 개인적 책임(individual responsibility)에 관계없이 자국의 기관이 그러한 피보호자에게 부여하는 대우에 대하여 책임을 진다(제4협약 제29조).

4. 이익보호국과 구호단체

피보호자는 이익보호국, 국제적십자위원회, 그들이 재류하는 국가의 적십자사(적신월사, 적사자와 태양사) 및 피보호자들을 원조하는 기타 단체에 대하여 청원할 수 있는 모든 편의를 가진다.

전기의 제 단체는 군사상 또는 안전상의 고려에 의하여 정해지는 제한의 범위 내에서 이 목적을 위한 모든 편의를 당국으로부터 제공받아야 한다.

억류국 또는 점령국은 이익보호국 및 국제적십자위원회의 대표에 의한 제4협약 제143조 소정의 방문 외에 피보호자들에게 대한 정신적 원조, 또는 물질적 구호의 제공을 목적으로 하는 기타 단체의 대표들에 의한 피보호자 방문에 대하여도 가능한 많은 편의를 제공하여야 한다(제4협약 제30조).

5. 강제의 금지

피보호자 또는 제삼자로부터 특히 정보를 얻기 위하여 피보호자들에게 육체적 또는 정신적 강제(coersion)를 가하여서는 안 된다(제4협약 제31조).

6. 폭행과 고문 등의 금지

체약국은 그 권력하에 두고 있는 피보호자들에게 육체적 고통을 주거나 또는 그들을 절멸(extermination)하는 것과 같은 성격을 가진 조치를 취함을 금지할 것에 특히 동의한다. 이러한 금지는 피보호자들의 살해, 고문, 육체적 형벌(corporal punishment), 신체의 절단, 그들의 치료상 필요치 않은 의학적 또는 과학적 실험행위에 적용될 뿐 아니라 그것이 민간기관에 의하여 행하여지거나 또는 군사기관에 의하여 행하여지거나를 막론하고 기타의 모든 잔학한 조치에도 적용된다(제4협약 제32조).

7. 집단적 처벌, 복구, 노략행위 등 금지

피보호자는 그 자신이 행하지 않은 위반행위로 인하여 처벌되어서는 안 된다. 집단적 처벌 및 모든 협박 또는 공포를 유발하는(terrorism) 조치는 금지된다.

약탈(pillage)은 금지된다.

피보호자 및 그들의 재산에 대한 복구(보복)는 금지된다(제4협약 제33조).

제1추가의정서 제51조 2항과 제2추가의정서 제13조 2항도 민간인에 대한 협박 또는 공포를 유발하는 조치(테러행위)를 금지한다. 제1추가의정서 제20조와 제51조 6항도 민간인과 그 재산에 대한 복구조치를 금지한다.

8. 인질행위

인질행위(taking of hostages)는 금지된다(제4협약 제34조).

제4절 충돌당사국의 영역에 있는 외국인

1. 영역을 떠날 권리

충돌이 개시될 때 또는 그것의 진행기간 중에 충돌당사국의 영역으로부터 퇴거하기를 희망하는 모든 피보호자들은 그 퇴거가 그 나라의 국가적 이익에 반하지 않는 한, 그 영역으로부터 퇴거할 권리를 가진다. 그들의 퇴거신청에 대하여는 정규로 제정된 절차에 따라 결정하여야 하며 동 결정은 가능한 신속히 행하여져야 한다. 퇴거를 허가받은 피보호자들은 여행에 필요한 금전을 소지하고 또 적당한 수량의 개인용품을 휴대할 수 있다.

당해 영역으로부터의 퇴거를 거부당한 자들은 재심사를 위하여 억류국이 지정하는 법원 또는 행정청에서 동 거부에 대하여 가능한 한 신속히 재심사를 받을 권리를 가진다.

이익보호국의 대표가 요청하는 경우, 안전상의 이유로 금지되지 않는 한, 그 대표는 당해 영역으로부터의 퇴거허가신청에 대한 거부이유 및 퇴거를 거부당한 모든 사람들의 성명을 가능한 한 신속히 제공받아야 한다(제4협약 제35조).

2. 출발조건

제4협약 제35조에 의하여 허가되는 퇴거는 안전, 위생, 보건 및 식량에 관하여 만족할 만한 조건하에서 수행되어야 한다. 그것에 관한 모든 비용은 억류국 영역의 출국 지점으로부터는 그들의 행선지가 되는 국가가 부담하고 중립국으로 퇴거할 경우에는 혜택을 받는 자의 소속국이 부담하여야 한다. 그 이동에 관한 실시세목은 필요할 때에는 관계국간의 특별협정으로서 정할 수 있다.

전항의 규정은 충돌당사국이 적의 권력 내에 있는 자국 국민의 교환 및 송환에 관하여 특별협정을 체결하는 것을 방해하지 않는다(제4협약 제36조).

3. 구금중인 사람들

소송계속으로 구금되어 있거나 또는 자유형을 복역하고 있는 피보호자들은 구금되고 있는 동안 인도적으로 대우되어야 한다.

이들은 석방되는 즉시로 제4협약의 규정에 따라 그 영역의 퇴거를 요구할 수 있다(제4협약 제37조).

4. 송환되지 않은 사람들: 일반원칙

피보호자의 지위는 제4협약 특히 제27조 및 제41조에 의하여 인정되는 특별조치를 예외로 하고 원칙적으로 평시에 있어서의 외국인에 관한 규정에 의하여 계속 규율되어야 한다. 여하한 경우에 있어서도 피보호자들에게 대하여는 다음과 같은 제 권리를 부여하여야 한다.

가. 피보호자들은 그들 개인 또는 집단에게 송부되는 구호품을 받을 수 있을 것
나. 피보호자는 그 건강상태로 보아 필요할 경우에는 관계국의 국민들과 동등한 정도로 의료상의 간호 및 입원치료를 받을 것
다. 피보호자는 자기가 신봉하는 종교를 믿을 수 있고 또 동일한 종파에 속하는 성직자들로부터 종교상의 원조를 받을 것을 허용받을 것
라. 피보호자가 전쟁의 위험에 직면하고 있는 지역에 거주하고 있을 경우에는 관계국의 국민과 동일한 정도로 그 지역로부터의 이전을 허용받을 것
마. 15세 미만의 아동, 임산부 및 7세 미만의 유아를 가진 어머니는 그들에게 상당하는 관계국 국민과 동등한 대우에 의한 혜택을 받을 것(제4협약 제38조)

5. 송환되지 않은 사람들 : 생활수단

전쟁으로 인하여 유급직업을 상실한 피보호자들에 대하여는 유급직업을 구할 기회를 부여하여야 한다. 그러한 기회는 안전상의 고려 및 제4협약 제40조의 규정에 따를 것을 조건으로 하고 피보호자가 체류하는 국가의 국민이 향유하는 것과 동등한 것이어야 한다.

충돌당사국이 어떤 피보호자에 대하여 통제조치를 적용한 결과로 그 자신의 생계유지를 불가능케 하였을 경우, 특히 안전상의 이유에 의하여 피보호자가 적당한 조건으로 유급직업에 취업함을 방해받았을 경우에는 그 충돌당사국은 그 피보호자 및 그의 부양을 받는 자들의 생활을 보장하여야 한다.

피보호자들은 어떠한 경우에 있어서도 본국, 이익보호국 또는 제4협약 제30조에서 언급한 구호단체로부터 수당을 지급받을 수 있다(제4협약 제39조).

6. 송환되지 않은 사람들 : 고용

피보호자는 그가 재류하는 충돌당사국의 국민과 동등한 정도로만 노동을 강제 받을 수 있다.

피보호자가 적국의 국민일 경우에는 인간으로서의 식량, 주거, 의류, 수송 및 건강을 확보하기 위하여 정상적으로 필요한 노동으로서 군사행동의 수행에 직접 관계가 없는 것 이외에는 그들에게 강요할 수 없다.

위에서 언급한 경우에 있어서 노동을 강제당한 피보호자는 특히 임금, 노동시간, 의류 및 기구, 예비적 작업훈련, 그리고 업무상의 재해 및 질병에 대한 보상에 관하여 그들이 체류하는 국가의 노동자들과 동일한 노동조건 및 보호의 혜택을 받는다.

전기의 규정이 위반될 경우에는 피보호자는 제4협약 제30조에 의하여 청원권의 행사를 허용받는다(제4협약 제40조).

7. 억류(Internment) 또는 주거지정(Assigned Residence)

피보호자를 그 권력하에 두고 있는 국가는 제4협약에서 말하는 통제조치가 부적당하다고 인정하는 경우에 있어서도 제4협약 제42조 및 제43조의 규정에 의한 주거지정 또는 억류조치보다 더 가혹한 통제조치를 취하여서는 안 된다.

주거를 지정하는 결정에 의하여 종래의 주거로부터 타장소로 이동할 것을 요구받은 자에 대하여 제4협약 제39조 2항의 규정을 적용함에 있어 억류국은 가능한 한 제4협약 제3편 제4부(Part Ⅲ, Section Ⅳ, Regulations for the Treatments of Internees)에서 정하는 복지의 기준에 따라야 한다(제4협약 제41조).

위 조항이 피보호자에 대해 통상적인 형법규정(ordinary penal legislation)을 적용하는 것을 금지하는 것은 아니다.

8. 억류 또는 주거지정의 근거, 자발적인 억류

피보호자의 억류 또는 주거지정은 억류국의 안전보장상 이를 절대 필요로 하는 경우에 한하여 명할 수 있다.

만일 어떤 자가 이익보호국 대표를 통하여 자발적으로 억류를 구하고, 또 그의 사정이 억류를 필요로 할 때에는 그 자를 권력하에 두고 있는 국가는 그를 억류하여야 한다(제4협약 제42조).

9. 절   차

피보호자로 억류되었거나 또는 주거지정을 받은 자는 재심사를 위하여 억류국이 지정하는 적당한 법원 또는 행정기관에서 가능한 한 신속히 그러한 처분에 대하여 재심사를 받을 권리를 가진다. 억류 또는 주거지정이 유지될 경우에는, 그 법원 또는 행정기관은, 상황이 허락한다면 최초의 결정을 유리하게 변경시키기 위하여 정기적으로 그리고 최소한 1년에 2회씩 각 사건의 심사를 행하여야 한다.

억류국은 관계 피보호자의 반대가 없는 한 억류되었거나 주거지정을 받은 자 또는 억류 또는 주거지정으로부터 방면된 자들의 성명을 가능한 한 신속히 이익보호국에 통고하여야 한다. 제4협약 제43조에서 언급한 법원 또는 행정기관의 결정은 동일한 조건하에서 가능한 한 신속히 이익보호국에 통고되어야 한다(제4협약 제43조).

10. 망명자(Refugees, 난민)와 무국적자

억류국이 본 협약에서 말하는 통제조치를 적용함에 있어 사실상 여하한 정부의 보호도 받지 않고 있는 망명자들을 다만 그들이 법률상(de jure) 적국의 국적을 가지고 있다는 이유만으로써 적성 외국인으로 취급하여서는 안 된다(제4협약 제44조).

이 조항의 목적은 어떠한 정부의 보호도 받지 못하는 망명자들을, 그들이 적국의 국적을 보유하고 있다는 이유만으로 적성 외국인으로 취급하지 않도록 하기 위한 것이다. 그러나 이 조항이 억류국의 안전상 통제조치를 취하여야 할 추가적인 이유가 있는 경우, 억류국이 그러한 사람을 억류하거나 기타의 통제조치를 취할 수 있는 권한을 부인하는 것은 아니다.

제1추가의정서 제73조는 적대행위의 개시 전에 관계당사국들에 의하여 채택된 관련 국제조약에 의하거나 또는 피난국이나 거류국의 국내법에 의하여 무국적자 또는 난민으로서 인정된 자들은 모든 상황에 있어서 그리고 어떠한 불리한 차별도 받음이 없이 제4협약 제1편 및 제3편이 의미하는 피보호자로 된다고 규정한다.

11. 다른 국가로의 이송

피보호자들은 제4협약의 체약국 이외의 국가에 이송되어서는 안 된다.

이 규정은 적대행위의 종료 후에 피보호자들의 송환 또는 거주국에의 귀환을 방해하는 것은 아니다.

억류국은 당해 체약국이 제4협약을 적용할 의사 및 능력을 가지고 있음을 확인한 이후에야 피보호자들을 동 협약의 체약국에 이송할 수 있다. 피보호자들이 그러한 사정하에서 이송되었을 경우, 피보호자들을 받아들인 국가는 피보호자들이 그 보호하에 있는 동안 제4협약을 적용할 책임을 진다. 그러나 피보호자들을 받아들인 국가가 어떤 중요한 점들에 대하여 제4협약의 규정을 시행치 않았을 경우에는 피보호자들을 이송한 국가는 이익보호국의 통고에 따라 그들의 상태를 개선하기 위하여 유효한 조치를 취하거나 또는 피보호자들의 송환을 요청하여야 한다. 그리고 그러한 요청은 받아들여져야 한다.

피보호자들은 여하한 경우에라도 그들의 정치적 의견 또는 종교적 신앙 때문에 박해를 받을 우려가 있는 국가에 이송되어서는 안 된다.

제4협약 제45조의 규정은 적대행위의 개시 전에 체결된 범죄인인도조약에 따라 보통 형법상의 범죄행위로서 기소되어 있는 피보호자들의 인도를 방해하지 않는다(제4협약 제45조).

12. 제한조치의 폐지

제한적 조치가 그 이전에 철회되지 않은 경우, 피보호자에 관하여 취해진 제한적 조치는 적대행위의 종료 후에 가능한 한 조속히 폐지되어야 한다.

피보호자들의 재산에 관하여 취하여진 제한적 조치는 억류국의 법령에 따라 적대행위의 종료 후에 가능한 한 조속히 폐지되어야 한다(제4협약 제46조).

제5절 억류자의 대우에 관한 규정

1. 억류와 적용규정

충돌당사국은 제4협약 제41조, 제42조, 제43조, 제68조 및 제78조의 규정에 의한 경우를 제외하고는 피보호자들을 억류하여서는 안 된다(제4협약 제79조).

2. 사법상의 능력

피억류자들은 완전한 사법상의 능력을 보유하고 또 그것에 수반되는 권리로서 그들의 지위와 모순되지 않는 권리를 행사하여야 한다(제4협약 제80조).

3. 생계유지

피보호자들을 억류하는 충돌당사국은 그들을 무상으로 부양하고 또 그들의 건강상태에 필요한 의료를 그들에게 제공하여야 한다.

전기 비용의 지불에 충당하기 위하여 피억류자들의 수당, 봉급 또는 채권액에서 공제하여서는 안 된다.

피억류자들의 부양을 받는 자들이 생활을 유지하기 위한 적당한 수단을 가지고 있지 않거나 또는 생계를 영위할 수 없을 경우에는 억류국은 그들의 생활을 지원하여 주어야 한다(제4협약 제81조).

4. 억류자의 분류

억류국은 피억류자들을 가능한 한 그들의 국적, 언어 및 관습에 따라 수용하여야 한다. 동일한 국적을 가진 피억류자들은 언어의 차이만으로써 분리되어서는 안 된다.

동일한 가족의 구성원 특히 부모와 자녀들은 작업상 또는 건강상의 이유나 제4협약 제9장의 규정을 시행키 위하여 일시적 별거가 필요하게 될 경우를 제외하고는 억류기간 중 수용소 내의 동일한 장소에서 함께 유숙시켜야 한다. 피억류자들은 그들의 보호를 받지 않고 방치되어 있는 자기의 자녀들이 자기와 함께 수용되도록 요청할 수 있다.

동일한 가족의 구성원인 피억류자들은 가능한 한 동일건물 내에 수용되어야 하며, 또 다른 억류자들로부터 분리된 수용시설과 정상적인 가정생활을 영위하기 위한 제 편의를 그들에게 제공하여야 한다(제4협약 제82조).

5. 억류장소의 위치

억류국은 전쟁의 위험을 많이 받고 있는 지역에 억류장소를 설치하여서는 안 된다.

억류국은 억류장소의 지리적 위치에 관한 모든 유익한 정보를 이익보호국의 중계를 통하여 적국에 제공하여야 한다.

억류수용소는 군사상 사정이 허락할 때에는 언제나, 주간에 공중으로부터 명확히 식별될 수 있도록 IC라는 문자로 표시되어야 한다. 그러나 관계 제국은 기타의 표지방법에 대하여도 합의할 수 있다. 억류수용소가 아닌 장소에는 그러한 표지를 사용하여서는 안 된다(제4협약 제83조).

6. 분리수용

피억류자들은 포로 및 다른 이유로 자유를 박탈당한 자들로부터 분리 수용되고 또 따로 관리되어야 한다(제4협약 제84조).

7. 숙소 : 위생

억류국은 피보호자들의 억류 시작부터 그들을 위생상 및 보건상의 모든 보장을 주고 또 기후의 가혹성 및 전쟁의 영향으로부터 가능한 한 보호를 받을 수 있는 건물 또는 숙소 내에 수용하는 것을 확보키 위하여 필요하고 가능한 모든 조치를 취하여야 한다. 여하한 경우에라도 영구적인 억류장소는 비위생적인 지역이나 또는 기후가 피억류자들에게 유해한 지역에 설치되어서는 안 된다. 피보호자들이 일시적으로 억류되고 있는 지역이 비위생적인 곳이거나 또는 그 지역의 기후가 그들의 건강에 유해할 경우에는 당해 피보호자들은 사정이 허락하는 한 신속히 보다 적당한 곳으로 이동되어야 한다.

건물들은 습기로부터 완전히 보호되어야 하고, 충분한 난방장치를 가져야 하며, 특히 일몰시로부터 소등시까지 사이에는 등을 켜야 한다. 침실은 충분한 넓이를 가지고 또 환기가 잘되어야 한다. 피억류자들에게는 기후와 그들의 연령, 성별 및 건강상태를 고려하여 적당한 침구 및 충분한 모포를 주어야 한다.

피억류자들에게는 위생규칙에 합치되고 항상 청결하게 유지되는 위생설비를 그들의 사용을 위하여 제공하여야 하여야 한다. 그들에게 각자의 일상적인 신체청결 및 세탁을 위하여 충분한 물과 비누를 공급하여야 하며, 이를 위하여 필요한 설비 및 편의를 제공하여야 한다. 그들에게 대하여서는 또한 샤워 또는 목욕을 할 수 있도록 한다. 그들에게 세탁 및 청소를 위하여 필요한 시간을 제공하여야 한다.

예외적이고 또 일시적 조치로서 어떤 가족의 구성원이 아닌 여자 피억류자들을 남자들과 동일한 억류장소 내에 수용할 필요가 있을 경우에는 그러한 여자 피억류자들이 사용할 분리된 침실과 위생설비를 제공하여야 한다(제4협약 제85조).

8. 종교의식을 위한 장소

억류국은 종파의 여하를 불문하고 피억류자들이 종교적 의식을 거행하기 위하여 적당한 장소를 자유로이 사용할 수 있도록 하여야 한다(제4협약 제86조).

9. 매   점

이용할 수 있는 다른 적당한 시설이 있는 경우를 제외하고 각 억류장소에는 매점을 설치하여야 한다. 매점의 목적은 피억류자들이 개인적 복지 및 위안을 증진할 식료품 및 일용품을 현지의 시장가격보다 높지 않은 가격으로 구매할 수 있도록 하는 것이어야 한다.

매점이 획득한 이익금은 각 억류장소에 설정되는 복지기금 계좌에 입금하고, 또 그 억류장소에 속하는 피억류자들의 이익을 위하여 관리하여야 한다. 제4협약 제102조에 규정된 피억류자위원회는 매점 및 전기 기금의 운영을 감시할 권리를 가진다.

억류장소가 폐쇄될 경우에는 복지기금의 잔액은 동일한 국적을 가진 피억류자들을 위한 억류장소의 복지기금에 이양되어야 한다. 만일 그러한 억류장소가 존재치 않을 경우에는 동 잔액은 억류국의 권력 내에 계속 잔류하는 모든 피억류자들의 이익을 위하여 관리되는 중앙복지기금(central welfare fund)에 이양되어야 한다. 전반적 석방의 경우에 관계국간에 반대의 협정이 없는 한 전기 이익금은 억류국에 남겨두어야 한다(제4협약 제87조).

억류된 사람들은 다른 주민들보다 매점이용에 관해 우대받을 수 없으며, 배급에 관한 규칙 등 다른 주민들에게 적용되는 규칙에 동일하게 복종하여야 한다.

10. 대피소와 보호조치

공습 및 기타의 전쟁위험을 받고 있는 모든 억류장소에는 필요한 보호를 확보하기 위하여 적당한 수의 또는 적당한 구조의 대피소를 설치하여야 한다. 경보가 있을 경우에 피억류자들은 그들의 숙소를 위의 위험으로부터 보호하기 위해 남아 있는 피억류자들을 제외하고는 가능한 한 신속히 대피소에 들어갈 수 있다. 주민들을 위하여 취하는 모든 방호조치는 피억류자들에게도 적용되어야 한다.

억류장소에서는 화재의 위험에 대비하여 적절한 모든 예방조치를 취하여야 한다(제4협약 제88조).

11. 음   식

피억류자들을 위한 일상적인 음식배급은 그것의 분량 및 종류에 있어서 그들의 양호한 건강상태를 유지하고 또 영양부족을 방지하기에 충분한 것이어야 한다. 또한 피억류자들의 식성도 고려하여야 한다.

피억류자들에 대하여는 또한 그들이 별도로 소유하는 모든 음식물을 스스로 조리할 수 있는 수단을 부여하여야 한다.

피억류자들에 대하여는 충분한 음료수를 공급하여야 한다. 흡연을 허용하여야 한다.

노동을 하는 피억류자들에게 대하여는 그들이 종사하는 노동의 종류에 따라 식량을 추가 배급하여야 한다.

임산부와 15세 미만의 아동들에 대하여는 그들의 생리적 필요에 따라 식량을 추가 배급하여야 한다(제4협약 제89조).

12. 의   복

피억류자들이 억류되었을 경우에는 필요한 의류, 신발, 몇 벌의 내의를 준비하고 또 그 후에라도 필요하다면 새로운 보급을 조달받을 수 있도록 그들에게 모든 편의를 제공하여야 한다. 만일 피억류자들이 기후조건에 상응한 충분한 의류를 소지하지 못하고 또 아무런 의류조달도 받을 수 없을 경우에는 억류국은 그들에게 의류를 무상으로 공급하여야 한다.

억류국이 피억류자들에게 공급하는 의류와 그 의류에 첨부되는 외부적 표지는 모욕적인 것이거나 또는 피억류자들을 조소의 대상이 되게 하는 것이어서는 안 된다.

노동자들에게 대하여는 노동의 성격상 필요한 경우에는 작업복을 포함하는 적당한 노동용구를 제공하여야 한다(제4협약 제90조).

13. 의   료

각 수용소에는 자격 있는 의사의 지휘하에 또 피억류자들이 필요한 치료와 적당한 식사를 받을 수 있는 적당한 진료소를 설치하여야 한다. 전염병 및 정신병에 걸린 환자들을 위하여 격리병실을 설치하여야 한다.

임산부 및 중환의 피억류자 또는 특별치료나 외과수술, 입원을 요하는 상태에 있는 피억류자들은 적당한 치료를 받을 수 있는 시설에 수용되어야 하며, 또 일반주민들이 받는 것보다 열등하지 않은 치료를 받도록 하여야 한다.

피억류자들은 가급적 그들과 같은 국적의 의료인에게 진료를 받도록 하여야 한다.

피억류자들이 진료를 받기 위하여 의료당국에 출두하는 것을 방해할 수 없다. 억류국의 의료당국은 요청이 있을 경우에는 치료를 받은 각 피억류자에게 그의 질병 또는 부상의 성질 그리고 치료의 기간 및 종류를 기재한 공식적인 증명서를 발급하여야 한다. 동 증명서의 사본 1통은 제4협약 제140조에 규정되는 중앙피보호자정보국(central agency)에 송부하여야 한다.

피억류자들의 양호한 건강상태를 유지하기 위하여 필요한 모든 기구, 특히 의치, 기타의 인공기구 및 안경의 공급을 포함하는 치료는 피억류자들에게 무상으로 하여야 한다(제4협약 제91조).

14. 신체검사

피억류자들의 신체검사는 최소한 월 1회씩 행하여져야 한다. 동 검사는 특히 피억류자들의 건강, 영양 및 청결의 일반적 상태를 관리하고, 또 전염병 특히 결핵, 말라리아 및 성병을 검출함을 목적으로 하여야 한다. 동 검사는 특히 각 피억류자의 체중측정 및 최소한 연 1회씩의 방사선에 의한 검진을 포함하여야 한다(제

4협약 제92조).

15. 종교적 자유

피억류자들은 억류당국이 제정하는 일상적 규율에 복종할 것을 조건으로, 종교의식에의 참석을 포함하여 자기의 종교의무를 이행함에 있어서 완전한 자유를 향유한다.

억류되어 있는 성직자들은 동일한 종파에 속하는 피억류자들에게 대하여 자기의 성직을 자유로이 행하도록 허용받아야 한다. 이를 위하여, 억류국은 동일한 언어를 사용하거나 또는 동일한 종파에 속하는 피보호자들이 있는 각종 수용소에 이러한 성직자들이 공평히 배치되는 것을 확보하여야 한다. 성직자들의 수가 너무 적을 경우에는 억류국은 그들에게 한 장소로부터 다른 장소에로 순회하는 데 필요한 수송수단을 포함한 편의를 제공하여야 하며, 또 입원 중에 있는 피억류자들을 방문하는 것이 허용되어야 한다. 성직자들은 자기의 성직에 관한 사항에 관하여 억류국의 종교당국 및 가능한 한 자기의 종파에 속하는 국제적 종교단체들과 통신연락을 할 자유를 가진다. 그러한 통신연락은 제4협약 제107조에서 말한 할당 통신수의 일부로 인정되어서는 아니 된다. 그러나 이 통신연락은 제4협약 제102조의 규정에 따라 행하여야 한다.

피억류자들이 자기 종파에 속하는 성직자들의 원조를 받지 못하거나, 또는 성직자들의 수가 너무 적을 경우에는, 그 지역의 동일한 종파에 속하는 종교당국이 억류국의 동의를 얻어 피억류자의 종교의 성직자를 임명하거나, 그 종파의 입장에서 허용되는 경우, 유사종파의 성직자나 자격 있는 평신도를 임명할 수 있다. 후자는 자기가 맡은 성직에 대하여 부여된 제 편의를 향유한다. 이와 같이 하여 임명된 자들은, 억류국이 기율과 안전을 위하여 설정한 모든 규칙에 복종하여야 한다(제4협약 제93조).

16. 지적, 교육적 활동과 운동경기

억류국은 피억류자들에게 지적, 교육적 및 오락적 활동과 운동경기를 장려하여야 한다. 단, 그러한 활동 및 운동경기에의 참가 여부는 피억류자들의 자유에 맡겨야 한다. 억류국은 특히 적당한 장소를 제공하여 피억류자들의 제 활동 및 운동경기의 실행을 확보하기 위해 가능한 모든 조치를 취하여야 한다.

피억류자들에게 대하여는 그들의 연구 계속, 또는 새로운 연구과제의 착수를 위해 가능한 모든 편의를 제공하여야 한다. 아동 및 청소년들의 교육은 필히 확보되어야 하며, 그들에게는 학교가 수용소 내에 있거나 또는 수용소 밖에 있거나를 불문하고 학교에 다니는 것이 허용되어야 한다.

피억류자들에게 대하여는 체조, 운동, 옥외경기를 위한 기회를 부여하여야 한다. 이를 위하여 모든 수용소 내에 충분한 공간을 확보하여야 한다. 아동 및 청소년들을 위하여 특별한 놀이터를 확보하여야 한다(제4협약 제94조).

17. 근로조건

억류국은 피억류자가 희망하지 아니하는 한, 그들을 노동자로서 고용하여서는 아니 된다. 억류되지 않은 피보호자에게 강제적으로 과하여진, 제4협약 제40조 또는 제51조의 위반이 될 노동과, 품위를 손상케 하거나 또는 굴욕적 성질을 가진 노동은 어떠한 경우에도 금지된다.

피억류자는, 6주간의 노동 후에는 8일 전의 예고에 의하여 언제든지 노동을 중지할 수 있다.

전기의 규정은, 억류국이 억류되어 있는 의사, 치과의사 기타의 의무요원을 동일한 수용소에 억류되어 있는 자를 위하여 그 직업적 능력에 따라 사용하거나, 또는 억류자를 수용소의 관리와 유지를 위한 노동이나 주방일 또는 기타의 가사노동을 하도록 하거나, 또는 공습이나 기타의 전쟁위험에 대한 피억류자의 보호와 관련 있는 임무에 종사하도록 요구하는 권리를 해하지 아니한다. 다만, 억류자에 대하여는 의무관이 그의 신체에 부적당하다고 인정하는 일을 하도록 요구하여서는 안 된다.

억류국은 모든 노동조건, 의료 및 임금의 지급에 대하여 전적으로 책임을 지며, 노동에 사용되는 모든 피억류자가 작업상의 재해 및 질병에 대한 보상을 받을 것을 확보하는 데 대하여 전 책임을 진다. 전기의 노동조건 및 보상을 정하는 기준은 국내법령과 기존 관행에 따라야 한다. 그 기준들은 어떠한 경우에도 동일한 지방의 동일한 성질의 노동에 있어서 인정되는 기준보다 불리하여서는 아니 된다. 노동에 대한 임금은 피억류자의 생활을 무상으로 유지하며, 또한 피억류자의 건강 상태에 필요한 의료를 공급하여야 할 억류국의 의무에 대하여 적당히 고려한 후 피억류자와 억류국 또한 경우에 따라서는 억류국 이외의 사용자간의 특별협정에

의하여 공평하게 결정되어야 한다. 제4협약 제95조 3항에 언급된 부류에 상설적
으로 파견된 피억류자에 대하여는 억류국이 공평한 임금을 지불하여야 한다. 그렇
게 파견된 피억류자에 대한 노동조건과 직업상의 재해 및 질병에 대한 보상범위
는 동일지방의 동일성질의 노동에 적용되는 것보다 불리하여서는 안 된다(제4협약
제95조).

18. 노동분견대

모든 노동분견대는 수용소의 일부가 되며 그에 종속한다. 억류국의 권한 있
는 당국 및 수용소장은 당해 노동분견대에서의 제4협약 규정의 준수에 관하여 책
임을 진다. 수용소장은 그 수용소에 소속하는 노동분견대의 최신 명단을 보관하고
또 그 수용소를 방문할 수 있는 이익보호국, 국제적십자위원회 또는 기타의 인도
적 단체의 대표에게 그 명단을 송부하여야 한다(제4협약 제96조).

19. 귀중품과 개인 소지품

피억류자에게는 개인용품의 소지를 허용하여야 한다. 피억류자가 소지하는
금전, 수표, 증권 등과 유가물은 소정의 절차에 의한 경우를 제외하고는 압수할
수 없다. 압수한 물건에 대하여는 상세한 영수증을 발급하여야 한다.

전기 금전 등은 제4협약 제98조에 정하는 바에 따라 각 피억류자의 계정에
이를 기입하여야 한다. 그 금전 등은 그 소유자가 억류되어 있는 지역에 시행되고
있는 법령이 요구하는 경우 또는 피억류자가 동의한 경우를 제외하고는 다른 통
화로 교환할 수 없다.

특히 개인적 또는 정서적 가치를 가지는 물품은, 이를 압수하여서는 아니 된다.

여자 피억류자는 여자 이외의 자가 수색하여서는 아니 된다.

피억류자가 석방되거나 또는 송환될 시에는, 억류 중에 압수당한 모든 물품,
금전 기타의 유가물을 반환하고, 또한 제4협약 제98조에 따라 가졌던 계정의 잔고
를 현금으로 지불하여야 한다. 다만, 억류국이 시행 중의 법령에 의하여 유치하는
물품 또는 금액은 제외한다. 피억류자의 재산이 이와 같이 유치되는 경우에는 상
세한 영수증을 그 소유자에게 발급하여야 한다.

피억류자가 소지하는 가족에 관한 문서 또는 신분증명서를 압수함에 있어서
는 영수증을 발급하여야 한다. 피억류자에 대하여는 항상 신분증명서를 휴대시켜

야 한다. 억류당국은 신분증명서를 소지하고 있지 아니하는 피억류자에 대하여는 특별증명서를 발급하여야 하며, 그 특별증명서는 억류의 종료시까지 신분증명서를 대신한다.

피억류자는 물품을 구입하기 위하여 현금이나 구입권으로서 일정한 금액을 휴대할 수 있다(제4협약 제97조).

20. 수당 및 개인계정

모든 피억류자는 담배, 세면용품 등의 물품을 구입하는 데 충분한 수당을 정기적으로 지급받아야 한다. 그 수당의 지급은 외상 또는 구입권의 형식으로 행할 수 있다.

피억류자는 또한 자기의 본국, 이익보호국, 피억류자를 원조하는 단체 또는 자기의 가족으로부터 수당을 지급받고 또한 억류국의 법령에 따라 그들의 재산으로부터 생기는 소득을 받을 수 있다. 피억류자의 본국이 지급하는 수당액은 피억류자의 각 종류(허약자, 병자, 임산부 등)에 대하여 동일한 것이라야 하며, 또한 제4협약 제27조에서 금지한 바와 같이 피억류자에게 차별을 두어 피억류자의 본국이 할당하거나 억류국이 분배하여서는 안 된다.

억류국은 각 피억류자에 대하여 정규의 계정을 개설하여야 하며, 또한 제4협약 제98조가 규정한 수당, 피억류자가 수령한 송금 및 피억류자로부터 압수한 전액으로서 그가 억류되어 있는 국가에서 시행되고 있는 법령에 따라 사용할 수 있는 것은 그 계정의 대변에 이를 기입하여야 한다(shall be credited). 피억류자는 그 가족 및 기타 피부양자에게 송금하기 위하여 그 국가에서 시행되고 있는 법령과 모순되지 아니하는 모든 편의를 허용받아야 한다. 피억류자는 억류국이 정하는 한도 내에서 자기의 계정으로부터 그 개인적 경비를 위하여 필요한 금액을 인출할 수 있다. 피억류자는 언제나 자기의 계정을 조사하고 또한 그 사본을 받는 데 적당한 편의를 허용받아야 한다. 계정의 명세서는 청구가 있을 때에는 이익보호국에 제공하여야 하며, 또한 피억류자가 이동될 때에도 피억류자에게 수반시켜야 한다(제4협약 제98조).

21. 수용소의 운영

각 수용소는 억류국의 정규군대 또는 정규행정청에서 선정된 책임 있는 장교나 공무원의 지휘하에 두어야 한다. 수용소를 지휘하는 장교나 공무원은, 자국의 공용어(공용어가 둘 이상일 때에는 그중의 하나)로서 쓰여진 제4협약의 등본을 소지하고, 또한 동 조약의 적용에 대하여 책임을 져야 한다. 피억류자를 감독하는 직원은 제4협약의 제 규정과 그 적용을 확보하기 위하여 취하여진 행정조치에 관한 교육을 받아야 한다.

제4협약 및 동 협약에 의하여 체결되는 특별협정의 본문은 피억류자가 이해하는 언어로서 수용소 내부에 게시되거나 또는 피억류위원회(internee committee)에 소지시켜야 한다.

각종의 규칙, 명령, 통고 및 공시는 피억류자에게 이를 통지하고 또한 피억류자가 이해하는 언어로써 수용소 내부에 이를 게시하여야 한다.

피억류자에 대하여 개인적으로 발하는 명령 및 지시도 당해 피억류자가 이해하는 언어로서 행하여야 한다(제4협약 제99조).

22. 기율제도

수용소에서의 기율제도는 인도의 원칙에 합치되는 것이라야 하며 또한 어떠한 경우에도 피억류자에 대하여 그 건강에 위험한 육체적 피로를 주고, 또는 육체적이거나 정신적인 고통을 수반하는 규정을 포함하여서는 안 된다. 문신에 의한 식별표지 또는 신체에 대한 기호 또는 낙인에 의한 식별은 금지된다.

특히, 장시간에 걸친 부동자세와 점호, 처벌적인 훈련, 군사훈련과 연습 또는 식량의 배급 감축은 금지된다(제4협약 제100조).

23. 이의제기와 청원제도

피억류자는 그를 그 권한 내에 둔 당국에 대하여 억류조건에 관한 청원을 제기할 권리를 가진다.

피억류자는 또한 억류조건에 관하여, 이의를 제기하려는 사항에 대하여, 이익보호국 대표의 주의를 환기시키기 위하여, 피억류자위원회를 통하거나 또는 필요하다고 인정하는 때에는 직접 이익보호국 대표에게 신청할 권리를 무제한으로 가진다.

이러한 청원과 이의는 즉시 변경을 가함이 없이 전달되어야 하며 그 이유가 없다고 인정되는 경우에도 처벌의 이유가 되어서는 안 된다.

피억류자위원회는 이익보호국의 대표에게 수용소의 상태 및 피억류자의 필요에 관한 정기적 보고를 할 수 있다(제4협약 제101조).

억류국은 위의 이의제기, 청원, 정기적 보고서를 피억류자가 보내는 서신을 검열하는 것과 같은 방식으로 검열할 권리를 가진다. 억류국은 또한 이의제기, 정기보고서를 확인할 권리가 있으며, 제4협약 제101조에서 규정하는 이의제기나 보고서를 구성하는 사항이 아닌 것을 삭제할 수 있다.[10]

24. 피억류자위원회의 선출

피억류자는 모든 수용소에서 억류국, 이익보호국, 국제적십자위원회 및 피억류자를 원조하는 기타의 단체에 대하여 피억류자를 대표하는 권한을 부여받는 피억류자위원회의 위원을 6개월마다 자유로이 비밀투표로서 선출하여야 한다. 동 피억류자위원회의 위원은 재선될 수 있다.

이와 같이 선출된 피억류자는 그의 당선에 대하여 억류당국의 승인을 얻은 후 그 임무에 착수한다. 승인의 거부 또는 면직의 이유는 관계 이익보호국에 통고하여야 한다(제4협약 제102조).

25. 피억류자위원회의 임무

피억류자위원회는 피억류자의 육체적·정신적 및 지적 복지를 위하여 공헌하여야 한다.

특히 피억류자가 그 상호간에 부조하는 제도를 조직할 것을 결정한 경우에는, 이 조직은 제4협약의 타 규정에 의하여 피억류자위원회에 위임되는 특별한 임무에 추가하여 피억류자위원회의 권한에 속하는 것으로 한다(제4협약 제103조).

26. 피억류자위원회의 특권

피억류자위원회 위원에 대하여는 그 임무수행이 다른 노동에 의하여 한층 더 곤란해질 때에는 다른 노동을 강제하여서는 안 된다.

피억류자위원회의 위원은 그가 필요로 하는 보조자를 피억류자 중에서 지명할 수 있다. 피억류자위원에 대하여는 모든 물질적 편의 특히 그 임무달성에 필요한

---

10) 미국육군교범, p. 121.

어느 정도의 행동의 자유(노동분견대의 방문, 보급품의 수령 등)를 허여하여야 한다.

피억류자위원회의 위원에 대하여는 억류국당국, 이익보호국, 국제적십자위원회 및 그들의 대표 또는 피억류자를 원조하는 단체와 우편 및 전신으로 통신하기 위한 모든 편의를 제공하여야 한다. 노동분견대의 피억류자위원회 위원은 본 수용소의 피억류자위원회와 통신하기 위하여 동일한 편의를 향유한다. 이 통신은 제한하여서는 안 되며 또한 제4협약 제107조에 정하는 할당수의 일부를 구성하는 것으로 인정되지 아니한다.

이동되는 피억류자위원회의 위원에 대하여는 그 사무를 후임자에게 인계하기 위한 충분한 시간을 부여하여야 한다(제4협약 제104조).

27. 취한 조치의 통지

억류국은 피보호자를 억류하였을 때에는 즉시로 피보호자의 본국 및 이익보호국에 대하여 제4협약의 규정을 실시하기 위하여 취하는 조치에 관하여 통지하여야 한다. 억류국은 그 조치가 후에 변경되었을 때에는 그 변경에 관하여도 동일하게 관계당사국에 통지하여야 한다(제4협약 제105조).

28. 억류통지표(Internment Card)

각 피억류자에게 대하여는 그가 억류된 즉시 또는 수용소에 도착한 후 늦어도 1주간 이내에, 그리고 질병에 걸렸거나 타 수용소 또는 병원에 이동되었을 경우에도 1주간 이내에 그 가족과 제4협약 제140조에 규정된 중앙피억류자정보국(central agency)에 억류된 사실, 주소 및 건강상태를 통지하는 엽서를 직접 송부할 수 있도록 하여야 하며 또한 그 엽서는 가능한 한 제4협약에 부속된 양식과 동일한 것이어야 한다. 그 엽서는 가능한 한 조속히 송부되어야 하며, 어떠한 경우에도 지연되어서는 아니 된다(제4협약 제106조).

29. 통   신

피억류자에 대하여는 편지 및 엽서의 수발을 허용하여야 한다. 억류국이 각 피억류자가 발송하는 편지 및 엽서의 수를 제한할 필요가 있다고 인정할 경우에는 그 수는 매월 편지 2통 및 엽서 4통보다 적어서는 안 된다. 그러한 편지와 엽서는 가능한 한 제4협약에 부속된 양식과 동일한 양식으로 작성하여야 한다. 피억류자에게 송부된 통신이 제한되어야 할 경우에는 그 제한은 가능하면 억류국의 요청에 따라 피억류자의 본국만이 명할 수 있다. 이러한 편지 및 엽서는 적당한 기간 내에 발송되어야 하며 징계사유로서 지연 또는 유치되어서는 안 된다.

장기간에 걸쳐 가족으로부터 소식을 듣지 못한 피억류자 또는 가족과의 사이에 보통 우편경로를 통하여 소식을 주고 받을 수 없는 피억류자 및 가족으로부터 극히 원거리에 있는 피억류자에 대하여는 전보를 발신할 것이 허가되어야 한다. 그 요금은 피억류자가 사용할 수 있는 통화로서 지불되어야 한다. 피억류자는 긴급하다고 인정되는 경우에도 이 규정에 의한 혜택을 받아야 한다.

피억류자의 통신은 원칙적으로 모국어로 적어야 한다. 충돌당사국은 기타의 언어로써 통신함을 허가할 수 있다(제4협약 제107조).

30. 구호물품(Relief Shipments)

피억류자에 대하여는 특히 식량, 피복, 의료품, 서적 및 피억류자의 필요를 충족시키는 종교, 교육 또는 오락용 물품을 내용으로 하는 개인 또는 집단적 하물을 우편 또는 기타의 방법에 의하여 수령할 것을 허가하여야 한다. 그 하물은 억류국에 대하여 제4협약에서 억류국에 과하여진 의무를 면하는 것은 아니다.

군사상의 필요로서 이러한 하물의 수량을 제한하여야 할 경우에는 이익보호국, 국제적십자위원회 또는 피억류자에게 원조를 제공하는 기타 단체로서 하물의 전달책임을 지는 기관에 그 제한에 관한 적당한 통고를 하여야 한다.

개인 또는 집단에게 보내는 하물의 송부에 관한 조건은 필요하다면, 관계국간의 특별협정의 대상으로 하여야 한다. 관계국은 어떠한 경우에도 피억류자의 구제품 수령을 지연시켜서는 아니 된다. 도서는 피복 또는 식량이든 하물 속에 넣어서는 안 된다. 의료구제품은 원칙적으로 집단적 하물로서 송부되어야 한다(제4협약 제108조).

31. 집단적 구제품(Collective Relief)

집단적 구제품 하물의 수령 및 분배조건에 관하여 충돌당사국간에 특별협정이 없는 경우에는 제4협약에 부속하는 집단적 구제에 관한 규칙을 적용하여야 한다.

전기의 특별협정은 어떠한 경우에도 피억류자위원회가 피억류자에게 보내진 집단적 구제품을 보유 내지 분배하고 또 수취인의 이익이 되도록 처분하는 권리를 제한하여서는 아니 된다.

또한 이러한 특별협정은 이익보호국, 국제적십자위원회 또는 피억류자에게 원조를 제공하는 기타의 단체로서 집단적 하물의 전달책임을 맡은 기관의 대표가 수취인에 대한 당해 하물의 분배를 감독할 권리를 제한하여서는 아니 된다(제4협약 제109조).

32. 우편, 운송요금의 면제

피억류자를 위한 모든 구제품은 수입세, 관세수수료 기타의 과징금을 면제받는다.

타국으로부터 피억류자에게 보내어지거나 또는 피억류자가 발송하는 모든 물품(소포우편으로 발송하는 구제소포를 포함한다) 및 우편에 의한 송금은 직접으로 송부되거나 또는 제4협약 제136조에서 정하는 피보호자정보국 또는 제4협약 제140조에서 정하는 중앙피보호자정보국을 통하여 송부되거나를 불문하고, 발송국, 수취국 및 중계국에 있어서 우편요금을 면제받는다. 이를 위하여 특히 억류소 또는 보통 교도소 안에 유치되는 적국의 민간인을 위한 1947년의 만국우편협약 및 만국우편연합의 협정들에서 정하는 면제가 제4협약에 의하여 보호되는 기타의 피억류자에게도 적용된다. 그러나 위의 협정들의 비체약국은 동일한 상황에서의 요금의 면제를 허용하여야 한다.

피억류자에게 보내어진 구제품이 중량 기타의 이유에 의하여 우편으로서 송부할 수 없을 경우에는 그 수송비는 억류국의 관리하에 있는 모든 영역에 있어서는 억류국이 부담하여야 한다. 제4협약의 기타의 체약국은 각각의 영역에 있어서의 수송비를 부담하여야 한다.

이러한 구제품의 수송에 관련되는 비용으로서 전 각항에서 규정되지 아니하는 것은 발송인이 이를 부담하여야 한다.

체약국은 피억류자가 발신, 수신하는 전보요금을 가능한 한 인하하도록 노력하여야 한다(제4협약 제110조).

33. 특별수송수단

군사작전 때문에 관계국이 제4협약 제106조, 제107조, 제108조 및 제113조에서 정하는 우편 및 구제품의 수송을 확보하는 의무를 수행하지 못하는 경우에는 관계 이익보호국, 국제적십자위원회 또는 충돌당사국이 정식으로 승인한 기타의 단체가 적당한 수송수단(철도, 차량, 자동차, 선박, 항공기 등)에 의하여 그 우편 및 구제품의 전달을 확보할 수 있다. 이를 위하여 체약국은 그들에게 이러한 수송수단을 제공하며 특히 필요한 안전통행권(safe-conducts)을 부여함으로서 동 수송수단의 운행을 허용하도록 노력하여야 한다.

이러한 수송수단은 다음의 것을 수송하기 위하여서도 사용할 수 있다.

(가) 제4협약 제140조에 규정된 중앙피보호자정보국과 제4협약 제136조에 규정된 각국의 피보호자정보국과의 사이에서 교환되는 통신, 명부 및 보고서

(나) 이익보호국, 국제적십자위원회 또는 피억류자를 원조하는 단체가 그 대표 또는 충돌당사국과의 사이에 교환하는 피억류자에 관한 통신 및 보고서

전기의 규정은 충돌당사국이 희망하는 경우에 다른 수송수단을 강구할 수 있는 권리를 제한하지 않으며, 또한 안전통행권을 상호 합의한 조건에 따라 그 수송수단에 부여하는 것을 방해하는 것은 아니다.

수송수단의 사용에 필요한 비용은 그것에 의하여 혜택을 받는 자들이 속하는 충돌당사국이 하물의 중요성에 비례하여 부담하여야 한다(제4협약 제111조).

34. 검열과 검사

피억류자가 송수하는 서신의 검열은 가능한 한 신속하게 이를 행하여야 한다.

피억류자에게 송부되는 하물의 검사는 그 속에든 물품을 훼손할 염려가 있는 경우에 행하여져서는 아니 된다. 동 검사는 수취인이나 그가 정당히 위임한 동료 피억류자의 입회하에서 행하여져야 한다. 피억류자에게 가는 개인적 또는 집단적 하물의 인도는 검사의 곤란을 이유로 지연되어서는 안 된다.

충돌당사국이 명하는 통신의 금지는 그것이 군사적 이유에 의하거나 정치적 이유에 의하거나를 불문하고 일시적이어야 하며, 또한 그 금지기간은 가능한 한 짧아야 한다(제4협약 제112조).

억류국은 그 군사적 안전상 위험을 방지하기 위하여 피억류자가 송수신하는 서신, 전보, 구호물품 등 모든 통신을 검열할 수 있다.[11]

---

11) 제4협약 제107조, 제108조.

35. 법적 문서의 집행과 전달

억류국은 피억류자에게 보내어지거나 또는 피억류자가 발송하는 유언장, 위임장, 기타의 문서가 이익보호국 또는 제4협약 제140조에 규정된 중앙피보호자정보국을 통하여 또는 기타 필요한 방법으로 전달되도록 모든 적당한 편의를 제공하여야 한다.

억류국은 모든 경우에 전기 문서가 적절한 법적 형식에 의해 작성되고 인증되도록 피억류자에게 편의를 제공하여야 한다. 특히, 억류국은 피억류자가 법률가와 상담하는 것을 허용하여야 한다(제4협약 제113조).

36. 재산의 관리

억류국은 피억류자에 대하여 억류조건 및 적용법령에 위반하지 아니하는 한 그 재산을 관리할 수 있도록 모든 편의를 제공하여야 한다. 이를 위하여 억류국은, 긴급한 경우에 있어서 사정이 허용한다면 피억류자가 수용소 밖에 나갈 수 있도록 허용하여야 한다(제4협약 제114조).

37. 소송준비와 수행의 편의

피억류자가 재판소송의 당사자가 되는 모든 경우에 있어서 억류국은 본인이 희망한다면 그의 억류사실을 해당 법원에 통고하여야 하며, 또한 법적 제한의 범위 내에서, 피억류자의 소송에 관한 준비와 수행 또는 법원판결의 집행에 관하여 그의 억류사유가 불리한 조건을 구성하지 않도록 모든 필요한 조치를 취하여야 한다(제4협약 제115조).

38. 방   문

각 피억류자는 정기적이며 가능한 한 빈번한 방문, 특히 그의 근친자의 방문을 받는 것을 허용받아야 한다. 각 피억류자는 긴급한 경우 특히 근친자의 사망이나 중병시에는 가능한 한 귀가가 허가되어야 한다(제4협약 제116조).

39. 형벌 및 징계벌 : 일반규정

피억류자가 억류되어 있는 영역 안에서 시행되고 있는 법령은 제4협약의 규정에 따를 것을 조건으로 억류 중 위반행위를 범한 피억류자에게 계속 적용된다.

일반적인 법률, 규칙 또는 명령이 피억류자가 행한 일정한 행위에 대하여 처벌할 것을 규정하고 있으나, 피억류자가 아닌자가 행한 동일한 행위에 대하여는 처벌하지 않도록 되어 있을 때에는 그 행위에 대하여는 징계벌만을 과하여야 한다.

피억류자를 동일한 행위 또는 동일한 범죄사실에 관하여 이중으로 처벌할 수 없다(제4협약 제116조).

40. 형   벌

법원 또는 당국은 형의 선고를 행함에 있어서 피고인이 억류국의 국민이 아니라는 사실을 가능한 한 고려하여야 한다. 법원 또는 당국은 피억류자가 소추받은 위반행위에 관하여 규정된 형벌을 자유로이 경감할 수 있으나, 또한 이를 위하여 법이 정한 최소의 형벌을 반드시 적용할 의무는 지지 아니한다.

햇빛이 비치지 아니하는 장소에서의 구금 및 일반적으로 모든 종류의 잔악한 행위를 금지한다.

징계벌 또는 형벌에 복역한 피억류자를 다른 피억류자와 차별대우하여서는 아니 된다.

징계나 재판 이전에 예비적으로 피억류자가 구금된 기간은 피억류자에게 선고하는 징계벌 또는 형벌의 구금기간에 산입하여야 한다.

피억류자위원회는 동 위원회가 대표하는 피억류자에 대하여 취하여지는 모든 소송절차 및 그 결과에 관하여 통지를 받아야 한다(제4협약 제118조).

41. 징계벌

피억류자에 대하여 과할 수 있는 징계벌은 다음과 같다.

(1) 30일 이내의 기간에 한하여 제4협약 제95조의 규정에 따라 피억류자가 받을 임금의 100분의 50 이하의 감봉

(2) 제4협약에 규정된 대우 이외에 허여되고 있는 특권의 정지

(3) 수용소의 유지에 관한 1일 2시간 이내의 노동

(4) 구금

징계벌은 어떠한 경우라도 비인도적인 것, 잔인한 것 또는 피억류자의 건강

을 해하는 것이어서는 아니 된다. 피억류자의 연령, 성별 및 건강상태가 고려되어야 한다.

피억류자가 징계를 받을 경우에 있어서 동시에 두 개 이상의 기율 위반행위에 대하여 문책당한다 할지라도, 이러한 위반행위간의 관련 유무를 불문하고, 하나의 처벌기간은 최대한 연속 30일을 초과하여서는 아니 된다(제4협약 제119조).

42. 도 주

도주의 기수 또는 미수 후에 체포된 피억류자에 대하여는 그 행위가 반복해서 행하여졌느냐의 여부를 불문하고 징계벌만을 과할 수 있다.

제4협약 제118조 제3항의 규정에 불구하고 도주의 기수(旣遂) 또는 미수(未遂)의 결과로서 처벌된 피억류자는 특별한 감시하에 둘 수 있다. 그 감시는 피억류자의 건강을 해하여서는 아니 되고 수용소 안에서 행하여져야 하며 또한 제4협약에 의하여 피억류자에게 부여되는 여하한 보호도 배제하는 것이어서는 아니 된다.

도주의 기수 또는 미수를 방조하거나 교사한 피억류자에 대하여는 그 행위에 대하여 징계벌만을 과하여야 한다(제4협약 제120조).

43. 관련 범죄

도주의 기수 또는 미수는 그 행위가 반복적으로 행하여진 경우라도 피억류자가 도주 중에 행한 범죄행위에 관하여 소추되었을 때에 형을 가중하는 요인으로 인정되어서는 아니 된다.

충돌당사국은 피억류자의 위반행위에 관하여 도주의 성공 여부를 불문하고 도주에 관련하여 행하여진 행위에 대하여 징계벌을 과하느냐 또는 형벌을 과하느냐를 결정함에 있어서는 주무당국이 관대히 처리하도록 하여야 한다(제4협약 제121조).

44. 수사와 재판대기 중의 구금

기율에 대한 위반을 구성하는 행위는 즉시로 조사하여야 한다. 이 규정은 특히 도주의 기수 또는 미수에 대하여 적용한다. 재차 체포된 피억류자는 주무당국에 가능한 한 신속히 인도되어야 한다.

기율에 대한 위반이 있는 경우 미결 구금기간은 모든 피억류자에 대하여 최소한도로 하여야 하며 14일을 초과하여서는 아니 된다. 그 기간은 어떠한 경우에도 구금형에 이를 통산하여야 한다.

제4협약 제124조 및 제125조의 규정은 기율에 대한 위반으로 말미암아 재판 대기 중인 피억류자에게 적용된다(제4협약 제122조).

45. 절   차

징계벌은 수용소장 또는 그를 대리하거나 그 징계권을 위임받은 책임 있는 장교나 공무원만이 부과할 수 있다. 단, 이것은 법원 및 상급 당국의 권한을 침해 하는 것이어서는 아니 된다.

입건된 피억류자에 대하여는 징계의 판정 전에 그가 입건된 범죄에 관한 정 확한 내용을 통고하고 또한 당해 피억류자가 자기의 행위를 해명하고 변호할 기 회를 부여하여야 한다. 그 피억류자에 대하여는 특히 증인을 소환하고 필요할 때 에는 자격 있는 통역인에게 통역시키는 것을 허락하여야 한다. 판정은 당해 피억 류자 및 피억류자위원회의 위원의 입회하에서 선고되어야 한다.

징계의 판정으로부터 집행하기까지의 기간은 1개월을 초과하여서는 아니 된다.

어떤 피억류자에게 중복하여 징계의 결정이 있었을 경우에는 그중 어느 한 징계벌의 기간이 10일 이상일 때에는 그 집행까지에는 적어도 3일의 여유를 부여 하여야 한다.

징계의 기록은 수용소장이 보존하고 이익보호국의 대표자에게 열람을 허용하 여야 한다.

46. 징계벌을 위한 시설

피억류자를 어떠한 경우에도 교정시설(감옥, 교도소, 도형장 등)에 이동시켜서 징계벌에 처해서는 아니 된다.

피억류자를 징계벌에 처하는 장소는 위생상의 요건과 합치하여야 하며, 특히 적절한 침구가 마련되어야 한다. 징계벌을 받는 피억류자는 그들 자신을 청결한 상태로 유지할 수 있도록 해 주어야 한다.

징계벌을 받는 여성 피억류자는 남성 피억류자와 격리된 장소에 구금하고 또 한 여성의 직접 감시하에 두어야 한다(제4협약 제124조)

47. 기본적 보장

징계벌을 받는 피억류자에 대하여는 운동을 허용하고, 1일에 적어도 2시간 옥외에 있을 수 있도록 허용하여야 한다.

그 피억류자에 대하여는 요청이 있으면 매일 검진을 받을 수 있도록 허용하여야 한다. 그 피억류자는 그의 건강상태에 따라 필요로 하는 치료를 받을 수 있으며, 필요한 경우에는 수용소의 의무실 또는 병원으로 이동되어야 한다.

그러한 피억류자에 대하여는 읽고, 쓰고, 서신을 수발하는 것을 허용하여야 한다. 다만, 소포의 수령이나 금전의 수취는 그들의 처벌이 종료될 때까지 보류할 수 있으며 그동안 피억류자위원회에 위탁되어야 한다. 피억류자위원회는 그 하물 중에 부패하기 쉬운 물품은 의무실에 인도한다.

징계벌을 받는 피억류자로부터는 제4협약 제107조 및 제143조의 규정의 혜택을 박탈할 수 없다(제4협약 제125조).

48. 소송절차의 준용

제4협약 제71조로부터 제76조까지의 규정은 억류국의 국가 영토 내에 있는 피억류자에 대한 소송절차에 유추하여 적용하여야 한다(제4협약 제126조).

제4협약 제71조부터 제76조까지는 점령지에 있는 피억류자의 소송절차에 적용되는 조항이다. 점령지가 아닌 억류국의 국가 영토 내에 있는 피억류자에 대한 소송절차도 점령지에 있는 피억류자에 대한 소송절차가 적용되도록 하려는 것이 제4협약 제126조의 의도이다.[12]

49. 이동 : 조건

피억류자의 이동은 항상 인도적으로 행하여져야 한다. 그 이동은 원칙적으로 철도 기타의 수송수단에 의하여 적어도 억류국 군대의 이주조건과 동등한 조건으로 행하여져야 한다. 예외적인 조치로서 도보로 이동하지 않으면 아니되는 경우에는 피억류자의 건강상태가 그 이동에 적합하지 못할 때에는 그 이동을 행하여서는 아니되며 또한 어떠한 경우에도 피억류자를 과도하게 피로하게 하여서는 아니된다.

---

[12] 제4협약 해설서, p. 497.

억류국은 이동 중인 피억류자에 대하여 그 건강을 유지하는데 양, 질 및 종류에서 충분한 음료수와 식량을 보급해야 하며, 필요한 피복, 적당한 숙사 및 필요한 의료를 제공하여야 한다. 억류국은 이동 중인 피억류자의 안전을 확보하기 위하여 모든 적당한 예방조치를 취하여야 한다. 억류국은 이동되는 피억류자의 완전한 명부를 그 출발 전에 작성하여야 한다.

병자, 부상자 또는 허약자인 피억류자와 임산부는 이동이 그의 건강에 극히 해로울 때에는 이동하여서는 아니 된다. 다만, 그의 안전을 위하여 절대로 이동이 필요한 경우는 예외로 한다.

전선이 수용소에 접근하였을 경우에는 그 수용소의 피억류자를 충분히 안전한 조건하에서 이동시킬 수 있을 때와 피억류자를 현지에 두면 이동하는 경우보다 일층 더 큰 위험에 직면케 될 때를 제외하고는 이동시켜서는 아니 된다.

억류국은 피억류자의 이동을 결정함에 있어서 피억류자 자신의 이익을 고려하여야 하며, 특히 그 사람의 송환 또는 가정에의 복귀를 더욱 곤란하게 하는 일을 해서는 안 된다(제4협약 제127조).

50. 이동 : 방법

이동하는 경우에는 피억류자에 대하여 그 출발사실 및 새로운 우편주소를 정식으로 통지하여야 한다. 이러한 통지는 피억류자가 짐을 꾸리고 또 그 가족에게 통지할 수 있는 시간적 여유를 두고 행하여야 한다.

피억류자에 대하여는 그 개인용품 및 수령한 서신과 소포의 휴대를 허용하여야 한다. 이러한 소화물의 중량은 이동조건에 의하여 필요할 때에는 제한할 수 있다. 그러나 어떠한 경우에도 피억류자 1인에 대하여 25킬로그램(55파운드) 미만으로 제한하여서는 아니 된다.

구 수용소에 보내어진 통신 및 소포는 지체 없이 피억류자에게 전달하여야 한다.

수용소장은 피억류자위원회와 협의하여 피억류자의 공동재산 및 위의 규정에 따라 과하여지는 제한에 의하여 피억류자가 휴대할 수 없는 화물의 수송을 확보하기 위하여 필요한 조치를 취하여야 한다(제4협약 제128조).

51. 유언장과 사망증명서

피억류자의 유언장은 안전하게 보관하기 위하여 책임 있는 당국이 수리할 것이며 피억류자가 사망한 경우에는 당해 피억류자가 생전에 지정한 자에게 지체 없이 송부하여야 한다.

피억류자의 사망은 모든 경우에 있어서 의사가 확인하여야 한다. 그 사망에 관하여는 사인 및 사망시의 상태를 기재한 사망증명서를 작성하여야 한다.

공식 사망기록은 정당히 등록하여 수용소가 있는 영역 안에서 실시되는 절차에 따라서 작성하여야 하며, 그 인증등본은 이익보호국 및 제4협약 제140호에 규정된 중앙피보호자정보국에 지체 없이 송부하여야 한다(제4협약 제129조).

52. 매장과 화장

억류당국은 억류되어 있는 동안 사망한 피억류자를 가능한 한 그가 속하는 종교의 의식에 따라 정중히 매장하고 그 분묘를 존중할 것이며, 적절히 유지하고 언제라도 분간할 수 있는 표지를 하도록 하여야 한다.

사망한 피억류자는 불가피한 사정으로 공동의 분묘를 사용할 필요가 있는 경우를 제외하고는 개개의 분묘에 매장하여야 한다. 그 시신은 위생상 절대로 필요한 경우, 고인의 종교에 의한 경우, 또는 본인의 명시적 희망에 의한 경우에 한하여 화장할 수 있다. 화장한 경우에는 피억류자의 사망증명서에 화장의 사실 및 이유를 기재하여야 한다. 그 유골은 안전한 보관을 위하여 억류당국이 보관하며, 그의 근친자의 요청이 있으면 가능한 한 신속히 그 자에게 인도하여야 한다.

억류국은 사정이 허락하는 한 신속히 그리고 늦어도 적대행위의 종료시까지 제4협약 제136조에 규정한 피보호자정보국을 통하여 사망한 피억류자의 분묘의 표(lists)를 그들의 소속국가에 송부하여야 한다. 그 표에는 사망한 피억류자를 식별하는 데 필요한 모든 상세 및 그 묘의 정확한 장소를 기재하여야 한다(제4협약 제130조).

53. 특별한 상황에서 살해 또는 부상당한 피억류자

어떤 피억류자의 사망 또는 중대한 상해가 위병, 다른 피억류자 또는 다른 사람에 의하여 야기되었거나 또는 야기된 혐의가 있을 경우와 원인불명으로 피억류자가 사망한 경우에는, 억류국은 즉시로 정식조사(official inquiry)를 행하여야 한다.

전기의 사항에 관하여는 즉시로 이익보호국에 통지하여야 한다. 증인으로부터 증언을 취득하여야 하고, 그 증거를 포함하는 보고서를 작성하여 전기 이익보호국에 송부하여야 한다.

조사에 의하여 1인 또는 2인 이상의 자가 죄를 범하였다고 인정될 때에는 억류국은 책임을 추궁당할 자를 소추하는 데 필요한 모든 조치를 취하여야 한다(제4협약 제131조).

54. 적대행위 중 또는 점령 중 석방, 송환과 중립국 내의 수용

억류국은 각 피억류자의 억류 사유가 더 이상 존재하지 않게 된 때에는 각 피억류자를 즉시 석방하여야 한다.

각 충돌당사국은 또한 적대행위의 기간 중 특정 종류의 피억류자, 특히 아동, 임산부, 유아 및 아동의 모친, 부상자 및 병자 또는 장기간 구류되어 있던 피억류자의 석방, 송환, 거주지에의 복귀 또는 중립국에서의 수용을 위한 협정을 체결하도록 노력하여야 한다(제4협약 제132조).

55. 적대행위 종료 후 석방, 송환과 중립국 내의 수용

억류는 적대행위의 종료 후 가능한 한 조속히 이를 종식시켜야 한다.

충돌당사국의 영역 안에 있는 억류자로서 징계벌만을 과할 수 없는 위반행위에 관한 형사소송절차가 수행중인 자는 그 절차가 종료할 때까지, 또는 사정에 따라 형의 집행이 종료할 때까지 계속 억류할 수 있다. 이미 자유형의 판결을 받은 피억류자에 관하여도 동일하다.

억류국 및 관계국의 합의로서, 적대행위 또는 지역의 점령 종료 후에 분산된 피억류자를 수색하기 위한 위원회를 설치할 수 있다(제4협약 제133조).

56. 송환 및 최종거주지로의 복귀

체약국은 적대행위 종료 또는 점령의 종료에 있어서 모든 피억류자가 그의 최종거주지에 복귀함을 확보하고 또한 그의 송환을 용이하게 하기 위하여 노력하여야 한다(제4협약 제134조).

57. 비   용

석방된 피억류자가 억류될 때에 거주하고 있던 장소에 복귀하기 위한 비용과, 억류국이 그들을 여행 중 또는 공해상에서 억류하였을 경우에는 그들이 여행을 완료하거나 또는 그 출발지점에 복귀하기 위한 비용을 억류국이 부담하여야 한다.

억류국은 억류 전에 자국 내에 영구적인 거주지를 가지고 있던 자에 대하여 그 영역 안에 거주함을 허가하지 아니하는 경우에는 그 피억류자의 송환비용을 지급하여야 한다. 그러나 피억류자가 자기 자신의 책임으로 귀국하기로 선택하였거나 또는 본국 정부에 대한 충성심의 발로로써 귀국을 희망하는 경우에는 억류국은 자국 영역의 출국지점 이후의 여행비용을 지급할 필요가 없다. 억류국은 자기 자신의 요청으로 억류된 피억류자의 송환비용을 지급할 필요가 없다.

피억류자가 제4협약 제45조에 따라 이송된 경우에는 피억류자의 이송을 행하는 국가 및 그들을 받아들이는 국가는 자국이 부담하는 비용의 할당에 관하여 합의하여야 한다.

전기의 규정은 충돌당사국이 적국의 수중에 있는 자국민의 교환 및 송환에 관하여 특별협정을 체결함을 막지 아니한다(제4협약 제135조).

제6절 정보국, 중앙정보국과 구호단체

1. 국가피보호자정보국(National Bureau)

각 충돌당사국은 충돌의 개시 및 점령의 모든 경우에 있어서, 그 권한 내에 있는 피보호자에 관한 정보의 수령 및 전달에 대한 책임을 지는 공식적인 정보국(information bureau)을 설치하여야 한다.

각 충돌당사국은 2주일 이상 구금하였거나, 주거를 지정하였거나 또는 억류한 피보호자에 대하여 취한 모든 조치에 관하여 자국의 피보호자정보국에 가급적 속히 통보하여야 한다. 또한 억류국은 관계 각 부처로 하여금 피보호자에 관한 모든 이동, 예를 들면 이동, 석방, 송환, 도주, 입원, 출생, 사망 등에 관한 정보를 신속히 전기 피보호자정보국에 제공하도록 요구하여야 한다(제4협약 제136조).

2. 정보의 전달

각국의 피보호자정보국은 이익보호국 및 제4협약 제140조에 규정한 중앙피보호자정보국을 통하여 피보호자의 본국 또는 그들이 거주하였던 국가에 대하여 피보호자에 관한 정보를 가장 신속한 방법으로써 즉시 통지하여야 한다. 피보호자정 보국은 피보호자에 관하여 수령하는 모든 조회에 회답하여야 한다.

피보호자정보국은 피보호자에 관한 정보를 전달하여야 한다. 다만, 그 전달이 본인 또는 그 근친자에게 해로운 경우에는 그러하지 아니한다. 이러한 경우라 하더라도 그 정보는 중앙피보호자정보국에 전달하여야 하며, 동 정보국은 그 사정에 관하여 통지를 받았을 때에는 제4협약 제140조에 규정된 필요한 주의조치를 취한다.

피보호자정보국의 모든 서면통지서는 서명 또는 직인에 의하여 인증되어야 한다(제4협약 제137조).

3. 필요한 명세

피보호자정보국이 수령하고 전달하는 정보는 피보호자의 신원을 정확히 식별하고 또한 근친자에게 신속히 알릴 수 있게 하는 성질의 것이어야 한다. 각 피보호자에게 관한 정보는 적어도 성명, 출생지 및 생년월일, 국적, 최후거주지, 특징, 부친의 이름 및 모친의 결혼 전의 성, 본인에 관하여 취하여진 조치의 일자, 장소 및 성질, 피보호자에 대한 통신을 송부할 주소 및 통지를 받을 자의 성명과 주소를 포함하는 것이라야 한다.

이와 동일하게 중병 또는 중상자인 피억류자의 건강상태에 관한 정보도 정기적으로 가능하면 매주 제공하여야 한다(제4협약 제138조).

4. 개인적 유가물의 송부

각국의 피보호자정보국은 또한 제4협약 제136조에 규정된 피보호자, 특히 송환되거나 석방된 피보호자 또는 도주하거나 사망한 피보호자가 남긴 모든 개인적인 유가물의 수집에 관하여 책임을 지며, 또한 그 유가물을 직접이거나 또는 필요한 경우에는 중앙피보호자정보국을 통하여 관계자에게 송부하여야 한다. 피보호자정보국은 그 유가물을 봉인한 행낭에 넣어서 송부하여야 하며, 그 행낭에는 그 유가물을 소지하고 있던 자를 식별하기 위하여 명확하고도 완전한 명세서 및 내용의 완전한 목록을 첨부하여야 한다. 이러한 모든 유가물의 수령 및 발송에 관하여는 상세한 기록을 남겨 두어야 한다(제4협약 제139조).

5. 중앙피보호자정보국(Central Agency)

피보호자, 특히 피억류자에 관한 중앙피보호자정보국은 중립국에 이를 설치하여야 한다. 국제적십자위원회는 필요하다고 인정할 경우에는 관계국에 대하여 중앙피보호자정보국을 조직할 것을 제안하여야 하며, 중앙피보호자정보국은 포로의 대우에 관한 1949년 8월 12일자 제네바협약 제123조에 규정된 중앙포로정보국과 동일한 것으로 할 수 있다.

중앙피보호자정보국의 임무는 제4협약 제136조에 규정된 모든 종류의 정보로서 공적 또는 사적의 경로로 입수할 수 있는 것을 수집하고 또한 관계자의 출생국 및 그들이 주소를 가진 국가에 정보를 가능한 한 신속히 전달하는 것이어야 한다. 다만, 그 정보의 전달이 그 정보와 관계있는 자나 그의 근친자에게 해로운 경우에는 그러하지 아니한다. 중앙피보호자정보국은 이 전달에 관하여는 충돌당사국으로부터 적절한 편의를 제공받아야 한다.

체약국 특히 그 국민이 중앙피보호자정보국의 용역의 혜택을 입은 국가는 중앙피보호자정보국에 필요한 재정적 원조를 제공하여야 한다.

전기의 규정은 국제적십자위원회 또는 제4협약 제142조에 규정한 구호단체의 인도적 활동을 제한하는 것으로 해석하여서는 아니 된다(제4협약 제140조).

6. 요금의 면제

각국의 피보호자정보국 및 중앙피보호자정보국은 모든 우편요금의 면제 및 제4협약 제110조에 규정한 면제를 받으며, 또한 가능한 한 전보요금의 면제 또는 적어도 상당한 할인을 받아야 한다(제4협약 제141조).

7. 구호단체와 기타 단체

억류국이 자국의 안전을 보장하거나 또는 기타 합리적인 필요에 대처하기 위하여 긴요하다고 인정하는 조치에 따를 것을 조건으로 종교단체, 구호단체 또는 기타 피보호자를 원조하는 단체의 대표자 및 정당하게 위임받은 그 대리인들은 피보호자를 방문하고 그 출처의 여하를 불문하고 종교, 교육 또는 오락목적을 가지는 구호품과 물자를 분배하고 수용소 내에서 여가를 활용하도록 원조하는 데 필요한 편의를 억류국으로부터 제공받아야 한다. 전기의 단체나 기구는 억류국의 영역 내에나 기타의 여하한 국가 내에도 설치할 수 있으며, 또한 국제적 성격을 가질 수 있다.

억류국은 대표들이 자국 영역 안에서 억류국의 감독하에 임무를 수행할 것이 허용되고 있는 단체 또는 기구의 수를 제한할 수 있다. 단, 그 제한은 모든 피보호자에 대한 충분한 구제를 효과적으로 시행하는 것을 방해하여서는 아니 된다.

이 분야에 있어서의 국제적십자위원회의 특별한 지위는 항상 승인되고 존중되어야 한다(제4협약 제142조).

8. 감　　독

이익보호국의 대표자나 사절단은 피보호자가 있는 모든 장소, 특히 수용, 구금 및 노동의 장소를 방문할 수 있도록 허가되어야 한다.

이익보호국의 대표나 사절단은 피보호자가 사용하는 모든 시설에 출입할 수 있으며, 또한 입회인 없이 직접적으로 또는 통역인을 통하여 피보호자와 회견할 수 있다.

이러한 방문은 절대적인 군사상의 필요를 이유로 하는 예외적이고 일시적인 조치로서 행하여지는 경우를 제외하고는 금지되지 아니한다. 그 방문의 기간 및 횟수는 이를 제한하여서는 아니 된다.

이익보호국의 대표와 사절단은 방문하고자 하는 장소를 자유로이 선정할 수 있다. 억류국이나 점령국, 이익보호국 및 필요한 경우 방문을 받는 자의 본국은 피억류자와 동일 국적인이 방문에 참가하는 것을 합의할 수 있다.

국제적십자위원회의 대표도 동일한 특권을 향유한다. 그 대표의 임명은 당해 대표가 그의 임무를 수행하는 영역을 관할하는 국가의 승인을 받아야 한다(제4협약 제143조).

제7절　민방위

1. 의　　의

"민방위"(Civil Defence)라 함은 적대행위 또는 재해의 위험에 대하여 주민을 보호하고, 주민이 그것의 직접적 영향으로부터 복구할 수 있게 하고 또한 주민의 생존에 필요한 조건을 부여함을 목적으로 하는 인도적 임무의 수행을 의미한다.[13] 이러한 인도적 임무는 다음과 같다 : (1) 경고, (2) 대피, (3) 대피소의 관리, (4) 등화관제조치의 관리, (5) 구조, (6) 의료(응급조치를 포함) 및 종교활동, (7) 소화작업, (8) 위험지역의 탐사 및 표시, (9) 오염물 정화 및 유사한 보호조치, (10) 비상숙소 및 물자의 공급, (11) 이재지역에 있어서의 질서의 회복 및 유지를 위한 긴급지원, (12) 불가결한 공익시설물의 긴급보수, (13) 사망자의 긴급처리, (14) 생존에 불가결한 물건의 보존을 위한 지원, (15) 전기 임무 중 어느 것이라도 수행하는 데 필요한 보충적인 활동(계획, 조직 등 포함).[14]

　　"민방위단체"(Civil Defence Organizations)라 함은 충돌당사국의 권한 있는 당국에 의하여 위에 언급된 임무를 수행하기 위하여 조직 또는 허가된, 그리고 그러한 임무에 배속되어 그것을 전담하는 상설편제 및 기타 편성단위를 의미한다.[15]

2. 보　　호

　　민방위단체는 의무부대와 유사하게 보호를 받는다.[16] 민방위단체와 그 요원, 건물, 대피소 및 자재가 적에게 유해한 행위를 범하거나 이를 범하도록 사용되지 않는 한 특별히 존중되고 보호받는다.[17] 그러나 이러한 보호는 언제라도 적절한 경우, 타당한 시한이 설정된 경고가 발하여진 후에, 그리고 그러한 경고가 무시된 연후에만 정지될 수 있다.[18]

　　민방위임무가 군 당국의 지시 또는 그 지배하에서 수행되는 것이나 민방위요원이 민방위임무 수행에 있어서 군 요원과 협동하는 것, 또는 약간의 군 요원이 민방위단체에 부속되는 것이 적에게 유해한 행위로 간주되어서는 안 된다.[19] 민방위임무의 수행이 부수적으로 군인 희생자들, 특히 전투능력 상실자들에게 이익을 주는 것도 적에게 유해한 행위로 간주되어서는 안 된다.[20]

---

13) 제1추가의정서 제61조 가호.
14) Id.
15) 제1추가의정서 제61조 나호.
16) 제1추가의정서 제61조에서 제67조; Dieter Fleck, *The Handbook of International Humanitarian Law*, p. 264(2nd ed. 2008).
17) 제1추가의정서 제65조 1항.
18) Id.
19) 제1추가의정서 제65조 2항.
20) Id.

민방위요원은 질서유지를 위하여 또는 정당방위를 위하여 개인용 소형무기를 휴대할 수 있다.[21] 민방위단체는 군사적 편제에 따라 편성될 수 있고, 그 요원이 의무복무를 위해 모집되었더라도 그 보호를 잃지 않는다.[22]

3. 피점령지역에서의 민방위

피점령지역에서 민간민방위단체는 그들의 인도적 활동을 계속하는 것이 허용되어야 한다.[23] 점령국은 민간민방위단체에 대하여 민간주민의 이익을 해하는 방식으로 그들의 임무를 수행하도록 강요, 강제 또는 유도하여서는 안 된다.[24] 점령국은 안전상의 이유로 민방위단체의 무장을 해제할 수 있다.[25]

4. 신분증명 및 식별

민방위의 국제적 식별표지는 그것이 민방위단체와 그 요원, 건물 및 자재의 보호와 민간인 대피소를 위하여 사용되는 경우 오렌지색 바탕에 청색 정삼각형으로 한다.[26] 이 표지는 제1추가의정서 제1부속서 제16조에 표시되어 있다.

피점령지역 및 전투가 진행되고 있거나 또는 진행될 것 같이 보이는 지역에 있어서 민간민방위요원은 민방위의 국제적 식별표지에 의하여, 그리고 그들의 지위를 증명하는 신분증명서에 의하여 인지될 수 있어야 한다.[27]

---

21) 제1추가의정서 제65조 3항.
22) 제1추가의정서 제65조 4항.
23) 제4협약 제63조; 제1추가의정서 제63조.
24) 제1추가의정서 제63조 2항.
25) 제1추가의정서 제63조 3항.
26) 제1추가의정서 제66조 4항.
27) 제1추가의정서 제66조 3항.

제6장

점 령

제1절 총 칙

1. 군사점령(Military Occupation)

적군의 권력(authority)하에 실제로(actually) 들어간 지역은 점령된 것으로 간주된다. 점령은 그러한 권력이 수립되고 이를 행사할 수 있는 지역에만 한정된다(헤이그규칙 제42조).

2. 침공(Invasion)과 점령의 구별

(1) 침공의 의의

침공은 점령과 같은 의미가 아니다. 침공은 공격행위를 주로 의미하며, 점령은 침공에 더하여 적의 영토를 보유하기 위한 목적으로 견고하게 점유(taking firm possession)하고 있는 것이다. 그러나 침공 후에 점령이 보통 수반되고 종종 침공과 점령이 동시에 발생하기도 한다. 침공을 하였을 때 저항이 있었다면, 교전국의 영토 내에서의 침공상태는 저항기간의 존속기간과 일치한다. 침공에 대한 저항이 없었다면, 침공상태는 침공자가 그 영역을 보유할 의도를 가지고 견고하게 통제하게 될 때까지만 존속하고 그 이후는 점령상태가 된다.

침공자는 해군, 공군, 지상군을 이용하여 적의 영토의 많은 부분을 점령하지 않고 빠르게 전진할 수 있다. 즉, 그 영토가 점령이 되기 위해서는 그 영토에 대한 실효적 통제(effective control)을 수립하여야 하는데, 이러한 통제를 수립하지 않고 계속 침공만을 할 수도 있기 때문에 침공과 점령은 다른 것이다. 또한 특공대나 공수부대, 정찰부대가 특정 영역을 지나가더라도 그 영역이 점령되었다고 말할 수 없다.

(2) 점령법(Law of Occupation)의 적용

점령법은 엄밀히 말하면 군사점령지역에서의 자국 군대에만 적용되는 것이지만, 정책적 문제로서 점령지역이 아닌 군대가 통과만 하는 지역이나 전투지역 등에도 가급적 널리 적용되어야 한다.[1]

---

1) 미국육군교범, p. 138.

3. 정복(Conquest) 또는 종속(Subjugation)과 점령의 구별

외국과의 전쟁에서 군사점령은 외국영토를 점유하고 있는 것이나, 점령지역의 영토에 대한 주권이 점령국에 이전되는 것을 의미하지는 않는다. 따라서 점령은 기본적으로 임시적인 성격을 가진다.

한편, 정복이나 종속은 주권의 이전을 의미하며, 이는 대체로 합병(annexation)의 형태를 취하고 보통 평화조약으로 효력을 발생시킨다. 주권이 이전되면, 군사점령은 그 자체로는 종료되지만 관련 영토는 적어도 일정기간 군사기구에 의해 통치될 수 있고, 그렇게 되는 것이 보통이다.

4. 민간행정청의 통치대상인 우방국의 영토와 구별

민간행정청의 통치는 외국의 민간행정청이 관련 지역의 정부와 명시적 또는 묵시적인 합의를 기초로 우방국의 영토를 통치하는 것을 의미한다. 이러한 통치는 종종 적의 점령으로부터 해방된 지역에서 실시된다. 이 통치는 보통 관련 지역의 정부가 그 통치에 대해 완전히 책임을 질 수 없거나 또는 그러한 의사가 없을 때 필요하게 된다. 이렇게 민간행정청이 통치하게 되는 지역은 점령된 지역으로 간주되지 않는다.

사정상 적의 점령으로부터 회복되었거나 적으로부터 해방된 우방국의 영토의 합법정부와 민간행정청의 통치에 관해 합의를 하지 못하였을 경우, 그 영토를 통치하는 군사정부를 임시적인 조치로서 수립할 수 있다. 그러나 그 영토의 합법적 정부와 가급적 조속한 시일 내에 민간통치협정을 체결하여야 한다.[2]

5. 사실문제(Question of Facts)로서의 점령

군사점령은 사실문제이다. 점령은 적대적인 침공을 상정하고 있고, 저항이 있든 없든 그 결과로서 침공당한 정부가 그 권한(authority)을 공적으로 행사하지 못하도록 만드는 것이다. 그리고 점령지에서는 침공당한 영토의 합법정부의 권한을 침공자가 대신 행사하게 된다.

---

2) 미국육군교범, p. 139.

6. 점령의 실효성

점령은 실제적(actual)이고 실효적(effective)이어야 한다. 즉, 조직화된 저항이 극복되고 점령군이 그 권한을 수립하기 위해 필요한 조치를 취하였어야 한다. 실효성을 판단할 때, 점령군이 그 점령지역 내에서 그 권한을 느낄 수 있도록 합리적인 시간 내에 군부대를 보낼 수 있으면 충분하다. 점령이 실효적이기만 하면, 점령국의 권한을 행사하는 방식은 중요하지 않다. 그 권한행사 방식은 주둔하고 있는 군부대에 의하든, 공수부대에 의하든, 대규모의 군대를 사용하든, 또는 소규모의 군대를 사용하든 관계가 없다. 실효적 지배를 유지하기 위한 군대의 규모는 주민들의 성향, 주민 수와 밀도, 지형적 특성 등 다양한 요소에 의해 결정된다. 점령지역 내에 요새나 방비지역이 있다는 이유만으로, 그 요새나 방비지역이 공격을 받고 있다면, 그 지역의 나머지 부분에 대한 점령이 실효적이 아니라고 할 수 없다. 또한 지역적인 저항단체가 존재한다는 사실만으로 점령이 실효적인 것이 아니라고 할 수 없다.3)

7. 점령의 선포

엄밀한 법적 의미에서 군사점령의 선포는 필요하지 않다. 그러나 점령군의 주둔으로 인하여 점령국과 피점령지 주민과의 사이에서 수립되는 특별한 관계를 고려할 때, 군사점령의 사실과 그 영향을 받는 영토의 범위는 알려지는 것이 바람직하다. 미국은 관행상 점령사실을 선포한다.4)

8. 점령과 주권(Sovereignty)

전쟁에 부수적인 것으로서 군사점령은 침공군에게 점령기간 동안 통제권을 행사할 수 있는 수단을 제공한다. 점령은 점령국에게 주권을 이전하여 주는 것이 아니라, 단지 주권의 권리 일부를 행사할 수 있는 권한 또는 능력을 부여하는 것이다. 이러한 권리의 행사는 점령국의 확립된 권력에서 유래하는 것이며, 거주민과 점령군 모두에게 필수불가결한 법과 질서의 유지를 위해 필요하기 때문에 인정되는 것이다.

---

3) 미국육군교범, p. 139.
4) 미국육군교범, p. 140.

그러므로, 군사점령국이 점령된 영토를 합병하거나, 적대행위가 아직 진행 중인데도 그곳에 새로운 국가를 창설하는 것은 불법이다.[5]

9. 충성선서의 금지

점령된 지역의 주민을 강제하여 그 적국에 대해서 충성의 선서(oath of allegiance)를 행하게 할 수 없다(헤이그규칙 제45조).

10. 점령의 유지

점령이 실효적이기 위해서는 계속 유지되어야 한다. 점령당국이 그 지역을 떠나거나 적에 의해 밀려날 경우에는 점령이 종료된다. 그러나 점령국이 그 권한을 수립한 후에 적을 물리치며 전진하면서, 그 전에 점령하였던 지역에 행정을 위해 소규모의 병력만을 남겨 두어도 점령이 종료된 것이 아니다. 또한, 점령된 지역에 반항과 게릴라활동이 있더라도, 점령당국이 원하는 때에는 언제나 그 지역의 영토에 대한 물리적 통제를 회복할 수 있다면 점령이 종료된 것이 아니다.[6]

11. 점령의 종료

점령은 위에서 말한 바와 같이 점령의 실효성을 잃게 되는 사유 등이 있으면 종료가 된다. 그러나 제4협약 제6조는 제4협약에 대해서만 다음과 같은 특별한 규정을 두고 있다.

> 점령지역의 경우에 있어서는, 본 협약의 적용은 군사행동의 일반적 종료 1년 후에 정지된다. 단, 점령국은 점령기간 중 동 지역 내에서 시정기능을 행사하는 범위 내에서 본 협약 제1조로부터 제12조, 제27조, 제29조로부터 제34조, 제47조, 제49조, 제51조, 제52조, 제53조, 제59조, 제61조에서 제77조 및 제143조의 규정의 구속을 받는다.
> 그러한 기간 후에 석방, 송환, 또는 정착을 받을 피보호인은 그동안 본 협약에 의한 이익을 계속 향유한다(제4협약 제6조 3항과 4항).

---

5) 미국육군교범, p. 140; 제4협약 제47조.
6) 미국육군교범, p. 140.

제2절 점령된 영토의 행정

1. 군사정부(Military Government)의 필요성

군사정부는 점령국이 점령된 영토에 대해 정부의 권한을 행사하기 위한 정부이다. 군사정부는 군사점령으로 인하여 본래의 정부가 기능을 수행할 수 없거나, 그러한 기능을 수행하는 것을 허용하는 것이 바람직하지 않기 때문에 그 필요성이 인정된다.

2. 공공질서를 회복하고 유지할 의무

합법적인 국가의 권력이 사실상 점령자에게 이관된 이상, 점령자는 절대적인 지장이 없는 한, 점령지의 현행법률을 존중하고 가능한 한 공공의 질서 및 안전을 회복하고 보장하기 위하여 그 권한 내의 모든 조치를 다하여야 한다(헤이그규칙 제43조).

3. 점령비용

점령된 국가는 점령의 비용을 부담하도록 요구 받을 수 있다. 그러나 그 비용은 점령된 국가의 경제력으로 부담할 수 있는 합리적인 수준의 부담보다 더 큰 수준이어서는 안 된다.[7]

4. 권리의 불가침

점령지역에 있는 피보호자들은 어떠한 경우 및 어떠한 방법으로도 영토점령의 결과로서 동 지역의 제도 또는 정부에 초래되는 모든 변화, 점령지역 당국과 점령국간에 체결되는 모든 협정 또는 점령국에 의한 점령된 지역의 전부 또는 일부의 병합에 의하여 제4협약의 혜택을 박탈당하여서는 안 된다(제4협약 제47조).

5. 괴뢰정부(Puppet Government)

점령자가 직접 하면 불법인 행위를 피하기 위해 괴뢰정부를 수립하여 그 정부를 통해 그러한 행위를 할 수 없다. 점령자가 괴뢰정부를 강제하거나 교사하여

---

7) 미국육군교범, p. 141.

행한 행위는 점령자의 행위이다.

6. 정부의 기능

적국 정부의 기능은 점령자가 승인한 범위 내에서만 계속될 수 있다. 점령자는 최고의 권위를 유지하면서 점령지의 정부가 그 통상적인 기능을 일부 또는 전부 수행하도록 허가할 수 있다. 예를 들어 지방정부에 대해 점령국의 지도와 지시를 받을 것을 조건으로 일정한 후방지역의 통치를 허용할 수 있다. 그러한 조치는 점령지의 지위에 부합하여야 하며, 최고 권위를 유지하기 위한 견고한 점유가 존재하여야 인정된다.

적국 영토를 통치하는 정부는 군사정부, 민간정부, 또는 혼합정부의 형태가 모두 가능하다. 그 정부의 성격은 무력에 의해 성립된 정부이며, 그 합법성은 전쟁법에 따라 결정된다.

7. 지역법령과 새로운 입법

피점령국의 형벌법령은 그것이 점령국의 안전을 위협하거나 또는 제4협약의 적용을 방해한 때에 점령국이 이를 폐지 또는 정지시키는 경우를 제외하고는 계속하여 효력을 가진다. 점령지역의 법원은 전술한 바를 인정하고 효율적인 사법정의의 필요성을 인정하면서 전기의 법령에서 규정하는 모든 범죄행위에 대하여 임무를 계속 수행하여야 한다.

그러나 점령국은 점령지역의 주민으로 하여금 자국이 제4협약에 의거한 제의무를 이행하고, 당해 지역의 질서 있는 통치를 유지하며, 점령국의 안전, 점령군 또는 점령행정기관 구성원 및 그의 재산의 안전과 그리고 그들이 사용하는 시설 및 통신선의 안전을 확보할 수 있도록 하기 위하여 절대 필요한 규정을 적용할 수 있다(제4협약 제64조).

8. 현행법령

공공질서와 안전을 유지하면서, 점령자는 제4협약 제64조, 헤이그규칙 제43조 등에서 허용하는 경우를 제외하고는 점령지의 민사, 형사 관련 현행법령을 유지하게 될 것이다. 이러한 법령들은 가급적 그 지역의 관리들이 집행하도록 하고, 군사적 성격이 아니고 점령자의 안전에 영향을 주지 않는 범죄는 그 지역의 법원의 관할하에 두는 것이 보통이다.

9. 정지 또는 폐기되는 법령의 성격

점령자는 다음의 성격을 가진 법령을 변경, 정지, 폐기할 수 있다.

(1) 점령자의 안전을 위협하는 법령, 예를 들어 군대 모병과 무장 등에 관한 법령

(2) 정치적 절차를 다루는 법령, 예를 들어 선거권에 관한 법령이나 집회에 관한 법령

(3) 점령자의 의무와 양립하지 않는 것을 집행하는 법령, 예를 들어 인종차별을 수립하는 법령8)

10. 권리의 소멸 등 금지

헤이그규칙 제23조 (h)항은 "적국민의 권리 및 제소권의 소멸 · 정지 또는 불수리(不受理)를 선언하는 것을 금지하고 있다.

11. 일반법원의 정지

일반법원은 다음의 경우에만 정지시킬 수 있다.

(1) 판사 또는 치안판사(magistrate)가 그들의 기능을 수행하지 않는 경우9)

(2) 그 법원이 부패하거나 불공정하게 구성된 경우

(3) 점령 이전의 적대행위로 인해 그 지역의 사법행정이 붕괴되어, 점령자가 그 지역법령이 적절히 집행되도록 스스로 법원을 설치한 경우

위의 경우에는, 점령자가 그 자신이 법원을 설치하고 이 사실을 거주민에게 알릴 수 있다.

12. 지역법령으로부터 점령국인원의 면제

점령군 또는 점령행정기관의 군인, 민간요원과 그 동반가족 등은 점령된 지역의 법령 또는 그 지역법원의 관할권에서 면제된다. 그러나 점령군 또는 점령행

---

8) 미국육군교범, p. 143.
9) 제4협약 제54조 참조.

정기관의 권한 있는 관리가 명시적으로 그 지역법령과 지역법원의 관할권에 복종할 것을 인정한 경우에는 그렇지 않다. 점령자는 점령국인원이 재판받을 수 있는 실체법(substantive law)을 마련하여야 하고, 그들이 당사자인 민사소송이나 그들이 범한 범죄를 다룰 재판소가 존재하도록 하여야 한다.[10]

13. 이동의 자유

점령자는 개인들의 거주지를 변경할 권리를 중단시킬 수 있다. 또한 내부에서의 이동의 자유를 제한하고, 특정 장소의 방문을 금지하며, 출입국을 금지하고 모든 사람이 신분증명서를 소지하도록 요구할 수 있다. 그러나 제4협약 제48조에 의해 영역을 점령당한 국가의 국민이 아닌 사람은 그 영역을 퇴거할 권리가 있다.

14. 상업의 제한

점령자는 점령된 지역에서의 상업거래를 규제할 권리가 있다. 점령자는 점령의 목적상 필수적인 금지와 제한을 상업적 거래에 부과할 수 있다. 점령군의 사령관은 점령한 지역과 아직 적의 점유하에 있는 지역과의 거래를 금지하는 것이 적절한 조치라는 것을 발견하게 되는 것이 보통이다.

15. 검   열

교전시 점령자는 신문, 라디오, 연극, 영화, TV와 서신 및 다른 모든 통신수단의 검열을 할 수 있다. 점령자는 신문을 폐간시킬 수도 있고, 그 발행부수와 배부를 제한하는 규정을 제정할 수도 있다. 점령자는 우편업무를 위한 시설을 제공할 의무가 없으나, 스스로 우편업무를 담당할 수도 있다. 특히 점령된 지역의 관리들이 그 명령에 따르지 않을 때에 그러하다.

16. 교통수단

교전시 점령자는 점령된 지역에서의 공적, 사적인 모든 교통수단에 대한 권한을 행사하며, 그것들을 압류하거나 그 운영을 규제할 수 있다.

---

10) 미국육군교범, p. 143.

제3절 점령된 지역의 주민들의 권리

1. 서   론

제4협약 제27조에서 제34조도 점령지에 적용되기 때문에 이 절에서 다루는 조항들과 함께 고려되어야 한다.

2. 인권의 존중

가족의 명예 및 권리, 개인의 생명 및 사유재산과 종교적 신념 및 그 행사는 존중되어야 한다(헤이그규칙 제46조 1항).

3. 송환의 특별한 경우

영역을 점령당한 국가의 국민이 아닌 피보호자들은 제4협약 제35조의 규정에 따를 것을 조건으로 하고, 그 영역을 퇴거할 권리를 행사할 수 있다. 이에 관한 결정은 동 조에 의하여 점령국이 제정하는 절차에 따라 행하여야 한다(제4협약 제48조).

4. 추방, 이송, 퇴거

피보호자들을 점령지역으로부터 점령국의 영역 또는 피점령 여부를 불문하고 타국의 영역으로 개인적 또는 집단적으로 강제이송 또는 추방하는 것은 그 이유의 여하를 불문하고 금지된다.

그러나 점령국은 주민의 안전 또는 군사상의 이유로 필요할 경우에는 일정한 구역의 전부 또는 일부의 퇴거를 실시할 수 있다. 그러한 퇴거는 중요한 이유(material reasons) 때문에 불가피한 경우를 제외하고는 피보호자들을 피점령지역의 경계 밖으로 이동시키는 것이어서는 안 된다. 이렇게 하여 퇴거당한 자들은 당해 지역에서의 적대행위가 종료되는 즉시로 각자의 가정으로 송환되어야 한다.

전기의 이동 또는 퇴거를 실시하는 점령국은 가능한 한 피보호자들을 받아들일 적당한 시설을 설비할 것과 동 이동의 위생, 보건, 안전 및 급식에 대하여 만족할 만한 조건하에서 행하여질 것, 그리고 동일가족의 구성원들이 이산하지 않을 것을 확보하여야 한다.

이동 및 퇴거를 실시할 때에는 즉시 이익보호국에 이를 통고하여야 한다. 점령국은 주민의 안전, 또는 긴급한 군사상의 이유로 필요한 경우를 제외하고는 피보호자들을 전쟁의 위험을 많이 받고 있는 지역에 억류하여서는 안 된다.

점령국은 자국의 민간인 주민의 일부를 자기의 점령지역으로 추방하거나, 또는 이동시켜서는 안 된다(제4협약 제49조).

5. 어린이

점령국은 국가 또는 현지 당국의 협력하에 아동들의 양호 및 교육에 전용될 모든 시설의 적당한 운영에 대하여 편의를 제공하여야 한다.

점령국은 아동들의 신원확인 및 친자관계의 등록을 용이하게 하기 위하여 필요한 조치를 취하여야 한다. 점령국은 여하한 경우에라도 아동들의 신분상의 지위를 변경시키거나, 또는 그들을 자국에 종속된 단체 또는 기구에 편입시켜서는 안 된다.

현지의 시설이 적당치 않을 경우에는 점령국은 전쟁의 결과로 고아가 되었거나 또는 자기의 부모와 이별하고, 또 근친자 또는 친지에 의하여 적당한 양호를 받을 수 없는 아동들의 부양 및 교육이 가능한 한 그 아동들과 동일한 국적언어 및 종교를 가진 자에 의하여 행하여지도록 조치를 취하여야 한다.

제4협약 제136조에 따라 설치되는 정보국의 한 특별부서는 신원이 불명한 아동들의 신원을 판명하기 위하여 필요한 모든 조치를 취할 책임을 진다. 그들의 부모 또는 근친자들에 관한 상세한 점들을 입수하는 대로 항시 기록되어야 한다.

점령국은 15세 미만의 아동, 임산부 및 7세 미만의 유아를 가진 부인들을 위하여 점령 전에 채택된 식량, 의료상의 간호 및 전쟁의 영향으로부터의 보호에 관한 유리한 조치의 적용을 방해하여서는 안 된다(제4협약 제50조).

6. 주민들을 위한 식량과 의료품의 공급

점령국은 이용가능한 모든 수단으로써 주민의 식량 및 의료품의 공급을 확보할 의무를 진다. 특히 점령국은 점령지역의 자원이 불충분할 경우에는 필요한 식량, 의료품 및 기타 물품들을 입수하여야 한다.

점령국은 점령군 및 행정요원들의 사용에 충당할 경우와, 그리고 민간인 주민들의 수요를 고려한 경우를 제외하고는 점령지역 내에 있는 식량, 물품 또는 의료품을 징발하여서는 안 된다. 점령국은 다른 국제조약에 따를 것을 조건으로 징발한 물품에 대한 공정한 대가의 지불을 확보키 위하여 필요한 조치를 취하여야 한다.

이익보호국은 긴급한 군사상의 요구에 의하여 일시적 제한이 필요하게 될 경우를 제외하고 하시라도 점령지역에 있어서의 식량 및 의료품의 공급상태를 자유로이 조사할 수 있다(제4협약 제55조).

식량과 의료품 이외에도 점령자는 그 지역에서의 생활에 필수적인 물품으로서 긴급하게 필요한 물품들을 제공하여야 한다.

식량 및 의료품에 관한 제4협약 제55조에 규정된 의무에 추가하여, 점령국은 가용한 수단을 다하여 그리고 어떠한 불리한 차별도 함이 없이, 피복, 침구, 대피장소, 피점령지역의 민간주민의 생존에 필수적인 기타 물품 및 종교적 예배에 필요한 물건의 공급을 또한 보장하여야 한다.11)

7. 위생과 공중보건

점령국은 이용가능한 모든 수단을 다하여 국가 및 현지당국의 협력하에 의료상 및 병원의 시설과 용역, 그리고 공중보건 및 위생을 확보하고 또 유지할 의무를 진다. 점령국은 특히 전염병 및 유행병의 만연을 방지하기 위하여 필요한 예방적 조치를 채택하여 이를 실시하여야 한다. 모든 부류의 의료인은 그들의 의무를 수행하도록 허락되어야 한다.

점령지역 내에 새로운 병원들이 설립되고 또 피점령국의 권한 있는 기관이 그 지역 내에서 활동하고 있지 않을 경우에는 점령당국은 제4협약 제18조에 규정된 승인을 부여하여야 한다. 또한 유사한 상황에서 동 협약 제20조 및 제21조의 규정에 따라 병원직원 및 수송차량들에 대하여도 승인을 부여하여야 한다.

점령국은 보건 및 위생조치를 채택하고 또 이를 실시함에 있어서 점령지역 주민들의 도덕적·윤리적 감정을 고려하여야 한다(제4협약 제56조).

점령국은 점령지역 내 민간인의 의료적 필요가 계속 충족되도록 보장할 의무가 있다.12)

---

11) 제1추가의정서 제69조 1항.
12) 제1추가의정서 제14조 1항.

8. 병원의 징발

점령국은 군대의 부상자 및 병자들을 간호하기 위하여 긴급한 필요가 있을 경우에 한하여 그리고 환자들의 간호 및 치료와 민간인 주민들의 입원 요구를 위하여 적당한 조치가 적당한 때에 취하여질 것을 조건으로 하고 민간인 병원들을 일시적으로 징발할 수 있다.

민간인 병원의 기자재 및 저장품들은 그것들이 민간인 주민들의 수요에 필요하게 되는 한 징발될 수 없다(제4협약 제57조).

9. 종교상의 원조

점령국은 성직자들에게 대하여 그들과 동일한 종파에 속하는 자들에게 종교상의 원조를 부여하는 것을 허용하여야 한다.

점령국은 종교상의 필요에 소요되는 도서 및 자료의 위탁을 수락하고 점령지역 내의 배포를 촉진하여야 한다(제4협약 제58조).

제4절 구 호

1. 집단적 구호(Relief)

점령지역 주민의 전부 또는 일부에 대한 물자의 공급이 불충분할 경우에는, 점령국은 동 주민들을 위한 구호계획에 동의하여야 하며, 또 사용가능한 모든 수단을 다하여 동 계획이 실시될 수 있도록 편의를 제공하여야 한다.

국가 또는 국제적십자위원회와 같은 공정한 인도적 기구에 의하여 실시되는 전기의 계획은 특히 식량, 의료품 및 의류의 송부를 내용으로 하는 것이어야 한다.

모든 체약국은 이러한 송부품들의 자유통과를 허용하고 또 그것들의 보호를 보장하여야 한다.

그러나 적국에 의하여 점령되고 있는 지역으로 가는 송부품의 자유통과를 허가하는 국가는 송부품들을 검사하고 지정된 시각 및 경로에 의한 통과를 규율하며, 그리고 그 송부품들이 궁핍한 주민들의 구호를 위하여 사용될 것이고 점령국의 이익을 위하여 사용될 것이 아니라는 것을 이익보호국을 통하여 충분히 확인할 권리를 가진다(제4협약 제59조).

만일 피점령지 주민의 일부 또는 전부에게 물자가 충분하게 공급되지 못할 때에는, 점령당국이 다른 국가나 인도적 기구의 구호활동에 동의하여야 한다.13)

2. 점령국의 책임

구호품은 제4협약 제55조, 제56조 및 제59조에 의거한 점령국의 책임을 면제하지 않는다. 긴급한 필요가 있고, 그것이 점령지역 주민의 이익을 위한 것이며, 또 이익보호국의 동의를 얻은 경우를 제외하고는 여하한 방법으로도 구제품의 지정된 용도를 변경시켜서는 안 된다(제4협약 제60조).

3. 분 배

제4협약 제60조에서 말한 구호품의 분배는 이익보호국의 협력 및 감독하에서 행하여져야 한다. 이 임무는 또한 점령국과 보호국간의 협정에 의하여 중립국, 국제적십자위원회 또는 기타의 공정한 인도적 단체에 위임될 수 있다.

그러한 구호품은 점령지역의 경제를 위하여 필요하지 않는 한 그 지역 내에서 모든 부과금, 세금 또는 관세를 면제받는다. 점령국은 이러한 구호품들이 신속히 분배될 수 있도록 편의를 제공하여야 한다.

모든 체약국은 점령지역으로 가는 그러한 구호품들의 무상통과 또는 수송을 허가하도록 노력하여야 한다(제4협약 제61조).

4. 개인적 구호

점령지역에 있는 피보호자들은 긴급한 안전상의 이유에 따를 것을 조건으로, 개인 앞으로 보내온 구호품의 수령을 허용받아야 한다(제4협약 제62조).

5. 국가의 적십자사와 다른 구호단체

점령국이 긴급한 안전상의 이유 때문에 취하는 일시적 및 예외적인 조치에 따를 것을 조건으로,

---

13) 제1추가의정서 제69조에서 제71조.

가. 승인된 각국 적십자사(적신월사, 적사자와 태양사)는 국제적십자회의에 의하여 제정된 적십자 원칙에 따라 그들의 활동을 수행할 수 있다. 기타의 구호단체들은 동일한 조건하에서 인도적 활동을 계속 허용받는다.

나. 점령국은 이러한 단체들의 직원 또는 조직에 대하여 전기의 활동을 방해하게 될 변경을 요구하여서는 안 된다.

위와 동일한 원칙들은 중요한 공공역무(public utility)의 유지, 구호품의 분배 및 구호사업의 조직화에 의하여 민간인 주민들의 생활조건을 보장함을 목적으로 이미 존재하거나 또는 장차 설립될 비군사적 성격을 가진 특별 단체의 활동 및 직원에 대하여도 적용된다(제4협약 제63조).

제5절 적 재산의 취급

1. 재산의 파괴와 압수

헤이그규칙 제23조 (g)는 전쟁의 필요상 부득이한 경우를 제외하고 적의 재산을 파괴 또는 압류하는 것을 금지하고 있다. 또한 제4협약 제53조는 개인적인 것이거나 또는 공동적인 것임을 불문하고 사인, 국가 기타의 공공당국, 사회단체 또는 협동단체에 속하는 부동산 또는 동산의 점령군에 의한 파괴는 그것이 군사작전에 의하여 절대 필요하게 될 경우를 제외하고는 일체 금지된다고 규정한다.

2. 공적 재산과 사적 재산의 구별

(1) 수익자를 통한 구별

공적 재산(public property)과 사적 재산(private property)의 구별은 쉽지 않다. 점령지에서의 재산의 취급과 관련하여 공적 재산과 사적 재산의 구별이 필요한데, 그 구별은 그 재산의 실제 수익자가 누구인가를 기준으로 한다. 따라서 예를 들어 개인이 맡긴 신탁기금, 연금, 은행예금 등이 국가소유의 은행에 보관되어 있더라도, 그 사실만으로는 이러한 기금 등이 공적 재산이라고 할 수 없으며 실제 수익자인 개인의 사적 재산이라고 보아야 한다.

(2) 혼합재산

공적 재산과 사적 재산이 혼합되어 있는 경우에는 그 재산을 누가 어떻게 통제하는 것을 보아 그 성격을 결정하여야 한다. 사적 재산으로 보이는 것이라도, 국가가 광범위하게 통제하고 있거나, 본질적으로 공적인 기능을 수행하는 재산은 공적 재산으로 보아야 한다. 공적 재산은 점령자가 압수하거나 수용할 수 있다.

만일 특정 재산이 국가에게도 수익을 일부 주고 개인에게도 일부 수익을 주는 혼합재산이고 점령자가 그 재산을 수용하였을 때에는, 점령자는 개인의 수익부분에 대해 보상을 하여야 한다. 만일 그 재산이 전적으로 사적 재산을 수용할 경우에는 점령자가 완전히 보상을 하여야 한다. 그러나 공적 재산을 수용할 경우에는 보상을 할 필요가 없다.

(3) 소유권이 불명확한 재산

공적 재산인지 사적 재산인지 판단하기 위한 소유권이 불명확한 재산은 소유 및 수익관계가 명확하여질 때까지는 공적 재산으로 취급되어야 한다.

3. 포획재산(Seized Property)

포획재산이 되기 위해서는 포획을 하려는 의도와 실제 포획하는 물리적 행위가 모두 있어야 한다. 점령된 영토에 포획될 재산이 존재하는 것만으로는 점령자에게 그 재산의 소유권이 이전되지 않는다.[14] 미국은 포획된 적의 공적 재산과 전장에서 유효하게 포획되거나 버려진 사유재산은 미국의 재산으로 간주한다.[15] 또한 그러한 재산을 적절한 당국에 인도하지 않거나 개인적인 이익을 위해 사용하는 경우에는 미국 군사법령(Uniform Code of Military Justice) 제103조의 위반이 된다.[16]

4. 재산의 통제

점령자는 점령된 영토 내에 있는 재산을 적군이 그 재산을 유리하게 사용하거나 점령자에게 해로운 방식으로 사용하는 것을 방지하기 위하여 통제할 수 있다. 부재자나 억류자의 재산 또는 점령자에게 해로운 행위를 한다고 간주되는 사

---

14) 미국육군교범, p. 150.
15) 미국연방헌법 제1조 8항 11절.
16) 미국육군교범, p. 150.

람의 재산을 관리하기 위하여 재산관리인(conservator)을 임명할 수 있다. 그러나 그러한 재산의 소유자나 관리자가 다시 그 재산의 통제권을 회복하게 되고, 그 재산의 사용이 해롭게 될 위험이 사라지면, 그 재산은 반환되어야 한다.

5. 국가의 부동산

적국에 속하며 점령지에 있는 공공건물, 부동산, 삼림 및 농장에 관하여 점령국은 그 관리자 및 용익권자에만 해당하는 것으로 간주된다. 점령국은 위의 재산의 기본을 보호하며 또한 용익권의 법칙에 따라 이를 관리하여야 한다(헤이그규칙 제55조).

6. 군사적으로 직접 사용이 가능한 국가의 부동산

군사적으로 직접 사용이 가능한 국가의 부동산, 예를 들어 요새, 무기고, 군대숙소, 부두, 비행장, 철도, 다리 등은 전쟁이 종료될 때까지 점령자가 점유할 수 있고 군사작전상 필요하다고 간주되면 파괴하거나 훼손할 수 있다.

7. 국가 부동산의 처분에 대한 점령자의 권한

기본적으로 비군사적인 적국의 부동산, 예를 들어 공공건물과 사무실, 토지, 임야, 공원, 농장, 광산 등은 군사작전상 절대적으로 필요한 경우가 아니면 파괴하거나 훼손해서는 안 된다.[17] 점령자는 그러한 재산을 매각하거나 무제한으로 사용할 권리가 없다. 점령자는 재산의 관리자 또는 용익권자로서 그 재산의 가치를 심각하게 손상시키는 방식으로 그 권리를 행사할 수 없다. 그러나 점령자는 공적 토지나 재산을 임대할 수 있고, 농작물(crops)을 판매할 수 있으며, 목재를 벌목할 수 있고, 광산을 채굴할 수 있다.[18] 점령자와의 임대계약은 전쟁의 종료 이후까지 연장될 수 없다.

8. 국가의 동산

점령군은 국가의 소유에 속하는 현금, 기금 및 유가증권, 저장무기, 수송재료, 재고품 및 양식, 기타 모든 작전에 제공될 수 있는 국유동산 이외는 이를 압수할

---

17) 제4협약 제53조.
18) 미국육군교범, p. 151.

수 없다.

해전법규가 적용되는 경우를 제외하고, 육상, 해상 및 공중에 있어서 뉴스의 전송 또는 사람이나 물건의 수송에 제공되는 일체의 기계, 모든 저장된 무기, 기타 모든 군수품은 사인에 속하는 것일지라도 이를 압수할 수 있다. 단, 평화회복에 이르러 이를 반환하며 또한 이의 보상을 결정하여야 한다(헤이그규칙 제53조).

국가에 속하는 동산으로서 군사적으로 직접 사용이 가능한 모든 동산은 점령국이 그 이익을 위해 점유하고 사용할 수 있다.[19] 현대전에서 국가의 재산 중 많은 부분이 군사적 목적으로 사용될 수 있다고 간주될 수 있다. 그러나 군사적 목적으로 사용되지 않는 동산은 존중되어야 하고 몰수하여서는 안 된다.

9. 종교적 재산, 문화적 재산 또는 자선활동을 위한 재산

시, 군, 구, 동, 읍, 면의 재산, 그리고 국가에 소속하는 것일지라도 종교, 자선, 교육, 예술 및 학술의 용도에 제공되는 건설물은 사유재산과 마찬가지로 이를 취급하여야 한다.

위와 같은 건설물, 역사적인 기념건조물, 예술 및 학술의 제 작품을 고의로 압수, 파괴 또는 훼손하는 것은 일체 금지되며 또한 소추의 대상이 되어야 한다(헤이그규칙 제56조).

위의 조항에 해당하는 재산들은 군대나 상병자의 숙소로 사용하거나, 보급물자의 저장, 차량의 보관 등을 위해 징발할 수 있다. 그러나 그러한 재산을 불필요하게 훼손하여서는 안 되며, 폭격의 대상이 되는 요새화된 지역에 있는 재산이라도 동일한 보호를 받는다.

10. 사적 재산

사적 재산(private property)은 몰수할 수 없다(헤이그규칙 제46조 2문). 이 조항의 금지대상은 전쟁법에 위반하여 직접적으로 소유권을 빼앗는 것뿐만 아니라 협박이나 위협, 압력 등을 통해 소유자의 동의 없이 또는 국제법상의 근거 없이 그 재산의 사용을 박탈하는 것도 포함된다.[20]

적의 사유부동산은 어떠한 경우에도 몰수되지 않는다. 다만 그 부동산은 징

---

19) 미국육군교범, p. 151.
20) 미국육군교범, p. 152.

발(requisition)될 수 있다. 적의 동산 중에 직접 군사적으로 사용이 가능한 것은 헤이그규칙 제53조에 따라 몰수될 수 있다. 만일 사적 재산이 몰수되는 경우에는 그 소유자에게 영수증을 주거나 또는 그 재산의 성격과 수량, 그 소유자 또는 점유자에 대한 기록을 만들어야 한다. 이를 이용하여 전쟁이 종료된 후 재산의 반환이나 보상을 실시할 수 있다.

군사적으로 직접 사용이 가능한 동산으로서 몰수의 대상이 될 수 있는 것에는 전선, 전화, 전보시설, 라디오, TV, 통신장비, 자동차, 철도, 철도시설, 항구시설, 항구의 선박, 비행기, 무기, 전쟁관련 문서, 모든 종류의 군사장비, 그리고 전쟁물자 등이 포함된다.

위의 재산을 파괴하거나 훼손하는 것은 군사작전상 절대적으로 필요한 경우에만 정당화된다.[21]

11. 해저전선

점령지와 중립지를 연결하는 해저전선은 절대적인 필요가 있을 경우가 아니면 이를 압수하거나 파괴할 수 없다. 이 전선은 평화가 회복되면 이를 반환하며 또한 배상을 결정하여야 한다(헤이그규칙 제54조).

12. 징발(Requisition)

현품징발 및 용역의 징발은 점령군의 수요를 위한 것이 아니면 시, 군, 구, 동, 읍, 또는 주민에 대하여 이를 요구할 수 없다. 현품징발 및 용역의 징발은 지방의 자력에 상응하여 또는 인민으로 하여금 그 본국에 대한 작전에 가담케 하는 의무를 부과하지 않는 성질의 것이어야 한다.

현품징발 및 용역의 징발은 점령지역의 지휘관의 허가를 받지 않고는 요구할 수 없다.

현품의 공급에 대하여는 가능한 한 현금으로 지불하며 그렇지 않을 경우, 영수증으로써 이를 증명하여야 하고 또한 가급적 신속히 이에 대한 금액의 지불을 이행하여야 한다(헤이그규칙 제52조).

이 조항에 의하면 군대의 유지를 위해 필요한 사실상 모든 것이 징발의 대상

---

21) 제4협약 제53조.

이 된다. 예를 들어 연료, 식량, 의복, 건축자재, 차량, 가구 등이 주요 대상이 될 것이다. 점령지역에서 군대의 숙소를 제공하라는 명령을 부과하는 것도 가능하다. 전시징발은 "전쟁이 전쟁을 지원하여야 한다."라는 원칙에서 나타난 제도이다.[22] 이 원칙은 모든 교전자는 가능한 한 그의 적이 전쟁의 수행비용을 지불하게 하여야 한다는 의미이다.[23]

13. 식량과 의료품의 징발

점령국은 점령군 및 행정요원들의 사용에 충당할 경우와 그리고 민간인 주민들의 수요를 고려한 경우를 제외하고는 점령지역 내에 있는 식량, 물품 또는 의료품을 징발하여서는 안 된다. 점령국은 다른 국제조약들의 조항들을 따를 것을 조건으로, 징발한 물품에 대한 공정한 대가의 지불을 확보키 위하여 필요한 조치를 취하여야 한다(제4협약 제55조 2문).

한편, 병원의 징발에 대해서는 제4협약 제57조가 규정하고 있음을 이미 살펴본 바 있다.

14. 징발방법

징발은 그 지역의 사령관의 허가에 의하여 이루어져야 한다. 징발을 위한 특정된 방식이 있는 것은 아니지만, 가능한 한 그 지역당국이 체계적으로 물건을 수집하는 방식으로 이루어져야 한다. 만일 지역당국이 그러한 일을 할 수 없을 때에는 점령군의 파견대가 직접 징발을 수행할 수도 있다.

징발되는 물건과 용역에 대한 가격은 가능한 경우 합의에 의해 정해지나, 그렇지 않을 경우에는 군사당국이 정한다. 또한 그 영수증을 발급하여야 하고 보상은 신속히 이루어져야 한다.

징발을 위해 강제적인 조치를 취하는 것은 징발하는 물건을 확보하기 위해 필요한 정도와 방법으로만 취하여져야 한다.

---

22) L. Oppenheim, *International Law,* Vol. II(7th ed., 1952) p. 408.
23) Id.

제6절 주민과 행정관리의 용역

1. 보호받는 사람의 노동

점령국은 피보호자들에게 대하여 자국의 군대 또는 보조부대에 복무할 것을 강요하여서는 안 된다. 자발적 지원을 시키는 것을 목적으로 하는 압력 또는 선전은 금지된다.

점령국은 피보호자들이 18세를 초과하고 또 다만 점령군의 수요, 공공역무사업 또는 피점령국 주민의 음식, 의복, 주거, 교통 또는 건강 때문에 필요한 노동을 위하여서가 아니면 피보호자들에게 노동을 강요할 수 없다. 피보호자들은 군사작전에 참가 의무를 부과받게 되는 노동에 종사하는 것을 강요받지 않는다. 점령국은 피보호자들에 대하여 그들이 강제노동을 하고 있는 시설의 안전을 확보하도록 무력을 사용하는 것을 강요하여서는 안 된다.

노동은 용역을 징발당한 자들이 체류하는 점령지역 내에서만 행하여져야 한다. 그러한 자들은 가능한 한 종전의 근무장소에서 일을 계속하도록 하여야 한다. 노동자들에게 대하여서는 공정한 임금을 지불하여야 하며, 노동은 노동자들의 육체적, 지적 능력에 부합하는 것이어야 한다. 피점령국 내에서 시행되고 있는 것으로 노동조건 및 보호에 관한 법령, 특히 임금, 노동시간, 설비, 예비적 작업훈련 그리고 업무상의 재해 및 질병에 대한 보상에 관한 법령은 본 조에서 말하는 노동에 종사하는 피보호자들에게 적용된다.

노무의 징발은 여하한 경우에라도 군사적 또는 준군사적 성격을 가진 조직 내에 노동자들을 동원하는 것이 되어서는 안 된다(제4협약 제51조).

2. 징발가능한 용역

징발을 통해 주민들로부터 얻을 수 있는 용역은 의사, 간호사, 엔지니어 등과 같은 전문직 종사자의 용역, 목수, 점원, 요리사, 운전사 등과 같은 기술직 종사자의 용역 등이 포함된다. 철도, 트럭, 항공기, 운하, 선박, 정보통신, 가스, 전기, 수도, 청소 등의 역무에 종사하는 사람들도 그들의 직무를 계속 수행하도록 징발할 수 있으나, 이들의 직무가 그들의 본국에 대한 군사작전과 직접 관련되지 않아야 한다. 점령자는 또한 도로, 다리, 철도의 복구를 위해 용역을 징발할 수 있고 상병자의 간호와 사망자의 매장을 위해 용역을 징발할 수 있다.

3. 금지된 노동

점령지의 거주자에게 그 본국에 대한 군사작전에 참여하는 것을 강제하지 못하도록 하고 있기 때문에, 요새, 참호 및 군비행장 건설, 또는 보급품과 탄약을 작전구역으로 수송하는 일 등 전쟁의 목적에 직접적으로 기여하는 노동을 위해 용역의 징발을 강제해서는 안 된다. 그러나 그러한 일에 임금을 받기 위해 자발적으로 고용되는 것을 금지하는 규정은 없다.

4. 노동자의 보호

여하한 계약, 협정 또는 규칙이라도 노동자의 자진 여부 및 그의 체류장소 여하를 불문하고 이익보호국의 개입을 요청하기 위하여 동 국 대표들에게 청원하는 노동자의 권리를 침해하여서는 안 된다.

노동자들로 하여금 점령국을 위해 일하도록 유도하기 위하여 점령지역 내에서 실업을 발생시키거나 또는 노동자에게 부여되는 기회를 제한하는 모든 조치는 금지된다(제4협약 제52조).

5. 법관과 공무원

점령국은 점령지역 내에 있는 공무원 또는 법관들이 양심상의 이유로 자기의 직무수행을 기피할 경우에도, 그 공무원 또는 법관의 신분을 변경시키거나 또는 어떠한 방법으로 그들에게 제재를 가하거나 또는 강제적 또는 차별적 조치를 취하여서는 아니 된다.

이와 같은 금지는 제4협약 제51조 2항의 적용을 방해하지 않는다. 동 금지는 공무원들을 그들의 직책으로부터 해임시키는 점령국의 권리에 대하여 영향을 미치지 않는다(제4협약 제54조).

제4협약 제51조 2항은 점령국의 피보호자들이 18세를 초과하고 또 다만 점령군의 수요, 공공역무사업 또는 피점령국 주민의 음식, 의복, 주거, 교통 또는 건강 때문에 필요한 노동을 위하여서는 피보호자들에게 노동을 강요할 수 있음을 규정하고 있다. 따라서 공무원 등이 양심상의 이유로 사임하고자 하여도 점령자가 그들의 용역을 징발하면 그들은 사임을 할 수 없고 근무를 하여야 한다. 특히 공공역무사업(public utility services)과 관련하여, 수도, 가스, 전기 등 공공역무사업에 종사하는 공무원들은 이 규정의 적용을 받을 가능성이 높다.[24]

제4협약 제54조의 마지막 문장은 점령자가 점령기간 동안 공무원을 해임시킬 수 있는 권리를 확인하고 있는 것이다.

6. 관리의 선서

점령자는 그 직무를 계속 수행하도록 한 관리들에게 그들의 직무를 양심적으로 수행할 것과 점령자에게 피해가 되는 행위를 하지 않을 것을 선서하도록 요구할 수 있다. 그러한 선서를 하기를 거부한 관리들은 해임할 수 있다. 그러나 그러한 관리가 선서를 하든 하지 않든, 그는 그가 관리로서 직위에 있는 동안에는 점령자에 대해 복종의무를 진다.

7. 관리들의 봉급

점령지에서 남아 계속 직무를 수행하는 적국 정부의 민간인 관리들의 봉급은 점령지의 공적 수익에서 지급하여야 한다. 특히, 전쟁상황에서도 적절히 기능을 수행할 수 있는 법관, 행정관리, 경찰관, 시, 군, 구의 직원 등에 대해서 봉급을 지급하여야 한다. 그러나 군사정부가 그들의 용역을 필요로 하지 않을 때에는 더 이상 봉급을 지급하지 않아도 된다. 순전히 명예직과 관련된 봉급이나 수입은 항상 정지된다.

제7절 공공재정

1. 세   금

점령자가 점령지역에 있어서 국가를 위하여 정한 조세, 부과금 및 통과세를 징수할 때에는 가능한 한 현행의 부과규칙에 의하여 이를 징수하여야 한다. 이 경우에 있어서 점령자는 국가의 정부가 지출하여야 하는 정도와 같은 정도로 점령

---

24) 제4협약 해설서, p. 306.

지에서의 행정비용을 지출할 의무가 있다(헤이그규칙 제48조).

그러한 세금은 우선적으로 점령지역의 행정을 위한 비용을 위해 집행되어야 한다. 그 잉여금은 점령자의 목적을 위해 사용할 수 있다.

지역관리들의 도주나 불복종으로 현행의 부과규칙을 따르기가 곤란한 경우에는, 점령자가 시, 군, 구별로 납부해야 할 세금의 총액을 정하여 지역관리들에게 징수를 요구할 수 있다. 또한 공공질서와 안전을 고려할 때 필요한 경우가 아니면 새로운 세금을 점령자가 신설할 수 없다.

한편, 헤이그규칙 제48조의 "국가를 위하여 정한 조세"라고 하는 표현은 지방당국이 부과하는 지방세 등을 제외시키기 위한 것이다.[25] 점령자는 지방세 등의 지출을 감독할 수 있고, 그 지출이 적대적인 목적으로 사용되는 것을 방지할 수 있다.

2. 점령지 주민에게 부과하는 군세(Contribution)

점령자가 점령지에 있어서 전기에 언급한 세금 이외의 군세를 부과하는 경우, 이는 군 또는 당해 점령지역의 행정상의 필요에 응하기 위하여 하는 경우로 제한된다(헤이그규칙 제49조).

군세는 점령자의 축재나, 전반적인 전쟁비용의 지급, 또는 점령군이나 점령지의 행정비용을 위한 필요 이외의 다른 필요를 위해 부과해서는 안 된다.

3. 군세부과의 방법

군세는 총지휘관의 서면명령에 의하여 또한 그 책임으로써 하지 않는 한 이를 징수할 수 없다.

군세는 되도록 현행의 조세부과규칙에 의하여 이를 징수하여야 한다.

모든 군세에 대하여 납부자에게 영수증을 교부하여야 한다(헤이그규칙 제51조).

4. 통화와 외환규제

점령국은 점령지역에서 기존의 그 지역 통화가 유통되도록 둘 수 있다. 또한, 필요하다면 새로운 통화를 도입하거나 점령지역에서만 사용되는 특별한 통화를

---

25) 미국육군교범, p. 157.

발행할 수도 있다. 점령국은 점령지의 금융자산을 지키기 위해 외환규제를 도입할 수 있다. 그러나 그러한 조치는 점령자의 재산을 늘리거나 또는 징발, 군세, 포획 등에 부과되는 제한을 회피하기 위한 목적으로 사용되어서는 안 된다.

고의적인 환율의 평가절하와 인플레이션을 방지하기 위한 합리적인 조치를 취하지 않는 것은 국제법의 위반이다.[26]

5. 지역의 유익을 위한 재산의 수용(Expropriation)

헤이그규칙 제43조에서 요구하는 바와 같이 공공질서와 안전을 유지하기 위하여, 점령자는 지역주민의 유익을 위한 목적을 위하여서만 공적 또는 사적 재산을 수용할 수 있다. 점령자는 절대적으로 불가능하지 않는 한, 수용을 함에 있어서 점령된 지역의 현행 법령을 존중하여야 한다.

제8절   점령자의 안전 : 형법과 형사소송절차

1. 복종의 집행

국제법에 의해 부과된 제한에 따를 것을 조건으로, 점령자는 그 군대의 안전, 법과 질서의 유지, 그 국가의 적절한 행정을 위해 필요한 복종을 점령지역 주민들에게 요구하고 집행할 수 있다. 점령지역의 주민들은 그들의 일상의 평화적인 직업에 종사하고, 평화적인 방법으로 행동하며, 어떠한 적대행위에도 가담하지 않고, 점령군이나 그 군사작전에 대해 모든 해로운 행위를 삼가며, 점령자의 명령에 엄격히 복종해야 하는 의무가 있다.[27] 점령지에 있는 중립국의 사람들도 원칙적으로 다른 주민들과 동일한 의무를 부담한다.

2. 안전조치

점령국은 안전보장상의 절대적 이유로 피보호자들에 관한 안전조치를 취할 필요가 있다고 인정할 경우에라도 주거지정 또는 억류 이상의 조치를 취할 수 없다.

그러한 주거지정 또는 억류에 관한 결정은 점령국이 제4협약규정에 따라 정

---

26) 미국육군교범, p. 158.
27) Id.

하는 정식절차에 따라서 행하여야 한다. 이 절차는 관계당사자의 항소권을 포함하여야 한다. 항소에 대하여는 가능한 한 신속히 결정이 있어야 한다. 주거지정 또는 억류의 결정이 유지되었을 경우에는 동 결정은 점령국이 설치한 권한 있는 기관에 의하여 필요하다면 매 6개월마다 정기적 재검토를 받아야 한다.

주거지정의 처분을 받고 자기 집을 떠날 것을 요구받은 피보호자들은 제4협약 제39조의 완전한 혜택을 향유한다(제4협약 제78조).

3. 형법의 공포(Publication)

점령국이 제정한 형벌규정은 주민들이 사용하는 언어로 공포하고 또 주민들에게 주지시킨 후에 발효한다. 이 형법규정의 효력은 소급되지 않는다(제4협약 제65조).

위의 형법규정은 서면형식으로 공포되어야 한다. 라디오나 확성기를 통해 알리는 것으로는 불충분하다.

4. 권한 있는 법원

제4협약 제64조 2항에 의거하여 점령국이 공포한 형벌규정에 위반하는 행위가 있을 경우에는 점령국은 정당히 구성되고 비정치적인 점령국의 군사재판에 피의자들을 인도할 수 있다. 단 동 군사법원은 점령된 국가 내에서 개정되어야 한다. 항소법원은 될 수 있는 대로 점령된 국가 내에서 개정되어야 한다(제4협약 제66조).

5. 적용법규

법원은 범죄행위 전에 시행되어 있고, 또 법의 일반원칙, 특히 형벌은 범죄행위에 상응하는 것이어야 한다는 원칙에 합치되는 법률의 규정만을 적용하여야 한다. 법원은 피고인이 점령국 국민이 아니라는 사실을 고려하여야 한다(제4협약 제67조).

점령당국의 군사법원들은 일반적으로 승인된 정식의 사법절차 원칙을 존중하여 재판하여야 한다.[28]

6. 형   벌

점령국을 해할 의사만을 가지고 행한 범죄행위로서 점령군 또는 점령행정

---

28) 제1추가의정서 제75조.

기관 구성원들의 생명 또는 신체에 위해를 가하지 않고, 중대한 집단적 위험을 발생시키지 않으며, 또 점령군 또는 점령행정기관의 재산이나 그들이 사용하는 시설에 대하여 중대한 손해를 주지 않은 범죄를 행한 피보호자들은 억류 또는 단순한 구금형에 처한다. 단, 그 억류 또는 구금기간은 범죄행위에 상응하는 것이어야 한다. 뿐만 아니라 억류 또는 구금은 그러한 범죄행위에 관하여 피보호자들로부터 자유를 박탈하기 위하여 취하여지는 유일한 조치로 되어야 한다. 제4협약 제66조에 규정된 법원은 자유재량에 의하여 구금형을 동일한 기간의 억류형으로 변경할 수 있다.

제4협약 제64조 및 제65조에 따라 점령국이 공포하는 형벌규정은 피보호자들이 간첩(espionage)으로서 범한 행위, 점령군의 군사시설에 대하여 행한 중대한 태업(sabotage), 또는 일인 또는 그 이상의 사람들을 사망에 이르게 한 고의적인 범죄행위 때문에 유죄가 된 경우에만 그 피보호자들에게 대하여 사형을 부과할 수 있다. 단, 점령개시 전에 시행되던 점령지역의 법령에 의하여 그러한 범죄행위에 사형을 과할 수 있는 경우에 한한다.

사형은 법원이 피고인이 점령국의 국민이 아니고 동 국에 대하여 충성 의무를 가지고 있지 않다는 사실을 특별히 유의한 후가 아니면 피보호자들에게 언도되어서는 안 된다.

사형은 여하한 경우에라도 범죄행위시에 18세 미만인 피보호자들에게 언도되어서는 아니 된다(제4협약 제68조).

우리나라는 제4협약 제68조 2항에 대해 다음과 같은 유보를 하였다. "대한민국은 제68조 2항에서 말하는 범죄행위가 점령개시시의 피점령지역의 법령에 의하여 사형을 과할 수 있는 여부를 불문하고, 동항의 규정에 따라 사형을 과할 권리를 유보한다." 미국도 이와 유사한 유보를 한 바 있다.[29]

위의 조항은 벌금과 같은 재산형의 부과를 금지하지 않는다. 점령국이 공포한 법령에는 위반되나 점령국에 해를 주려는 의도로만 범하여졌다고 볼 수 없는 행위, 예를 들어 허가 없이 여행하는 것, 외환통제규정을 위반한 것 등도 억류나 구금 또는 기타 자유 박탈형의 처벌을 받을 수 있다.

충돌당사국은 가능한 최대 한도로 임산부 또는 영아의 모에 대하여 무력충돌

---

29) 미국육군교범, p. 160.

에 관련된 범행을 이유로 하는 사형언도를 피하도록 노력하고, 그러한 범행을 이유로 한 사형은 이러한 부녀자에게 집행하여서는 안 된다.[30] 또한 무력충돌에 관련된 범행을 이유로 하는 사형은, 범행 당시에 18세 미만인 자에 대하여 집행되어서는 안 된다.[31]

7. 체포기간의 형기산입

모든 경우에 있어서, 범죄행위로 기소된 피보호자가 재판이 있을 때까지 구속된 기간은 그에게 언도되는 구금형의 기간에 통산되어야 한다(제4협약 제69조).

8. 점령 이전에 범한 범죄

피보호자들은 전쟁법규 및 동 관습에 위반한 경우를 제외하고는 점령 이전이나 또는 점령이 일시적으로 중단된 동안에 범한 행위 또는 표명한 의견 때문에 점령국에 의하여 체포 또는 기소되거나 유죄로 되어서는 안 된다.

적대행위의 개시 전에 피점령국의 영역 내에 망명한 점령국의 국민은, 적대행위의 개시 후에 행한 범죄행위로 인하거나 또는 적대행위의 개시 전에 행한 공통법상의 범죄행위로서 피점령국의 법령에 의해 평화시에도 범죄인 인도가 행하여지게 될 범죄행위로 인한 경우를 제외하고는, 체포되거나 기소되거나 유죄로 되거나 또는 점령지역으로부터 추방되어서는 안 된다(제4협약 제70조).

9. 형사소송절차

점령국의 관할법원은 정식재판을 행한 후가 아니면 판결을 언도하여서는 안 된다.

점령국에 의하여 기소된 피고인은 자기에게 대한 공소사실의 상세한 내용을 그가 이해하는 언어로 신속히 서면통고받고, 또 가능한 한 신속히 재판에 회부되어야 한다. 이익보호국은 사형 또는 2년 이상의 구금형에 해당하는 공소사실에 관하여 점령국이 피보호자들을 상대로 개시한 모든 사법절차를 통고받아야 한다. 이익보호국은 또한 언제라도 그러한 사법절차의 상황에 관한 정보를 입수할 수 있어야 한다. 뿐만 아니라 이익보호국은 그 요청에 따라 전기의 사법절차 및 피보호자들을 상대로 점령국이 개시한 기타 모든 사법절차의 상세한 내용을 통고받을

---

30) 제1추가의정서 제76조 3항.
31) 제1추가의정서 제77조 5항.

권리를 가진다.

전기에 규정된 바, 이익보호국에 대한 통고서는 즉시로 송부되어야 하며, 또 여하한 경우에라도 제1회 공판기일의 3주일 전에는 도착되어야 한다. 재판 개정시에 제4협약 제71조의 규정이 완전히 준수되고 있다는 증거가 제출되지 않는 한 재판이 개시되어서는 안 된다. 통고서에는 다음 사항들을 기재하여야 한다.

가. 피고인의 신원
나. 거주 또는 억류의 장소
다. 공소사실의 명세(소추의 근거가 되는 형벌규정의 기재를 포함)
라. 사건을 심리하는 법원
마. 제1회 공판의 장소 및 기일
(제4협약 제71조)

10. 변호권

피고인은 자기방어를 위하여 필요한 증거를 제출할 권리를 가지고 특히 증인소환을 요구할 수 있다. 피고인은 자기가 선임한 자격 있는 변호인의 원조를 받을 권리를 가지며 그 변호인은 자유로이 피고인을 방문할 수 있고 또 변호준비를 위하여 필요한 제 편의를 향유하여야 한다.

피고인이 변호인을 선임치 못하였을 경우에는, 이익보호국은 피고인에게 변호인을 제공할 수 있다. 피고인이 중대한 범죄로 소추되고 있고, 또 이익보호국이 활동하고 있지 않을 때에는 점령국은 피고인의 동의를 얻어 변호인을 제공하여야 한다.

피고인은 통역관의 원조를 받을 권리를 자기의사로 포기하지 않는 한 예비적 심문 중 및 재판 중에 있어서 통역관의 원조를 받아야 한다. 피고인은 하시라도 통역관을 거부하고 또 그의 교체를 요구할 권리를 가진다(제4협약 제69조).

11. 항소권

유죄판결을 받은 자는 법원이 적용하는 법령에서 규정하는 상소의 권리를 가진다. 그에게 대하여는 상소 또는 청원의 권리 및 이것을 행사할 수 있는 기간에 관하여 완전히 통고하여야 한다.

제4협약에서 규정되는 형사절차는 그것이 적용가능한 한 상소가 있을 경우 이에 준용하여야 한다. 법원이 적용하는 법령이 상소에 관하여 규정하고 있지 않을 경우에는 유죄판결을 받은 자는 사실인정 및 판결에 대하여 점령국의 권한 있는 당국에 청원할 권리를 가진다(제4협약 제73조).

12. 이익보호국의 지원

이익보호국 대표는 그 재판이 예외적으로 점령국의 안전을 위하여 비공개적으로 진행되지 않는 한 모든 피보호자의 재판에 입회할 권리를 가진다. 재판이 비공개적으로 개정될 경우에는 점령국은 그것을 이익보호국에 통고하여야 한다. 이익보호국에는 재판의 기일 및 장소에 대한 통고서를 송부하여야 한다.

사형 또는 2년 이상의 구금형이 언도된 모든 판결은 이유를 첨부하여 가능한 한 신속히 이익보호국에 통고되어야 한다. 그 통고서에는 제4협약 제71조에 의거하여 행하여진 통고와의 관계, 그리고 구금형인 경우에는 형의 집행장소를 기재하여야 한다. 전술한 판결 이외의 판결기록은 법원이 보관하고 또 이익보호국 대표들의 열람에 제공하여야 한다. 사형 또는 2년 이상의 구금형이 언도된 판결의 경우에 있어서 허용되는 상소기간은 이익보호국이 판결통고서를 접수한 때로부터 가산된다(제4협약 제74조).

13. 사형판결

사형판결을 받은 자들은 여하한 경우에라도 특사 또는 사형의 집행정지를 청원할 권리를 박탈당하여서는 아니 된다.

여하한 사형판결이라도 사형을 확정하는 최후 판결이나 특사 또는 사형집행정지의 거부결정에 관한 통고서를 이익보호국이 접수한 일자로부터 최소한 6개월의 기간이 경과하기 전에 집행되어서는 안 된다.

점령국 또는 점령군의 안전에 대하여 조직적 위협이 될 중대하고 긴급한 사정이 있을 경우에는 전항에 규정된 6개월의 기간은 개개의 사건에 대하여 단축될 수 있다. 단, 이것은 항시 이익보호국이 동 기간 단축에 관한 통고를 받을 것과 또 사형판결에 관하여 권한 있는 점령당국에 의견을 제시할 충분한 시간 및 기회를 부여받을 것을 조건으로 한다(제4협약 제75조).

14. 구금자의 대우

범죄행위로 기소된 피보호자들은 피점령국 내에서 구금되어야 하며, 유죄판결을 받았을 경우에는 피점령국 내에서 복역하여야 한다. 그들은 가능한 한 다른 피구금자들로부터 분리되어야 하며, 또 양호한 건강을 유지하기에 충분하고 또 최소한 피점령국의 교도소에서 부여되는 것과 동일한 식량 및 위생조건을 향유하여야 한다.

그들은 그들의 건강상태가 필요로 하는 치료를 받아야 한다.

그들은 또한 그들이 요구하는 종교상의 원조를 받을 권리를 가진다.

부녀자들은 분리된 장소에 구금되어야 하며 또 여성의 직접 감시하에 두어야 한다.

미성년자들에게 대한 특별대우를 적당히 고려하여야 한다.

구금당하고 있는 피보호자들은 제4협약 제143조의 규정에 따라 이익보호국 및 국제적십자위원회 대표들의 방문을 받을 권리를 가진다.

그러한 자들은 매월 최소한 1개의 구호품 소포를 받을 권리를 가진다(제4협약 제76조).

15. 점령의 종료

점령지역 내의 법원에 의하여 범죄행위의 소추를 받았거나 또는 유죄판결을 받은 피보호자들은 점령이 종료될 때에 관계기록과 더불어 해방된 지역의 당국에 인도되어야 한다(제4협약 제77조).

16. 거주민의 개별적 행위에 대한 처벌

연대의 책임(jointly and severally responsible)이 있다고 인정할 수 없는 개인의 행위로 인하여 주민에게 금전적인 또는 기타의 전체적 처벌(general penalty)을 과할 수 없다(헤이그규칙 제50조).

제7장

해 전 법 규

제1절 총   론

1. 의의 및 용어정의

(1) 의   의

해전법규(naval warfare)는 해상에서의 무력충돌과 관련한 국제법규를 의미한
다. 해전법규는 육전법규나 공전법규와 다른 독특한 측면을 가지고 있다. 또한 해
전법규는 적을 군사적으로 굴복시키는 것만 규율하는 것이 아니라, 바다를 통제하
고 봉쇄하는 것과 관련된 사항을 규율하고 있다. 해전의 주요 목적 중의 하나가
바다를 통제하는 제해권의 장악에 있고, 이는 적의 경제력을 약화시키는 조치와도
관련이 있기 때문에, 해전법규는 중립국의 상선에 대한 조치를 포함하고 있다. 따
라서 해전법규는 중립법규와도 관련이 크다.

(2) 용어정의

"군함"(warship)은 일국의 군대에 속하는 선박으로, 당해국의 국적을 갖는 선
박임을 나타내는 외부표식을 게양하고, 당해국 정부에 의해 정식으로 임명되어 그
성명이 군무에 종사하는 자의 적당한 명부 또는 이에 상응하는 것에 기재되어 있
는 장교의 지휘하에 있고, 또한 정규군대의 규율에 복종하는 승무원이 배치되어
있는 선박을 말한다.[1] 군함은 무장을 반드시 해야 하는 것은 아니다. 잠수함도 군
함에 포함될 수 있다. 함정(ships)은 유인수상함(manned surface vessels)과 잠수함(sub-
marine vessels)를 의미한다.[2]

"상선"(merchant vessel)은 군함, 보조선박, 세관용 및 경찰용 선박과 같은 국가
선박 이외의 선박으로 상업적 또는 사적 업무에 종사하고 있는 선박을 말한다.[3]
상선이 군함의 요건을 충족하지 않는 한, 무장을 하고 있다는 사실만으로 군함이
되지는 않는다. 상선이 군함으로 변경되는 것은 1907년 "상선을 군함으로 변경하
는 일에 관한 조약"(Hague Convention relative to the Status of Enemy Merchant Ship into
Warships, 헤이그 제7협약)의 규율을 받는다. 이 협약에 의하면, 상선의 지휘관이 장

---

1) 산레모 매뉴얼 제13항(g).
2) Dieter Fleck, *The Handbook of International Humanitarian Law*, p. 476(2nd ed. 2008).
3) 산레모 매뉴얼 제13항(i).

교가 되어야 하고, 승무원도 정규군대의 규율을 받는 등 군함의 요건을 갖추어야 한다.[4]

"보조선박"(auxiliary vessel)은 군함 이외의 선박으로, 일국의 군대가 소유하여 그 배타적 감독하에 있는 정부의 비상업용 업무에 사용될 수 있는 선박을 말한다.[5]

군용기(military aircraft)는 일국 군대의 지정부대에 의해서 운용되는 항공기로서 당해국의 군용표식을 하고 군대 구성원에 의해 지휘되며 정규군대의 규율에 복종하는 승무원이 배치되어 있는 항공기를 말한다.[6] 민간기(civilian aircraft)는 군용기, 세관용 및 경찰용 항공기와 같은 국가 소유 이외의 상업적 또는 사적 업무에 종사하고 있는 항공기를 말한다.[7]

2. 해전법규의 적용범위(해전구역)

해전법규의 적용범위는 해전구역(areas of naval warfare)이라고 할 수 있는데, 이 해전구역에서 충돌당사국은 해전행위를 할 수 있다. 해군은 다음 구역의 수중, 수상 및 상공에서 적대행위를 할 수 있다: (a) 교전국의 영해 및 내수, 영토, 배타적 경제수역, 대륙붕, 군도수역; (b) 공해; (c) 중립국의 배타적 경제수역 및 대륙붕(다만 연안국의 권리와 의무에 대한 타당한 고려 등을 조건으로 함).[8]

3. 적대행위

해전에서의 적대행위(hostile actions)는 다음을 포함한다: (1) 수역, 영토 또는 그 상공에 위치하는 자 또는 목표물에 대한 공격(attack) 또는 나포(capture); (2) 기뢰 부설; (3) 임검(visit), 수색(search), 항로변경(diversion); (4) 화물몰수; (5) 봉쇄.[9]

적대행위는 군함과 다른 해군의 부대, 군용항공기 그리고 육군부대와 공군이 할 수 있고, 상선이나 어선, 군함이 아닌 국가선박, 민간항공기, 나포된 선박의 승무원 등은 적대행위를 할 권한이 없다.[10] 그러나 모든 선박과 항공기의 승무원은

---

4) 헤이그 제7협약 제3조와 제4조.
5) 산레모 매뉴얼 제13항(h).
6) 산레모 매뉴얼 제13항(j).
7) 산레모 매뉴얼 제13항(l).
8) 산레모 매뉴얼 제10항.
9) 산레모 매뉴얼 제16항, Dieter Fleck, *supra note 2*, p. 487-488.
10) Dieter Fleck, *supra note 2*, p. 489.

적군의 공격으로부터 스스로를 보호할 수 있는 정당방위권이 있다.

해전에 있어서도 다음과 같은 원칙이 준수되어야 한다: (1) 충돌당사자가 전투수단을 채택할 수 있는 권리는 무제한적인 것이 아니다; (2) 민간주민이나 민간인 개인은 공격의 대상이 될 수 없다; (3) 충돌당사자는 항상 전투원과 민간인을 구별하여야 한다; (4) 공격은 군사목표물에 엄격히 한정되어야 하며, 군사목표물의 정의는 해전에서도 정의된다; (5) 해상 또는 공중에서의 전투행위를 계획하고 결정할 때 민간인의 인명이나 민간재산의 피해를 회피하기 위한 적절한 예방조치를 취하여야 한다; (6) 항복하는 선박이나 항공기는 더 이상 공격해서는 안 된다; (7) 각 전투가 종료된 후, 충돌당사자는 지체 없이 난선자, 상병자를 수색하고 구조하여 필요한 치료를 받도록 하고, 사망자를 수색하여야 한다.11)

4. 배신행위

배신행위(perfidy)는 해전에서도 금지된다. 특히 적십자 표장을 오용하거나 다른 방식으로 선박을 병원선으로 위장하는 것은 금지된다.12) 또한 적십자 표장과 대등한 지위를 가진 다른 식별표장, 휴전기를 남용하는 것도 금지된다. 조난신호나 승무원이 구명정을 타는 모습 등으로 항복하거나 조난을 당한 것처럼 위장하는 것도 금지된다.13)

그러나 해전에서 위계(ruses of war)의 사용은 허용된다. 육전법규나 공전법규와 달리, 해전법규는 허위의 깃발이나 군사표장을 사용하는 것을 허용하고 있다.14) 그러나 이러한 경우에도 발포 전에 진정한 깃발을 게시하여야 한다. 유명한 사례는 독일의 순양함 엠덴(Emden) 호의 사례이다. 1914년 엠덴 호는 일본의 깃발을 게양하고 페낭(Penang) 항에 입항하였다. 그 후 러시아의 순양함 쉠츠그(Shemtshug)를 공격하기 전에 독일 해군기를 게양하였다. 이러한 행위는 해전법규에서는 합법적인 위계로 인정되어 왔다.

---

11) Dieter Fleck, *supra note 2*, pp. 490-491.
12) 제2협약 제45조; 제1추가의정서 제37조.
13) Dieter Fleck, *supra note 2*, p. 496.
14) 제1추가의정서 제39조 3항.

제2절 해전에서의 군사목표물과 보호대상

1. 적 군함과 군용항공기

해전법규에 의하면 적의 군함이나 군용항공기는 경고 없이 공격하거나, 침몰시키거나, 나포할 수 있다. 그러한 선박이나 항공기, 그 안의 화물은 전리품(war booty)으로서 나포국의 소유가 되며, 포획법(prize law)의 적용대상이 아니다. 포획법은 적의 상선과 그 화물을 적용대상으로 한다. 적의 수중에 들어간 승무원은 포로가 된다.

2. 적 상선과 그 화물, 승객과 승무원

(1) 적의 상선(Enemy Merchant Ship)

적의 상선인지 여부는 그 선박이 게양할 수 있는 권한이 있는 국기에 의해 결정된다.[15] 적국의 국기를 게양하고 있는 것은 그 상선이 적국의 상선이라는 충분한 증거로 간주되어 왔다.

육전과 달리 적의 사유재산이라도 해전에서는 나포와 몰수의 대상이 된다.[16] 그러나 소유권의 이전은 그 선박의 지휘권을 포획자가 획득한 시점에 자동적으로 이루어지는 것이 아니라, 권한 있는 포획재판소가 포획법에 따라 몰수 결정을 내렸을 때에 이루어진다.[17] 적의 상선은 그 선박을 항구로 이동시킬 수 없을 때, 그리고 그 승객과 승무원, 선박의 서류 등을 안전한 곳으로 이동시킨 후가 아니면 파괴할 수 없다.[18]

(2) 적 상선의 화물

상선의 화물이 적성(enemy character)을 가지는지 중립성(neural character)을 가지는지를 결정하는 것은 그 화물 소유자의 국적(nationality)이며, 무국적자인 경우에는 그 거주지(residence)가 결정기준이 된다.[19] 즉, 적국민이 소유자인 화물은 적

---

15) 1909년 런던선언 제57조.
16) Dieter Fleck, *supra note 2*, p. 500.
17) Dieter Fleck, *supra note 2*, p. 501.
18) 1936년 런던의정서 제2조.
19) 1909년 런던선언 제57조.

성을 가진 화물로서 몰수의 대상이 된다. 그러나 중립국 국민의 소유인 화물은 중립성을 가진 화물로서 몰수의 대상이 아니다.

법인이나 회사가 화물의 소유자일 때는 그 등록된 사무소(registered office)가 기준이 된다. 그리고 화물의 적성을 결정할 수 없을 때에는 적의 상선에 실려 있던 화물은 적성 화물로서 추정된다.[20]

적선에 있는 적성 화물은 그 화물이 금제품(contraband)이든 국유재산이든 사유재산이든 모두 몰수할 수 있다. 그러나 적선에 있는 중립성의 화물은 몰수의 대상이 아니다. 다만, 그 화물이 금제품이거나, 그 선박이 봉쇄를 위반했거나, 그 선박이 적 군함의 호송을 받거나 기타 군사목표물이 될 수 있는 행동을 하였을 경우에는 그 선박에 있는 중립성의 화물도 몰수할 수 있다.[21]

다음과 같은 화물은 몰수를 해서는 안 된다 : 1) 나포된 승객이나 승무원의 개인적 사용을 위한 물품; 2) 상병자의 치료나 질병예방, 종교적 목적만을 위한 물품;[22] 3) 구호단체에 속한 물품; 4) 문화재; 5) 국가포로정보국[23]과 중앙포로정보국의 우편 서한;[24] 6) 민간주민을 위한 구호물품(relief shipment).[25]

(3) 적 상선의 승객과 승무원

적 상선의 승무원은 그들이 적국민일 때에는 포로가 된다.[26] 그러나 승무원들이 적대행위가 지속되는 동안 무력충돌과 관련된 어떠한 일도 하지 않겠다고 서면으로 약속하면 포로가 되지 않는다.[27] 승무원들이 중립국 국민인 경우에 그들은 포로가 되지 않고 석방되어야 한다.[28] 하지만 이러한 규칙은 당해 상선이 적대행위에 가담하는 등 군사목표물이 되었을 때에는 적용되지 않는다. 즉, 이러한 때의 상선 승무원은 석방되지 않는다.

적상선의 승객은 원칙적으로 석방되어야 한다.[29] 승객이 적대행위에 가담하

---

20) 1909년 런던선언 제59조.
21) Dieter Fleck, *supra note 2*, p. 506.
22) 제1협약 제35조; 제2협약 제38조.
23) 제3협약 제122조.
24) 제3협약 제123조.
25) 제4협약 제59조; 제1추가의정서 제70조.
26) 제3협약 제4조 1항 마호.
27) 1907년 해전에 있어서 포획권 행사의 제한에 관한 조약(헤이그 제11협약) 제6조.
28) 1907년 해전에 있어서 포획권 행사의 제한에 관한 조약(헤이그 제11협약) 제5조.
29) Dieter Fleck, *supra note 2*, p. 509.

거나 적군에 입대하기 위해 여행 중인 경우, 그 승객은 구금될 수 있다. 그가 제3
협약상의 포로가 될 수 있는 지위를 가지고 있으면 포로가 된다.

3. 보호받는 적의 선박

병원선과 그와 유사하게 보호받는 선박 이외에도 다음의 선박은 공격이나 나
포의 대상이 되지 않는다.

(1) 상병자의 치료나 질병의 예방만을 위한 자재를 수송하는 선박30)

(2) 점령된 영토의 민간주민을 위한 구호품을 수송하는 선박31)

(3) 교전국들의 합의하에, 충돌당사국이 지배하는 영토로서 점령된 영토가 아
닌 지역의 민간주민을 구호하기 위한 물품을 수송하는 선박32)

(4) 연안에서 전적으로 어업에 사용되는 선박 또는 지역 상거래에 사용되는
소형 선박33)

(5) 종교적 업무, 또는 군사적 성격이 없는 과학적, 자선적인 임무에 종사하
는 선박34)

(6) 문화재의 수송에만 사용되는 선박35)

(7) 교섭사절(parlementaires) 수송이나 포로의 교환만을 위해 사용되는 선박

(8) 안도권(safe conduct)을 받은 선박36)

그러나 위의 선박들도 임검권의 대상이 될 수는 있다. 그리고 이러한 특별한
보호는 해당 선박들이 그 임무를 남용하거나, 그들에게 합법적으로 부과된 조건을
준수하지 않을 때 종료된다.

---

30) 제2협약 제38조.
31) 제4협약 제23조.
32) 제1추가의정서 제70조.
33) 1907년 해전에 있어서 포획권 행사의 제한에 관한 조약(헤이그 제11협약) 제3조.
34) 1907년 해전에 있어서 포획권 행사의 제한에 관한 조약(헤이그 제11협약) 제4조.
35) 문화재협약 제14조.
36) Dieter Fleck, *supra note 2*, p. 510.

제8장

국제인도법 위반에
대한 제재

제1절 서 론

국제인도법위반에 대한 제재로서 전쟁범죄의 형사처벌을 규정한 국제형사재판소규정과 국제형사재판소 관할 범죄의 처벌 등에 관한 법률을 살펴보고자 한다.

국제형사재판소 관할 범죄의 처벌 등에 관한 법률은 2007년 제정되었으며, 국제형사재판소규정(ICC규정, 로마규정)의 국내이행법률의 성격을 가진다. 이 법률에는 국제인도법의 중대한 위반행위를 전쟁범죄로서 규정하고 있으며, 로마규정 제8조에서 정의한 전쟁범죄와 유사하지만, 약간 더 광범위한 전쟁범죄의 정의를 가지고 있다. 우리나라의 실정법인 이상 국제인도법의 위반행위에 대해 우리나라 국민에게 직접 적용된다는 점에서 이 법률에 대한 정확한 이해가 매우 중요하다고 할 수 있다. 국제형사재판소 관할 범죄의 처벌들에 관한 법률을 "이행법률"로 약칭하고자 한다.

제2조(정의) 이 법에서 사용하는 용어의 뜻은 다음과 같다.

1. "집단살해죄 등"이란 제8조부터 제14조까지의 죄를 말한다.
2. "국제형사재판소"란 1998년 7월 17일 이탈리아 로마에서 개최된 국제연합 전권외교회의에서 채택되어 2002년 7월 1일 발효된 「국제형사재판소에 관한 로마규정」(이하 "국제형사재판소규정"이라 한다)에 따라 설립된 재판소를 말한다.
3. "제네바협약"이란 「육전에 있어서의 군대의 부상자 및 병자의 상태 개선에 관한 1949년 8월 12일자 제네바협약」(제1협약), 「해상에 있어서의 군대의 부상자, 병자 및 조난자의 상태 개선에 관한 1949년 8월 12일자 제네바협약」(제2협약), 「포로의 대우에 관한 1949년 8월 12일자 제네바협약」(제3협약) 및 「전시에 있어서의 민간의 보호에 관한 1949년 8월 12일자 제네바협약」(제4협약)을 말한다.
4. "외국인"이란 대한민국의 국적을 가지지 아니한 사람을 말한다.
5. "노예화"란 사람에 대한 소유권에 부속되는 모든 권한의 행사를 말하며, 사람 특히 여성과 아동을 거래하는 과정에서 그러한 권한을 행사하는 것을 포함한다.
6. "강제임신"이란 주민의 민족적 구성에 영향을 미치거나 다른 중대한 국제법 위반을 실행할 의도로 강제로 임신시키거나 강제로 임신하게 된 여성을 정당한 사유 없이 불법적으로 감금하여 그 임신 상태를 유지하도록 하는 것을 말한다.
7. "인도(人道)에 관한 국제법규에 따라 보호되는 사람"이란 다음 각 목의 어느 하나에 해당하는 사람을 말한다.

가. 국제적 무력충돌의 경우에 제네바협약 및 「1949년 8월 12일자 제네바협약
에 대한 추가 및 국제적 무력충돌의 희생자 보호에 관한 의정서」(제1의정
서)에 따라 보호되는 부상자, 병자, 조난자, 포로 또는 민간인
나. 비국제적 무력충돌의 경우에 부상자, 병자, 조난자 또는 적대행위에 직접
참여하지 아니한 사람으로서 무력충돌 당사자의 지배하에 있는 사람
다. 국제적 무력충돌 또는 국제적이 아닌 무력충돌의 경우에 있어서 항복하거나
전투능력을 상실한 적대당사자의 군대의 구성원이나 전투원

Ⅰ. 용어의 정의

이행법률 제2조는 이 법에서 사용하는 용어의 정의를 규정하고 있다. 대체로
별도의 설명이 필요 없는 명확한 규정이지만, "인도에 관한 국제법규에 따라 보호
되는 사람"에 대해서는 설명이 필요한 것으로 보인다.

Ⅱ. "인도에 관한 국제법규에 따라 보호되는 사람"의 의미

1. 인도에 관한 국제법규

인도에 관한 국제법규는 보통 국제인도법(International Humanitarian Law)이라고
불린다. 국제인도법은 전쟁이라는 극단적인 상황에서도 적용되는 법으로서 전쟁
의 참상을 제한하려는 목적을 가지고 있다. 그 수단으로써 국제인도법은 불필요하
거나 과다한 피해를 초래하는 전투수단이나 방법의 사용을 제한하고 전쟁에 직접
참여하지 않거나 부상이나 구금 등으로 참여할 수 없는 사람들을 보호한다.

국제인도법은 무력충돌을 국제적 무력충돌(International Armed Conflicts)과 비국
제적 무력충돌(Non International Armed Conflicts)로 구분하여 각각 다른 법규범이 적
용되도록 하고 있다.

2. 국제적 무력충돌의 경우에 있어서 보호되는 사람

국제적 무력충돌은 국가와 국가간의 무력충돌로서 국제인도법은 국제적 무력
충돌을 규제하기 위하여 탄생하였다. 이에 비해 비국제적 무력충돌은 국가와 국가

간의 무력충돌이 아닌 한 국가 내부에서의 무력충돌인 내전 등을 의미한다. 제2차
세계대전 이후 비국제적 무력충돌은 매우 증가하여 이에 대한 국제인도법의 규율
이 필요하게 되었다.

 1949년의 제네바 4개 협약은 기본적으로 국제적 무력충돌에 적용되는 조약이
며, 1977년 제1추가의정서도 국제적 무력충돌에 적용되는 조약이다. 이에 비해
1949년 제네바 4개 협약의 공통 3조(common article 3)와 1977년 제2추가의정서는
비국제적 무력충돌에 적용되는 규범이다.

 이행법률 제2조 7호 가목은 국제적 무력충돌에서 보호되는 사람은 제네바협
약과 제1의정서에 따라 보호되는 부상자, 병자, 조난자, 포로, 민간인이라고 정의
하고 있다. 제네바 4개 협약은 각 협약에 의해 보호되는 사람을 규정하고 있다.
제네바 제1협약 제13조는 다음과 같이 규정하여 "부상자와 병자"가 이 협약의 보
호대상임을 명시하고 있다.

제네바 제1협약 [제13조] 본 협약은 다음의 부류에 속하는 부상자 및 병자에게 적용된다.
 1. 충돌당사국의 군대의 구성원 및 그러한 군대의 일부를 구성하는 민병대 또는 의용
  대의 구성원
 2. 충돌당사국에 속하며 또한 그들 자신의 영토(동 영토가 점령되고 있는지의 여부를
  불문)의 내외에서 활동하는 기타의 민병대의 구성원 및 기타의 의용대의 구성원(조
  직적인 저항운동의 구성원을 포함) 단, 그러한 조직적 저항운동을 포함하는 그러한
  민병대 또는 의용대는 다음의 조건을 충족시켜야 한다.
  가. 그 부하에 대하여 책임을 지는 자에 의하여 지휘될 것
  나. 멀리서 인식할 수 있는 고정된 식별표지를 가질 것
  다. 공공연하게 무기를 휴대할 것
  라. 전쟁에 관한 법규 및 관행에 따라 그들의 작전을 행할 것
 3. 억류국이 승인하지 아니하는 정부 또는 당국에 충성을 서약한 정규군대의 구성원
 4. 실제로 군대의 구성원은 아니나 군대에 수행하는 자, 즉 군용기의 민간인 승무원,
  종군기자, 납품업자, 노무대원 또는 군대의 복지를 담당하는 부대의 구성원. 단, 이
  들은 이들이 수행하는 군대로부터 인가를 받고 있는 경우에 한한다.
 5. 선장, 수로안내인 및 견습선원을 포함하는 충돌당사국의 상선의 승무원 및 민간 항
  공기의 승무원으로서 국제법의 다른 어떠한 규정에 의하여서도 더 유리한 대우의
  혜택을 향유하지 아니하는 자
 6. 점령되어 있지 아니하는 영토의 주민으로서 적이 접근하여 올 때 정규군대에 편입할
  시간이 없이 침입하는 군대에 대항하기 위하여 자발적으로 무기를 든 자. 단, 이들이

공공연하게 무기를 휴대하고 또한 전쟁법규 및 관행을 존중하는 경우에 한한다.

제네바 제2협약의 제13조는 제1협약에 따라 보호되는 사람인 부상자와 병자 이외에 "조난자"(shipwrecked)를 제2협약에 의해 보호되는 사람으로 규정하고 있다.

제네바 제3협약은 "포로"(prisoner of war)를 제3협약이 보호하는 사람으로 규정하고 제4조에서 포로의 정의를 다음과 같이 규정하고 있다.

제네바 제3협약 [제4조]

1. 본 협약에서 포로라 함은 다음 부류의 하나에 속하는 자로서 적의 수중에 들어간 자를 말한다.

   가. 충돌당사국의 군대의 구성원 및 그러한 군대의 일부를 구성하는 민병대 또는 의용대의 구성원

   나. 충돌당사국에 속하며 그들 자신의 영토(동 영토가 점령되고 있는지의 여부를 불문한다) 내외에서 활동하는 기타의 민병대의 구성원 및 기타의 의용대의 구성원(이에는 조직적인 저항운동의 구성원을 포함한다). 단, 그러한 조직적 저항운동을 포함하는 그러한 민병대 또는 의용대는 다음의 조건을 충족시켜야 한다.

      (1) 그 부하에 대하여 책임을 지는 자에 의하여 지휘될 것

      (2) 멀리서 인식할 수 있는 고정된 식별표지를 가질 것

      (3) 공공연하게 무기를 휴대할 것

      (4) 전쟁에 관한 법규 및 관행에 따라 그들의 작전을 행할 것

   다. 억류국이 승인하지 아니하는 정부 또는 당국에 충성을 서약한 정규군대의 구성원

   라. 실제로 군대의 구성원은 아니나 군대에 수행하는 자, 즉 군용기의 민간인 승무원, 종군기자, 납품업자, 노무대원, 또는 군대의 복지를 담당하는 부대의 구성원. 단, 이들은 이들이 수행하는 군대로부터 인가를 받은 경우에 한하며, 이를 위하여 당해 군대는 이들에게 부속서의 양식과 유사한 신분증명서를 발급하여야 한다.

   마. 선장, 수로안내인 및 견습선원을 포함하는 충돌당사국의 상선의 승무원 및 민간 항공기의 승무원으로서, 국제법의 다른 어떠한 규정에 의하여도 더 유리한 대우의 혜택을 향유하지 아니하는 자

   바. 점령되어 있지 아니하는 영토의 주민으로서 적이 접근하여 올 때, 정규군 부대에 편입할 시간이 없이 침입하는 군대에 대항하기 위하여 자발적으로 무기를 든 자. 단, 이들이 공공연하게 무기를 휴대하고 또한 전쟁법규 및 관행을 존중하는 경우에 한한다.

2. 다음의 자들도 또한 본 협약에 의하여 포로로 대우되어야 한다.

　가. 피점령국의 군대에 소속하는 또는 소속하고 있던 자로서 특히 그러한 자가 그들이 소속하는 교전 중에 있는 군대에 복귀하려다가 실패한 경우, 또는 억류의 목적으로 행하여진 소환에 불응한 경우에 전기의 소속을 이유로 하여 점령국이 그들을 억류함을 필요하다고 인정하는 자. 단, 동 점령국이 본래 그가 점령하는 영토 외에서 적대행위가 행하여지고 있는 동안에 그들을 해방하였다 하더라도 이를 불문한다.

　나. 본 조에 열거한 부류의 하나에 속하는 자로서 중립국 또는 비교전국이 자국의 영토 내에서 접수하고 있고, 또한 그러한 국가가 국제법에 의하여 억류함을 요하는 자. 단, 이들 국가가 부여하기를 원하는 더욱 유리한 대우를 해하지 못하며, 또한 제8조, 제10조, 제15조, 제30조 제5항, 제58조 내지 제67조, 제92조 및 제126조와 충돌당사국과 관계중립국 또는 비교전국과의 사이에 외교관계가 존재하는 때에는 이익보호국에 관한 조항은 예외로 한다. 전기의 외교관계가 존재하는 경우에는 이들이 속하는 충돌당사국은 이들에 대하여 본 협약에서 규정하는 이익보호국의 임무를 행함이 허용된다. 단, 이들 충돌당사국이 외교상 및 영사업무상의 관행 및 조약에 따라 통상 행하는 임무를 해하지 않는다.

3. 본 조는 본 협약의 제33조에 규정하는 의무직 및 군목의 지위에 하등의 영향도 미치지 아니한다.

　제네바 제4협약은 제4조에서 이 협약이 보호하는 사람의 정의를 다음과 같이 하고 있다.

제네바 제4협약 [제4조]

본 협약에 의하여 보호되는 자는 무력충돌 또는 점령의 경우에 있어서 특정 시점에 그 형식의 여하에 관계없이 충돌당사국 또는 점령국의 권력 내에 있는 자로서 동 충돌당사국 또는 점령국의 국민이 아닌 자이다.

본 협약의 구속을 받지 않는 국가의 국민은 본 협약의 보호를 받지 못한다. 교전국 영역 내에 있는 중립국 국민 또는 공동 교전국 국민은 그들의 본국이 그들을 권력하에 두고 있는 국가 내에 통상적인 외교대표를 주재시키고 있는 기간 동안은 피보호자로 간주되지 아니한다.

단, 제2편의 제 규정은 제13조에서 규정한 바와 같이 그 적용범위에 있어 보다 광범하다.

육전에 있어서의 군대의 부상자 및 병자의 상태 개선에 관한 1949년 8월 12일자 제네바협약, 해상에 있어서의 군대의 부상자, 병자 및 조난자의 상태 개선에 관한 1949년 8월 12일자 제네바협약, 또는 포로의 대우에 관한 1949년 8월 12일자 제네바협약에 의하여 보호를 받는 자는 본 협약이 의미하는 피보호자로 고려되지 않는다.

제네바 제4협약의 제4조는 넓게 해석되어야 한다. 제4협약은 기본적으로 적대적인 충돌당사국의 권력 내에 있는 "민간인"들을 보호대상으로 한다. 제1협약, 제2협약, 제3협약의 보호대상이 되는 사람은 제4협약의 보호대상이 아니다. 제4협약의 보호대상이 되기 위한 기준으로서 특정인이 적대행위에 가담하였는지 여부는 결정적인 것이 아니다. 민간인으로서 적대행위에 가담하여 소위 "불법적 전투원"(unlawful combatant)이 되더라도 제4협약에 의해 보호받는 사람이 된다. 다만, 이 경우에는 그들이 적대행위에 참여하는 동안에는 공격의 대상이 된다. 그들이 생포되는 경우에는 포로의 대우를 받지 못한다. 또한, 적대행위에 가담했다는 이유로 처벌을 받을 수도 있다. 그럼에도 불구하고 이 불법적 전투원은 제4협약상의 보호를 받는 사람으로서의 지위를 유지하며 특히, 공정한 재판을 받을 권리가 있다.

이 점은 제4협약 제5조와 제1추가의정서 제45조 3항에도 명백하게 규정되어 있다. 제4협약 제5조는 다음과 같이 규정한다.

제네바 제4협약 [제5조]

충돌당사국의 영역 내에서 피보호인이 동 충돌당사국의 안전을 해하는 활동을 하였다는 혐의 또는 그러한 활동에 종사하고 있다는 사실을 확인하였을 경우에는 그러한 개인은 동인을 위하여 행사된다면 그러한 충돌당사국의 안전에 유해할 본 협약상의 제 권리와 특권을 요청할 수 없다.

점령지역 내에서 피보호인이 점령국에 의하여 간첩 또는 점령국의 안전을 해하는 활동을 하였다는 혐의로서 억류되고 있는 동안, 그러한 자는 절대적인 군사상의 안전이 요구되는 경우에 있어서는 본 협약에 기한 통신의 자유를 상실한 것으로 간주된다.

그러나 어느 경우에 있어서도 그러한 자는 인도적인 대우를 받아야 하며, 소추의 경우에 있어서는 본 협약에서 규정한 공평한 정규재판을 받을 권리를 박탈당하지 아니한다. 또한 그러한 자는 충돌당사국 또는 점령국의 안전이 허하는 조속한 시일 내에 본 협약에 기한 완전한 권리와 특권을 허여받아야 한다.

제1추가의정서 제45조 3항은 "적대행위에 참여하고 전쟁포로 지위의 자격이 없으며 제4협약에 따른 보다 유리한 대우의 혜택을 받지 못하는 자는 항시 본 의정서 제75조의 보호를 받을 권리를 가진다. 간첩으로 인정되지 아니하는 한 누구나 제4협약 제5조의 규정에도 불구하고 점령지에서 동 협약에 따른 통신의 권리를 가진다."고 규정하고 있다.

한편 제4협약 제4조는 "충돌당사국 또는 점령국의 권력 내에 있는 자로서 동 충돌당사국 또는 점령국의 국민이 아닌 자"라고 규정하여 보호받는 자의 국적을 중요한 기준으로 삼고 있다. 이는 제4협약이 국제적 무력충돌을 염두에 두고 있기 때문이다. 그러나 오늘날과 같이 내전이 빈발한 시대에는 국적만을 기준으로 하는 것이 적합하지 않다. 예를 들어 1992년부터 1994년까지 구유고지역에서 발생한 무력충돌은 보스니아의 회교도와 세르비아계간의 무력충돌로서 만일 피해자의 국 적만을 유일한 기준으로 삼는다면 부당한 결과가 된다. 보스니아 내의 세르비아계 군인이 보스니아 내의 회교도인 민간인 주민을 살해하는 등의 행위를 저지른 경 우에도 피해자들은 보스니아 국적자들이기 때문에 제4협약이 보호하는 사람들이 아니며, 따라서 가해자들도 제4협약을 위반한 것이 아니라는 의미가 된다. 이러한 부당한 결과를 회피하기 위하여 구유고재판소(ICTY)는 2003년 3월 3일 브라스키치 (Prosecutor v. Blaskic)판결에서 인종간의 분쟁에 있어서는 인종적 배경이 제4협약의 보호대상이 되는지를 결정하는 결정적인 요인이라고 판시하였다. 이는 제4협약을 실제에 보다 적합하도록 판결을 통해 재해석한 것이라고 할 수 있다.

3. 비국제적 무력충돌에 있어서 보호되는 사람

이행법률 제2조 7호 나목은 국제적이 아닌 무력충돌의 경우에 있어서 "부상 자, 병자, 조난자 또는 적대행위에 직접 참여하지 아니한 자로서 무력충돌 당사자 의 지배하에 있는 자"를 인도에 관한 국제법규에 따라 보호되는 사람으로 정의하 고 있다. 이 정의는 비국제적 무력충돌에 적용되는 제네바협약의 공통3조와 제2추 가의정서에 의해 보호되는 사람의 범위에 포함된다. 공통3조는 "무기를 버린 전투 원 및 질병, 부상, 억류, 기타의 사유로 전투력을 상실한 자를 포함하여 적대행위 에 능동적으로 참가하지 아니하는 자"를 보호대상으로 하고 있다. 제2추가의정서 제4조 1항은 "적대행위에 직접 가담하지 않거나 적대행위에 가담하기를 중지한 모든 사람들은 그들의 자유가 제한되었는지 여부를 불문하고 그들의 신체, 명예, 신념, 종교적 관습을 존중받을 권리가 있다. 그들은 모든 상황에 있어서 어떠한 불리한 차별도 없이 인도적으로 대우된다. 전멸명령은 금지된다."고 규정하여 제2 추가의정서에 의해 보호되는 사람을 공통3조와 유사하게 정의하고 있다.

4. 제2조 7호 다목에 의해 보호되는 사람

이행법률 제2조 7호 다목은 국제적 무력충돌 또는 국제적이 아닌 무력충돌의 경우에 있어서 항복하거나 전투능력을 상실한 적대당사자의 군대의 구성원이나 전투원을 인도에 관한 국제법규에 의해 보호되는 사람으로 정의하고 있다. 이 유형에 속하는 사람은 제2조 7호 가목과 나목의 유형에 해당하는 보호되는 사람에 포함시킬 수 있는 여지도 있다. 적대당사자의 군인이 부상을 당하여 전투능력을 상실한 경우라면 가목, 나목, 다목에 모두 해당한다고도 볼 수 있기 때문이다. 그럼에도 불구하고 다목의 유용성을 로마규정 제8조 2항 나호(10)과 동항 마호(11)을 보면 발견할 수 있다. 로마규정 제8조 2항 나호(10)은 국제적 무력충돌시에 "적대당사자의 지배하에 있는 자를"(persons who are in the power of an adverse party) 의학적 실험의 대상으로 하는 등의 행위를 금지하고 있다. 동 항 마호(11)은 비국제적 무력충돌시에 유사한 행위를 하는 것을 금지하고 있다. 여기에서 "적대당사자의 지배하에 있는 자"는 이행법률 제2조 7호 다목의 "항복하거나 전투능력을 상실한 적대당사자의 군대의 구성원이나 전투원"에 해당하여 제2조 7호에 의해 보호되는 사람으로 볼 수 있다.

제2절 적용범위

제3조(적용범위)
① 이 법은 대한민국 영역 안에서 이 법으로 정한 죄를 범한 내국인과 외국인에게 적용한다.
② 이 법은 대한민국 영역 밖에서 이 법으로 정한 죄를 범한 내국인에게 적용한다.
③ 이 법은 대한민국 영역 밖에 있는 대한민국의 선박 또는 항공기 안에서 이 법으로 정한 죄를 범한 외국인에게 적용한다.
④ 이 법은 대한민국 영역 밖에서 대한민국 또는 대한민국 국민에 대하여 이 법으로 정한 죄를 범한 외국인에게 적용한다.
⑤ 이 법은 대한민국 영역 밖에서 집단살해죄등을 범하고 대한민국영역 안에 있는 외국인에게 적용한다.

Ⅰ. 법의 적용범위와 관할권행사의 근거

이행법률 제3조는 이 법의 적용범위를 규정하고 있다. 이 법의 적용범위는 우리나라가 형사관할권을 행사하는 범위라고도 할 수 있다. 전통적으로 국가의 형사관할권을 행사하는 근거로서 속지주의(territorial principle), 속인주의(nationality principle 또는 personality principle), 보호주의(protective principle), 수동적 속인주의(passive personality principle) 그리고 보편주의(universality principle)가 인정되어 왔다.

이행법률 제3조 1항은 "이 법은 대한민국 영역 안에서 이 법으로 정한 죄를 범한 내국인과 외국인에게 적용한다."고 하여 우리나라의 형사관할권 행사의 근거로서 속지주의를 규정하고 있다. 이 조항은 우리 형법 제2조와 유사하다.

제3조 2항은 "이 법은 대한민국 영역 밖에서 이 법으로 정한 죄를 범한 내국인에게 적용한다."고 하여 속인주의를 규정하고 있다. 이 조항은 우리 형법 제3조와 유사하다.

제3조 3항은 "이 법은 대한민국 영역 밖에 있는 대한민국의 선박 또는 항공기 안에서 이 법으로 정한 죄를 범한 외국인에게 적용한다."고 하여 우리나라의 선박 또는 항공기 안에서 범한 외국인의 행위에 대해서도 속지주의 원칙을 적용하여 처벌함을 명확히 하고 있다. 이 조항은 우리 형법 제4조와 유사하다.

제3조 4항은 "이 법은 대한민국 영역 밖에서 대한민국 또는 대한민국 국민에 대하여 이 법으로 정한 죄를 범한 외국인에게 적용한다."고 하여 수동적 속인주의에 의한 우리나라의 형사관할권 행사를 규정하고 있다. 이 조항은 우리 형법 제6조와 유사하다.

이행법률 제3조 1항에서 4항까지는 국제법상 인정되는 관할권행사의 근거를 반영하고 있고, 우리 형법에도 유사한 규정이 있음을 알 수 있다.

Ⅱ. 보편적 관할권의 도입

한편, 동 법률 제3조 5항은 "이 법은 대한민국 영역 밖에서 집단살해죄등을 범하고 대한민국영역 안에 있는 외국인에게 적용한다."고 하여 우리 형법이 규정하지 않는 보편주의 원칙을 규정하고 있다. 다만, 우리나라가 보편주의에 의해 관할권을 행사하기 위해서는 범죄혐의자 또는 피고인이 우리나라의 영역 안에 있어야한다는 제한이 있다. 이러한 의미에서 제3조 5항이 규정하고 있는 보편적 관할권은 완전한 형태가 아닌 제한적인 형태의 보편적 관할권이라고 할 수 있다.

국제법상의 범죄는 국제공동체 전체의 법익을 침해하는 행위이다. 따라서 국제범죄에 대해서는 국제공동체가 관련 범죄가 어디에서 일어났는지, 누구에 의해 범하여졌는지에 관계없이 범죄인을 처벌할 수 있어야 한다는 입장에서 보편적 관할권제도가 인정되었다.

로마규정의 서문도 "국제범죄에 책임이 있는 자들에 대하여 형사관할권을 행사함이 모든 국가의 의무임을 상기하며"라고 규정하여 국제범죄에 대한 형사관할권 행사의 보편주의 원칙을 나타내고 있다. 그러나 로마규정 자체는 보편적 관할권제도를 규정하지 않고 있다. 로마회의시 국제형사재판소에 보편적 관할권을 부여하려는 독일의 제안은 채택되지 못하였고, 속지주의 또는 속인주의에 의해 관할권을 행사할 수 있는 국가 등의 위임이 있을 때 국제형사재판소가 관할권을 행사할 수 있도록 한 우리나라의 제안이 채택되어 국제형사재판소의 관할권제도의 기초를 이루었기 때문이다. 그 주요한 이유로는 국제형사재판소가 주권국가가 아닌 국가들의 동의에 의해 성립된 국제기구이기 때문에 국가와 같은 보편적 관할권을 행사하기가 곤란하다는 점이 반영된 결과이다.

각국의 보편적 관할권과 관련된 입법례는 완전한 형태의 보편적 관할권을 규정한 경우도 있고, 우리나라와 같이 제한적인 형태의 보편적 관할권을 규정한 경우도 있다. 예를 들어 핀란드는 완전한 형태의 보편적 관할권을 규정하고 있다. 핀란드 형법전 제1장 7조(국제범죄)는 "핀란드의 법은 핀란드의 영역 이외에서 범하여진 범죄에 대하여 그 행위의 처벌가능성이, 행위실행지의 법과 관계없이, 핀란드에 구속력이 있는 국제협정이나 핀란드에 국제적으로 구속력을 가진 다른 규정 또는 규칙에 근거하고 있는 경우에 적용된다(국제범죄). 이 조의 적용에 관한 상세 규정은 대통령령으로 정한다."고 하여 핀란드 법원의 보편적 관할권을 규정하고 있다. 또한 독일은 국제범죄법 제1조에서 범죄가 "해외에서 발생한 경우 및 독일과 관련이 없는 경우에도" 동법을 적용한다고 하여 완전한 형태의 보편적 관할권을 인정하고 있다.

이에 비하여 스위스는 국제형사재판소규정의 이행법률의 일부로서 집단살해협약의 이행을 위한 법률을 제정하였는데, 이 법에서 집단살해죄를 범한 개인이

스위스 안에 있거나 범죄인인도를 통하여 관련 국가로 인도할 수 없을 때 스위스 법원이 보편적 관할권을 행사할 수 있도록 하고 있다. 이는 제한된 형태의 보편적 관할권을 부여한 예라고 할 수 있다.

한편, 호주는 집단살해죄, 인도에 반한 죄, 전쟁범죄에 대해서는 완전한 형태의 보편적 관할권을 인정하고, 사법방해죄에 대해서는 제한적인 보편적 관할권을 인정하고 있다. 즉, 사법방해죄의 경우에는 범죄자가 호주인이 아니고, 범죄지에서 범죄를 구성하지 않는 경우에는 처벌되지 않도록 하였다.

오스트리아는 형법 제64조 1항 6호에 의해 전쟁범죄, 인도에 반한 죄, 집단살해죄 등에 대해 보편적 관할권을 행사할 수 있고, 일부 조건이 있으나 절대적인 보편적 관할권을 가진다고 할 수 있다.

Ⅲ. 사법방해죄와 보편적 관할권

우리나라의 이행법률 제3조 5항은 집단살해죄 등을 범한 자에 대해 제한적인 보편적 관할권을 인정하고 있기 때문에 사법방해죄에 대해서는 제한적인 보편적 관할권이 인정되지 않는다고 보아야 한다.

또한 사법방해죄에 대해서는 보충성의 원칙이 적용되지 않는다. 국제형사재판소의 절차 및 증거규칙 제162조에 의하면 ICC가 사법방해죄를 판단할 재판소를 결정하도록 하고 있다. 즉, 사법방해죄에 대해서는 관련 있는 국가의 국내재판소가 ICC보다 우선적인 관할권을 갖는 것이 아니다. 경우에 따라서는 ICC가 우선적인 관할권을 사법방해죄에 대해 행사할 수 있다.

제3절 상급자의 명령에 따른 행위

제4조(상급자의 명령에 따른 행위)
① 정부 또는 상급자의 명령에 복종할 법적 의무가 있는 사람이 그 명령에 따른 자기의 행위가 불법임을 알지 못하고 집단살해죄등을 범한 경우에는 명령이 명백한 불법이 아니고 그 오인(誤認)에 정당한 이유가 있을 때에만 처벌하지 아니

한다.

② 제1항의 경우에 제8조 또는 제9조의 죄를 범하도록 하는 명령은 명백히 불법인 것으로 본다.

Ⅰ. 상급자의 명령에 따른 행위라도 형사책임이 면제되지 않는 것이 원칙

이행법률 제4조 1항은 "정부 또는 상급자의 명령에 복종할 법적 의무가 있는 자가 그 명령에 따른 자기의 행위가 불법임을 알지 못하고 집단살해죄등을 범한 경우에는 명령이 명백히 불법하지 아니하고 그 오인에 정당한 이유가 있는 때에 한하여 처벌하지 아니한다."고 규정하고 있다. 이는 상급자의 명령에 따른 행위라고 하더라도 집단살해죄 등을 범한 사람은 형사책임을 면할 수 없다는 원칙을 나타낸다. 다만 상급자의 명령이 명백히 불법이지 않고 그 오인에 정당한 이유가 있는 경우에는 관련 행위를 한 사람의 형사책임이 면제될 수 있다.

그럼에도 불구하고 이행법률 제4조 2항은 집단살해죄와 인도에 반한 죄를 범하도록 하는 명령은 명백히 불법이라고 규정하고 있다. 따라서 집단살해죄와 인도에 반한 죄를 범한 사람은 상급자의 명령에 따른 것이라는 이유로 형사책임을 면제받을 여지가 없다. 그러나 전쟁범죄를 범한 사람의 경우에는 상급자의 명령이 명백히 불법이지 않기 때문에 그 오인에 정당한 이유가 있는 때에는 처벌을 받지 않을 가능성도 있다. 이렇게 전쟁범죄를 범하도록 하는 명령이 명백히 불법이지 않게 된 것은 로마규정 제33조 2항에도 규정되어 있다. 그러나 전쟁범죄를 범한 사람이 상급자의 명령에 따른 행위였다고 항변하여 책임을 면제받을 가능성은 매우 희박할 것이다. 상급자의 명령이 있었다는 것을 이유로 법원이 전쟁범죄를 범한 사람의 책임을 면제하여 주기 위해서는 상급자의 명령이 불법이 아니라고 오인하는 것에 정당한 이유가 있어야 하는데, 군대의 구성원은 오직 합법적인 명령에만 따를 의무가 있기 때문에 그 오인에 정당한 이유가 있음을 입증하기가 매우 어려울 것이기 때문이다.

이행법률 제4조는 로마규정 제33조를 충실히 반영하고 있다고 할 수 있다. 한편, 제4조의 상급자의 명령에는 군상급자의 명령뿐만 아니라 민간인 상급자도 포함되는 것으로 이해하여야 한다.

II. 로마규정 제33조와 각국의 입법례

로마규정 제33조는 "상사의 명령과 법률의 규정"이라는 제목을 가지고 있고 동 조 1항은 "1. 어떠한 자가 정부의 명령이나 군대 또는 민간인 상급자의 명령에 따라 재판소 관할범죄를 범하였다는 사실은 다음의 경우를 제외하고는 그 자의 형사책임을 면제시켜 주지 아니한다. 가. 그 자가 정부 또는 관련 상급자의 명령에 따라야 할 법적 의무하에 있었고, 나. 그 자가 명령이 불법임을 알지 못하였고, 그리고 다. 명령이 명백히 불법적이지 않았던 경우"라고 규정하고 있다. 또한, 로마규정 제33조 2항은 "이 조의 목적상, 집단살해죄 또는 인도에 반한 죄를 범하도록 하는 명령은 명백하게 불법이다."라고 하여 1항의 예외사유를 판단할 때 고려하도록 하고 있다.

상사의 명령과 법률의 규정이 집단살해죄, 인도에 반한 죄, 전쟁범죄 등 국제형사재판소의 관할범죄를 범한 개인의 형사책임 조각사유가 되지 못한다는 것은 뉘른베르그 헌장 제8조와 구유고재판소(ICTY)규정 제7조 4항에서도 확인된 바 있다. 뉘른베르그헌장, ICTY규정, ICTR규정은 어떠한 경우에도 상사의 명령을 이유로 형사책임이 면제되지 않는다고 규정한다.

로마규정 제33조는 대체로 이러한 선행 국제재판소의 선례를 따르고 있는 것으로 보인다. 그러나 로마규정 제33조는 선행 국제재판소의 선례와 약간 차이를 보이는 점도 있다. 그것은 뉘른베르그헌장 등이 예외 없이 상사의 명령을 면책사유로 인정하지 않는 반면에 로마규정은 하급자가 상급자의 명령이 명백하게 불법이거나 또는 불법임을 알지 못하였을 때는 형사책임을 면제받을 수 있는 예외를 규정하고 있다는 점이다.

로마규정과 같이 상사의 명령을 주장하여 책임을 면제받을 수 있는 예외를 인정하는 입법례는 독일, 미국, 이탈리아, 스위스 등의 군사징계규칙에서 발견된다.

제4절 지휘관과 그 밖의 상급자의 책임

제5조(지휘관과 그 밖의 상급자의 책임) 군대의 지휘관(지휘관의 권한을 사실상 행사하는 사람을 포함한다. 이하 같다) 또는 단체·기관의 상급자(상급자의 권한을 사실상 행사하는 사람을 포함한다. 이하 같다)가 실효적인 지휘와 통제하에 있는 부하 또는 하급자가 집단살해죄등을 범하고 있거나 범하려는 것을 알고도 이를 방지하기 위하여 필요한 상당한 조치를 하지 아니하였을 때에는 그 집단살해죄등을 범한 사람을 처벌하는 외에 그 지휘관 또는 상급자도 각 해당 조문에서 정한 형으로 처벌한다.

Ⅰ. 이행법률상 군대의 지휘관 및 다른 상급자의 책임에 관한 규정

이행법률 제5조는 지휘관과 그 밖의 상급자의 책임을 규정하고 있다.

이는 로마규정 제28조의 지휘관 및 기타 상급자의 책임 조항을 반영하고 있는 것이다. 로마규정 제28조는 군지휘관과 기타 상급자의 책임을 규정하면서 군지휘관의 형사책임 성립에 필요한 정신적 요건으로서 "인식 또는 과실"의 기준을 채택하고, 기타 상급자의 형사책임 성립요건으로는 "무모함"(recklessness)기준을 택하고 있다. 그런데 이행법률 제5조는 군대의 지휘관 또는 단체·기관의 상급자가 실효적인 지휘와 통제하에 있는 부하 또는 하급자가 집단살해죄등을 범하고 있거나 범하려 함을 알고도 필요한 조치를 취하지 않은 경우에 군대의 지휘관 또는 기타 상급자를 처벌한다고 하여 군지휘관과 기타 상급자의 형사책임 성립을 위한 정신적 요건으로서 "인식"(knowledge)을 동일하게 요구하고 있다.

한편, 군지휘관과 기타 상급자의 "과실"(negligence)에 의한 형사책임은 이행법률 제15조(지휘관의 직무태만죄)에서 규정하고 있다. 즉, 제15조는 지휘관과 기타 상급자가 과실로 그 부하가 집단살해죄등을 범하는 것을 방지하거나 제지하지 못한 경우, 형사책임을 지도록 하고 있다.

이행법률 제5조와 제15조는 모두 로마규정 제28조의 내용을 반영한 것이라고 할 수 있다. 다만, 주요한 차이점은 로마규정이 군지휘관과 기타 상급자의 형사책임 성립요건으로서 정신적 요건을 다음에 기술하는 바와 같이 다르게 정하고 있는 반면, 이행법률은 군지휘관과 기타 상급자의 책임요건으로서 정신적 요건을 동일한 기준으로 정하고 있다는 점이다.

Ⅱ. 로마규정상 군대의 지휘관 및 기타 상급자의 책임

1. 서 론

로마규정 제28조는 군사지휘관 및 기타 상급자의 책임에 관한 가장 최근에 합의된 국제법이라는 의의가 있다. 여기에서는 군사지휘관 및 기타 상급자의 책임에 관하여 규정하고 있는 1949년 4개 제네바협약에 대한 1977년의 제1추가의정서 제86조, 구유고재판소(ICTY)규정 제7조 3항, 르완다재판소(ICTR)규정 제6조 3항과 ICTY와 ICTR의 관련 판례 등을 중심으로 로마규정 제28조의 구체적인 의미를 분석하여 보고자 한다.

2. 지휘관 및 기타 상급자의 책임에 관한 국제형사재판소규정의 내용

(1) 군지휘관 및 기타 상급자의 책임의 의의

로마규정 제28조는 군지휘관 및 기타 상급자의 책임을 규정하고 있다. 군지휘관 및 기타 상급자의 책임은 전쟁범죄를 범한 것이 사병이라고 하더라도 일정한 조건이 충족될 경우 그 사병의 군지휘관 및 기타 상급자도 함께 그 전쟁범죄에 대한 형사책임을 지는 것을 의미한다.

로마규정 제28조는 이러한 군지휘관 및 기타 상사의 책임을 명확히 한 조항으로서, 뉘른베르그헌장 제7조의 공적지위의 무관련성 조항과 미국의 육군교범 27-10(1956) 등에 기초하고 있다고 할 수 있다. 미국의 육군교범 27-10 제501항은 "군지휘관은 보고나 다른 수단을 통하여 그의 통제하에 있는 군대나 다른 사람이 전쟁범죄를 범하려 하거나 범했다는 것을 실제로 알았거나 알았어야 했고, 그가 전쟁법을 준수하도록 하거나 전쟁법 위반자를 처벌하는 데 필요하고 합리적인 조치를 취하지 않으면, 그 역시 책임을 져야 한다."고 규정하고 있다. 미국육군교범 27-10은 아직도 유효하며 구속력이 있고 미국정부의 관련 국제법 해석의 공식 표명이라고 할 수 있다.

그런데 로마규정 제28조는 군지휘관의 책임과 군지휘관이 아닌 기타 상급자의 책임을 구분하여 규정하고 있다. 즉, 제28조 (가)항은 군지휘관의 책임이 성립되는 요건을 규정하고 있고, 제28조 (나)항은 군지휘관이 아닌 기타 상급자의 책임을 규정하고 있다. 이러한 구별을 두게 된 이유는 로마회의시 미국 대표단의 제안과 주장이 있었기 때문이다. 미국 대표단은 군지휘관(military commander)과 민간인 상급자(civilian superior)의 차이점을 강조하며, 군지휘관과 민간인 상급자의 형사책임 성립을 위해서는 각각 다른 요건이 적용되어야 한다고 주장하였다.

(2) 군지휘관의 책임 [로마규정 제28조(가)]

제28조 (가)는 "다음과 같은 경우, 군지휘관 또는 사실상 군지휘관으로서 행동하는 자는 자신의 실효적인 지휘와 통제하에 있거나 또는 경우에 따라서는 실효적인 권위와 통제하에 있는 군대가 범한 재판소의 관할범죄에 대하여 그 군대를 적절하게 통제하지 못한 결과로서의 형사책임을 진다."고 규정하고 있다. 즉, 동 항은 "(1) 군지휘관 또는 사실상 군지휘관으로서 행동하는 자가 군대가 그러한 범죄를 범하고 있거나 또는 범하려 한다는 사실을 알았거나 또는 당시 정황상 알았어야 하고, (2) 군지휘관 또는 사실상 군지휘관으로서 역할하는 자가 그들의 범행을 방지하거나 억제하기 위하여 또는 그 사항을 수사 및 기소의 목적으로 권한 있는 당국에 회부하기 위하여 자신의 권한 내의 모든 필요하고 합리적인 조치를 취하지 아니한 경우" 당해 군지휘관 또는 사실상의 군지휘관은 그가 지휘하는 군대에 의해 저질러진 전쟁범죄에 관하여 형사책임을 지도록 하고 있다.

따라서 군지휘관 또는 사실상의 군지휘관은 자신의 지휘, 통제하에 있는 군대가 전쟁범죄를 저지르고 있다는 것을 알았을 때(knew) 또는 당시 정황상 알았어야 했을 때(should have known)에는 그 군대의 범행을 사전에 방지하거나 제지할 의무와 만일 범행이 이루어졌으면 그 문제를 수사, 기소하기 위해 자신의 권한 내의 모든 필요하고 합리적인 조치를 취하여야 할 의무, 즉 사후적인 처벌의무가 있다고 할 수 있다.

(3) 기타 상급자의 책임 [로마규정 제28조(나)]

한편 제28조 (나)는 군지휘관이 아닌 기타 상사의 형사책임에 관하여 규정하고 있다. 즉, 동 항은 "가호에 기술되지 않은 상급자와 하급자의 관계와 관련하여 다음의 경우 상급자는 자신의 실효적인 권위와 통제하에 있는 하급자가 범한 재판소관할범죄에 대하여 하급자를 적절히 통제하지 못한 결과로서의 형사책임을 진다."고 하고 있다. 그러면 제28조 (나)의 적용대상은 누구인가? 이에 대한 답은 로마규정 제28조의 채택과정에서 찾아야 할 것으로 보인다. 로마회의에서 로마규정 제28조 (나)항의 기초가 된 미국의 제안에 의하면 현재의 "가호에 기술되지 않은 상급자와 하급자의 관계와 관련하여"라는 표현 대신에 "민간인 상급자"(civilian superior)라는 표현이 사용되었다. 따라서 제28조 (나)의 적용대상은 민간인 상급자로서 대통령, 수상, 국방부장관 등이 된다고 보아야 한다.

그리고 로마규정 제28조 (나)항은 이들 민간인 상급자의 형사책임 성립요건을 다음과 같이 규정한다.

로마규정 [제28조(나)]

(1) 하급자가 그러한 범죄를 범하고 있거나 또는 범하려 한다는 사실을 상급자가 알았거나 또는 이를 명백히 보여 주는 정보를 의식적으로 무시하였고,

(2) 범죄가 상급자의 실효적인 책임과 통제범위 내의 활동과 관련된 것이었으며,

(3) 상급자가 하급자의 범행을 방지하거나 억제하기 위하여 또는 그 문제를 수사 및 기소의 목적으로 권한 있는 당국에 회부하기 위하여 자신의 권한 내의 모든 필요하고 합리적인 조치를 취하지 못한 경우

다음에서는 이러한 로마규정의 구분에 따라 군지휘관의 형사책임과 민간인 상급자의 형사책임에 관해 살펴보고자 한다.

3. 군지휘관의 형사책임 성립요건

(1) 군지휘관과 하급자의 관계 존재

로마규정 제28조 (가)에 의하면 군지휘관 또는 사실상의 군지휘관은 자신의 "실효적 지휘와 통제"(effective command and control)하에 있거나 "실효적 권위와 통제"(effective authority and control)하에 있는 군대가 범한 범죄에 대해 책임을 진다. 즉, 군지휘관 등은 자신의 실효적 지휘와 통제 또는 실효적 권위와 통제하에 있지 않은 군대가 범한 전쟁범죄에 대해서는 책임을 지지 아니한다.

군지휘관과 하급자의 관계는 법률상(de jure) 관계와 사실상(de facto) 관계의 두 가지 방식으로 성립될 수 있다.

1) 법률상의 군지휘관

법률상의 군지휘관은 권한 있는 당국으로부터 공식적으로 지휘권을 부여받은 사람이다. 군대의 수직적인 지휘체계는 크게 4단계로 나누어 볼 수 있다. 첫 번째는 국가정책적 지휘(policy command)단계이다. 이 단계에서는 국가의 군대파견 또는 철수 등의 정책적 목표를 결정하며, 이는 국가의 최고지도자들이 결정하는 것이다. 이 단계의 정책결정자는 대통령이나 국방부장관 등이라고 할 수 있다. 두 번째는 전략적 지휘(strategic command)단계이다. 이 단계에서는 정책적 지휘단계에서 결정한 정책목표들을 달성하기 위한 군사적 전략을 수립하는 단계이며, 이는 합동참모본부가 중심이 되어 결정한다. 즉, 이 단계의 군지휘관은 합참의장이나 각군 참모총장 등이 될 것이다. 세 번째는 작전적 지휘(operational command)단계로서 전략적 지휘단계에서 결정한 전략을 전장에서 군단이나 사단단위에서 고위 군지휘관들이 수행하는 단계이다. 이 단계의 군지휘관은 군단장이나 사단장이 될 것이다. 네 번째는 전술적 지휘(tactical command)단계로서, 일선 지휘관이 군대를 직접 지휘하는 단계이다. 이 단계에서는 어떠한 계급을 가진 군인도 전술적 지휘관이 될 수 있다. 예를 들어 병장도 전투 중에 지휘를 할 다른 상급자가 없을 때는 전술적 지휘관이 될 수 있다.

로마규정 제28조 (가)항에서 언급하는 군지휘관은 두 번째 단계부터 네 번째 단계의 군지휘관이 될 것으로 보인다. 첫 번째 단계의 대통령이나 수상, 국방부장관 등은 제28조 (나)항의 상급자에 해당된다 할 수 있다.

2) 사실상의 군지휘관

사실상의 군지휘관은 주로 내전(civil war)상황에서의 반군의 지휘관과 같이 권한 있는 정부당국으로부터 지휘권을 부여받지는 않았지만 사실상 군대를 지휘하는 사람이다. 그러나 내전이 아닌 국제전의 상황에서도 사실상의 군지휘관이 있을 수 있다. 예를 들어 사다이체(Sadaiche) 사건에서 미국 군사재판소는 "상급자의 지위라는 의미는 특정한 행위를 강제할 권한과 능력이 더 우월하다는 것을 의미한다. 그것은 단지 계급이 높다는 것만으로 성립되는 것이 아니다. 대위가 소령에게 지침을 주는 경우의 사건에서 그 대위는 자신의 행위가 상급자의 명령에 따른 행위였다고 항변할 수 없다."고 하였다. 이 사건에서 피고인 소령은 포로수용소의 책임장교였는데, 보다 강력한 그의 부하장교인 대위의 제안을 묵인하고 동조하였다는 이유로 형사책임이 인정되었다.

따라서 이 사건에서 두 가지 규칙을 발견할 수 있다. 첫째로, 보다 강력한 하급자인 대위는 그가 전쟁범죄를 범한 것이 명목상의 상급자인 소령의 명령에 따른 것이었다는 항변이 인정되지 않았다는 것이다. 즉, 이 경우에는 상급자인 소령은 하급자인 대위에 대한 실효적 지휘와 통제를 상실하였기 때문에 상급자로 인정될 수 없다는 점을 알 수 있다. 둘째로, 대위는 포로수용소의 다른 사병들에 대해 사실상(de facto) 실효적 지휘와 통제를 행사하고 있었기 때문에 전쟁범죄에 대한 군지휘관의 책임을 피할 수 없었다는 점이다.

이러한 측면에서, 국제적십자위원회(International Committee of Red Cross, ICRC)의 추가의정서에 대한 해설은 "상급자의 개념은 보다 넓은 것이며 통제의 관념을 포괄하는 위계질서의 측면에서 보아야 한다."고 하였다.

3) 사실상 군지휘관으로 볼 수 있는 기준(실질적인 영향력에서 실효적인 통제로 변경)

1946년의 미니스트리즈(Ministries)사건에서 미국 군사재판소는 독일제국 정부의 고위관리이자 약탈계획의 집행임무를 맡고 있던 피고가 사실상의 군지휘관으로서 처벌을 받아야 하는지에 대해 판단하였다. 이 사건에서의 판단기준은 만일 특정인이 다른 사람의 의사결정에 있어서 영향을 줄 수 있다면 그 사람은 사실상의 군지휘관으로 인정될 수 있다는 것이다. 이러한 기준은 "실질적인 영향력"(substantial influence)을 보유하고 있는지 여부에 따라 지휘관인지 아닌지를 결정하는 것이라고 할 수 있다. 한편, 명령에 서명하는 것도 일정한 권위를 명백히 나타내는 것이다.

그러나 ICTY의 셀레비치(Celebici) 판결은 사실상의 지휘관으로 볼 수 있는 사유의 기준으로써 "실질적인 영향력"의 기준을 사용하지 않고 보다 엄격한 기준인 "실효적 통제"(effective control)의 기준을 사용하였다. 이 실효적 통제의 의미는 하급자의 범죄를 예방하고 하급자인 범죄자를 처벌할 수 있는 실제적 능력을 보유하여야 한다는 의미이다.

이 실효적 통제의 기준을 채택한 셀레비치 판결은 셀레비치 수용소에서 범해진 전쟁범죄와 관련하여, 직접 범죄행위를 한 수용소 경비병인 란조(Landzo), 수용소의 부지휘관인 델리치(Delic), 지휘관인 무치치(Mucic), 그리고 그 지역의 보스니아 회교도 집단의 지휘관인 델라리치(Delalic)에 관한 판결이다. 이 사건에서 ICTY

는 수용소의 지휘관이었던 무치치와 부지휘관이었던 델리치에 대해 군지휘관으로
서의 책임을 이유로 각각 9년의 징역형과 18년의 징역형을 선고하고, 직접 범죄를
저지른 란조는 15년의 징역형을 선고하였다. 그러나 델라리치에 대해서는 그가 전
시의 보스니아 대통령에게서 중요한 계약을 체결할 권한 등을 부여받았지만 군지
휘관으로서 상급자와 하급자의 관계에 있었다고 볼 수 없기 때문에 군지휘관으로
서 책임을 지지 않는다고 하였다. 즉, 그는 수용소에서 전쟁범죄를 범한 자에 대
해 "실효적 통제"를 행사하는 사람이 아니었기 때문에 군지휘관으로서의 책임을
지지 않는다고 판시하였다. 따라서 그는 1심 재판에서 무죄로서 석방되었고, 검사
측은 항소하였으나 ICTY의 항소재판소 역시 1심 판결을 확인하였다. 항소심 판결
은 다음과 같이 설명하고 있다.

> 256. 항소재판부는 1심 재판부의 이 점에 관한 해석이 근거가 있다고 동의한
> 다. 하급자에 대한 실효적인 통제(control)의 개념은 ― 그 통제가 어떻게
> 행사되든 범죄행위를 예방하고 처벌할 수 있는 실질적인 능력이라는 의
> 미에서 ― 규정 제7조 3항의 목적상 상급자와 하급자의 관계를 수립하기
> 위한 기본적 요건이다. …

> 266. 항소재판부는, 따라서 관습법이 실효적 통제의 기준을 규정하고 있다고
> 간주한다. … 그러나 하급자에 대한 실효적 통제의 보유는 하급자의 범
> 죄를 예방하거나 하급자인 범죄자를 처벌하는 실질적 능력을 보유하였
> 다는 것을 의미하는 것으로서, 이보다 약한 수준의 통제수단인 실질적
> 영향력(substantial influence)은 어떤 의미에서도 국가관행과 사법적 결정에
> 서 그 충분한 근거를 찾을 수 없다는 것이 명백하다.

또한 만일 실효적 통제가 없었다면, 군지휘관의 책임은 발생하지 않는다는
것이 널리 인정되어 왔다.

(2) 군지휘관 또는 사실상의 군지휘관의 정신적 요건

로마규정 제28조 (가)항은 군지휘관의 귀책사유로서의 정신적 요건(mens rea)
로서 "알았거나 알았어야 하고"(knew or should have known)라는 용어를 사용함으
로써 군지휘관의 인식(knowledge) 또는 과실(negligence)을 기준으로 하고 있다. 즉,
군지휘관은 그의 통제하에 있는 군대가 전쟁범죄를 범하려 하거나 범했다는 것을
실제로 알았거나 알았어야 했고, 그 군대가 전쟁법을 준수하도록 하거나 전쟁범죄

자를 처벌하는 데 필요하고 합리적인 조치를 취하지 않으면, 그 지휘관 역시 책임을 져야 한다. 따라서 로마규정 제28조상 군지휘관의 책임이 성립되기 위한 정신적인 요건은 "인식 또는 과실"이 기준이 된다.

1) 인식(knowledge) 또는 과실(negligence, should have known)의 기준

군지휘관은 그 부하가 전쟁범죄를 범하려 한다거나 범한 것을 인식하였지만 범죄의 예방을 위한 적절한 조치를 취하지 않았을 때 책임을 지게 된다. "인식"은 특정 행위의 성질을 알거나 특정 상황의 존재를 아는 것을 의미한다. 또한 인식은 특정 행위가 특정결과를 초래할 것이 실제적으로 확실하다는 것을 아는 것이다. 구유고재판소(ICTY)는 셀레비치(Celebici) 1심 판결에서 ICTY규정 제7조 3항의 "실제 인식"(actual knowledge)은 직접적인 증거뿐만 아니라 정황증거(circumstantial)에 의해서도 입증될 수 있다고 하였다. 이 판결에서 ICTY는 수용소의 지휘관인 무치치가 그의 부하들이 수용소에 구금되어 있던 사람들을 학대한 것과 그 범죄의 잔학성을 알고 있었다고 판단하였다.

또한 군지휘관은 그 부하가 전쟁범죄를 범하려 하거나 범한 것을 정황상 알았어야 함에도 불구하고 과실로 알지 못한 경우에도 군지휘관으로서의 책임을 지게 될 수 있다. 미국의 육군교범 27-10 제501항은 군지휘관은 보고나 다른 수단을 통하여 그의 통제하에 있는 군대나 다른 사람이 전쟁범죄를 범하려 하거나 범했다는 것을 알았어야 했는데도 과실로 적절한 조치를 취하지 않은 경우에 책임을 질 수 있다고 하였다. 미국의 표준형법전은 "특정인이 범죄의 객관적 구성요건이 존재하거나 그의 행위로부터 초래될 수 있을 것이라는 실질적이고 정당화할 수 없는 위험을 알았어야 했을 때 과실로 행동한 것"이라고 정의하고 있다.

2) 야마시타(Yamashita) 판결의 기준

1946년 미국 연방대법원은 야마시타 사건에서 일본군 장군이었던 야마시타가 그의 지휘하에 있던 포로수용소에서 범하여진 미군 포로에 대한 가혹행위를 이유로 유죄판결을 받은 것을 유효한 것으로 확인하였다. 야마시타는 그의 부하들이 가혹행위를 하는 것을 알지 못하였고 이를 지시하지도 않았으나 부하들의 전쟁범죄를 알았거나 알았어야 했을 때, 그 범죄를 방지하거나 범죄인을 처벌하지 않았다는 이유로 사형판결을 받았다. 이 판결에서 미국의 연방재판소는 군지휘관의 책임을 구성하는 정신적 요건(mens rea)으로서 "알았어야 했을 때"(should have known)

라는 용어를 사용함으로써 지휘관의 "과실"(negligence)을 기준으로 사용하였다.

위에서 언급한 미국의 육군교범 27-10은 1956년에 작성되었기 때문에 미국 육군교범에서의 상급자의 책임을 인정하기 위해 필요한 정신적 요건의 기준도 "인식 또는 과실"로서 미국 연방대법원의 판결인 야마시타 판결을 근거로 하여 채택된 것이라고 할 수 있다.

또한 이 야먀시타 판결의 정신적 요건의 기준은 로마규정 제28조 (가)항에서 군지휘관의 책임을 결정하는 기준으로 채택되었다.

3) 제1추가의정서 제86조의 기준

1977년에 채택된 "1949년 8월 12일자 제네바협약에 대한 추가 및 국제적 무력충돌의 희생자 보호에 관한 의정서"(제1추가의정서) 제86조 2항은 "제 협약 및 본 의정서의 위반이 부하에 의하여 행해졌다는 사실은 경우에 따라 부하가 그러한 위반을 행하고 있는 중이거나 행하리라는 것을 알았거나 또는 당시의 상황하에서 그렇게 결론지을 수 있을 만한 정보를 갖고 있었을 경우, 그리고 권한 내에서 위반을 예방 또는 억제하기 위하여 실행가능한 모든 조치를 취하지 않았을 경우에는 그 상관의 형사 또는 징계책임을 면제하지 아니한다."고 규정하고 있다.

따라서 제1추가의정서의 지휘관의 정신적 요건의 기준은 "알았거나(인식, knew) 그렇게 결론지을 수 있을 만한 정보를 갖고 있었을 경우(had information which should have enabled them to conclude)"이다. 그러면 이 기준은 야마시타 사건판결과 미국의 육군교범의 기준인 "인식 또는 과실"과 동일한 것인가? 본래 제1추가의정서 제86조에 대한 국제적십자위원회(ICRC)의 초안은 "그들이 알았거나 알았어야 했다면"(if they knew or should have known)으로 되어 있었으나 이러한 표현은 다른 각국 대표의 반대로 채택되지 못하였다. 이에 대해 미국대표가 "그들이 알았거나 합리적으로 알았어야 했다면(if they knew or should reasonably have known)"이라는 수정제안을 냈지만 역시 채택되지 못하고 현재의 표현대로 채택되었다. 이러한 교섭경위를 볼 때, 제1추가의정서의 기준은 야먀시타 판결의 "인식 또는 과실"의 기준보다 약간 엄격한 것으로 보인다.

그러나 큰 범주에서 보면 제1추가의정서의 기준도 "인식 또는 과실"의 기준과 거의 동일한 기준으로 볼 수 있다고 생각된다. 첫째로, 제1추가의정서 제86조에 대한 ICRC의 코멘터리는 이 조항의 논의에 있어서 한 국가의 대표는 "should have"라는 표현이 과실에 의한 지휘관의 형사책임이 발생할 수 있음을 나타내는 것이라는 점을 명확히 하는 것이 중요하다고 발언하였다고 설명한다. 그 설명 후에 ICRC 코멘터리는 이 발언에 대해 반대하지 않고, 다만 "이것이 모든 경우의 과실(negligence)이 범죄가 되는 것을 의미하지는 않는다. 범죄가 되기 위해서는, 그 과실이 범죄적 의도(malicious intent)에 이를 정도로 중대한 것이어야 한다…"고 기술하고 있다. 따라서 ICRC의 코멘터리에 의하면, 제1추가의정서 86조에 의한 군지휘관의 책임성립에 필요한 정신적 요건은 "인식 또는 과실"이지만, 과실의 성립요건을 보다 엄격히 한 점에서 차이를 보이고 있다고 할 수 있다.

둘째로, 야마시타 사건판결의 기준과 제1추가의정서 제86조의 기준간의 용어상의 차이에도 불구하고 군지휘관의 책임성립에 있어서의 실제적 효과는 거의 동일하다고 볼 수 있다. 제86조의 영문본이 "had information which should have enabled them to conclude in the circumstances at the time"(당시의 정황상 그렇게 결론을 내릴 수밖에 없는 정보) 이라고 되어 있으나, 영문본과 동등하게 정본인 프랑스어본은 "des informations leur permettant de conclure"라고 되어 있어 영문본과 차이를 보이고 있다. 프랑스어본을 영역하면 "information enabling them to conclude"(그렇게 결론을 내릴 수 있게 하는 정보)가 되어 영문본의 의미보다 지휘관의 책임을 인정하기가 더 쉬워진다고 할 수 있다. 우리나라의 국문본도 프랑스어본의 해석과 비슷하다. 이점에 대해 ICRC의 코멘터리는 프랑스어본이 제1추가의정서의 목적과 대상에 부합하므로 영어본보다 우선적 지위를 갖는다고 하고 있다. 따라서, ICRC의 코멘터리에 의하면, 상급자는 그가 보고를 받지 못했다거나, 잠시 부재중이었다는 것을 이유로 지휘관의 책임을 면제받을 수 없다. 이러한 결과는 야마시타 사건에서 "과실"(should have known, negligence)기준을 적용하여 야마시타에게 책임을 부과한 것과 실질적으로 큰 차이가 없다고 할 수 있다.

4) ICTY규정과 ICTR규정의 기준

ICTY규정 제7조 3항과 ICTR규정 제6조 3항은 거의 유사하게 상급자의 책임을 규정하고 있다. 먼저 ICTY규정 제7조 3항을 비공식 번역하면 다음과 같다.

이 규정 제2조에서 5조까지에 언급된 어떤 행위를 그 부하가 범했다는 사실은, 그의 상급자가 그 부하가 그러한 행위를 범하려 하거나 범하였다는 것을 알았거나 알 이유가 있었고, 그 상급자가 그러한 행위를 방지하거나 범죄자를 처벌하기 위해 필요하고 합리적인 조치를 취하지 않았다면, 그 상급자의 형사책임을 면제하지 아니한다.

다음으로 ICTR규정 제6조 3항은 다음과 같다.

이 규정 제2조에서 4조까지에 언급된 어떤 행위를 그 부하가 범했다는 사실은, 그 또는 그녀의 상급자가 그 부하가 그러한 행위를 범하려 하거나 범하였다는 것을 알았거나 알 이유가 있었고, 그 상급자가 그러한 행위를 방지하거나 범죄자를 처벌하기 위해 필요하고 합리적인 조치를 취하지 않았다면, 그 상급자의 형사책임을 면제하지 아니한다.

이 두 개의 임시재판소 규정은 군지휘관 등 상급자가 그 부하가 전쟁범죄를 범하려 하거나 범행을 한 것을 "알았거나 알 이유가 있었다면"(if he knew or had reason to know) 상급자의 책임을 면할 수 없다고 하고 있다. ICTY규정과 ICTR규정은 상급자의 책임이 성립되는 정신적인 요건으로서 "알았거나(인식, knowledge) 알 이유가 있었을 때(had reason to know)"를 기준으로 하고 있다.

"reason to know"의 기준은 그 부하의 범죄행위를 나타내는 충분한 정보를 가지고 있는 상급자는 그가 그 행위를 몰랐다고 주장함으로써 책임을 면할 수 없다는 기준이다. 즉, 이 기준은 합리적인(reasonable) 사람이라면 알 수 있는 상황에서 몰랐다고 주장하는 것이 허용되지 않는다는 의미에서 객관적인 과실(objective negligence)의 여부를 판단한다. 또한, 이 기준은 제1추가의정서의 기준인 "당시의 상황하에서 그렇게 결론지을 수 있을 만한 정보를 갖고 있었을 경우"(had information enabling them to conclude)와 같은 것이라고 할 수 있다.

그러면 이때의 "알 이유가 있었다"(had reason to know)는 것과 야마시타 판결과 로마규정에서의 "알았어야 했다"(should have known)는 기준은 유사한 기준인가? 야마시타 판결과 제1추가의정서의 기준이 거의 유사한 것임을 이미 살펴보았듯이 ICTY와 ICTR의 기준과 야마시타 및 ICC의 기준은 유사한 것으로 볼 수 있다. 더구나, 마이클 샤프(Michael P. Scharf) 교수와 버지니아 모리스(Virginia Morris) 교수는 그들의 저서에서 ICTY규정 제7조 3항이 뉘른베르그 재판 이후의 지휘관의 책임에 관한 법의 발전에 근거하여 지휘관의 책임을 확인하고 있다고 하면서, "알 이유가 있었다"(had reason to know)는 표현과 "알았어야 했다"(should have known)
는 표현을 혼용하고 있다는 점도 주목할 만하다.

5) 소 결

지금까지 군지휘관의 형사책임이 성립되기 위한 정신적 요건(mens rea)을 살
펴보았다. 야마시타 사건 판결에서 채택된 "인식(knowledge) 또는 과실(negligence,
should have known)"의 기준은 미국연방대법원이 인정하였고, 미국육군교범 27–10
에서도 채택되었으나, 1977년의 제1추가의정서는 "인식 또는 과실"의 기준을 채택
하면서도 "과실"의 기준을 엄격하게 해석해야 한다는 입장을 취하였다. 1993년에
UN안전보장이사회의 결의로 채택된 ICTY규정과 ICTR규정을 살펴본 바, "알았거
나 알 이유가 있었다"(knew or had reason to know)라는 용어를 사용함으로서 표현
상의 차이는 있으나 기본적으로 군지휘관의 책임에 대한 정신적 요건으로서 야마
시타 판결의 "인식 또는 과실"의 기준과 동일한 기준을 채택한 것이라고 할 수 있
다. 다음으로 1998년에 채택된 로마규정은 군지휘관의 책임으로서 야마시타 판결
의 인식 또는 과실(knew or should have known)의 기준을 동일한 용어를 사용하여
채택하였다.

또한 위에서 살펴본 바와 같이 야마시타 사건 판결의 기준인 "알았어야 했
다"(should have known)와 제1추가의정서의 기준인 "당시의 상황하에서 그렇게 결
론지을 수 있을 만한 정보를 갖고 있었을 경우"(had information enabling them to con-
clude), 그리고 ICTY와 ICTR규정의 "알 이유가 있었다"(had reason to know)의 기준
이 표현상의 차이에도 불구하고 실질적으로는 모두 지휘관의 과실(negligence) 책임
을 의미하는 것이라고 할 수 있다.

따라서 군지휘관의 형사책임 성립을 위한 정신적 요건으로서 "인식 또는 과
실"(knew or should have known)의 기준이 오늘날의 국제관습법이라고 할 수 있으
며, 군지휘관이 그 부하의 범죄행위를 알았거나 알았어야 하는 때, 그 범죄를 방
지하거나 범죄자를 처벌하기 위한 조치를 취하지 않은 경우에는 형사책임을 피할
수 없게 된다는 로마규정 제28조 (가)항은 현재의 국제관습법을 정확하게 표현하
고 있는 것이라고 할 수 있다.

(3) 군지휘관의 의무 불이행

로마규정 제28조 (가)항 (2)는 "군지휘관 또는 사실상의 군지휘관으로서 역할하는 자가 그들의 범행을 방지하거나 억제하기 위하여 또는 그 사항을 수사 및 기소의 목적으로 권한 있는 당국에 회부하기 위하여 자신의 권한 내의 모든 필요하고 합리적인 조치를 취하지 않은 경우"에 형사책임을 진다고 하고 있다. 이 조항은 군지휘관이 전쟁범죄를 방지하여야 할 "방지의무"(duty to prevent)와 범죄인을 처벌하여야 할 "처벌 의무"(duty to punish)를 규정하고 있다. 따라서 군지휘관 등은 자신의 지휘, 통제하에 있는 군대가 전쟁범죄를 저지르고 있다는 것을 알았을 때 (knew) 또는 알았어야 했을 때(should have known)에는 군대의 범행을 방지하거나 제지하기 위하여, 또는 그 문제를 수사, 기소하기 위해 자신의 권한 내의 모든 필요하고 합리적인 조치를 취하여야 할 의무가 있다. 이러한 군지휘관의 의무를 불이행할 때 군지휘관은 그 부하의 범죄에 대하여 책임을 지게 된다.

이러한 군지휘관의 의무는 미국의 육군교범 27-10 제501항, 제1추가의정서 제86조, ICTY규정 제7조 3항, ICTR규정 제6조 3항에서 모두 발견된다.

한편, 이러한 군지휘관의 의무 불이행이 그 부하의 전쟁범죄의 원인이 되었어야 하는가의 문제, 즉 군지휘관과 그 부하의 범죄간의 인과관계(causation)가 존재하여야 하는가의 문제가 제기된 바 있다. 이러한 인과관계에 관해 ICTY는 셀레비치 사건에서 범죄를 방지할 의무를 불이행한 것에 대한 책임을 추구하기 위해서는 인과관계가 필요하지만, 부하의 범죄를 처벌할 의무를 불이행한 것에 대한 책임을 추구할 때는 인과관계를 별도의 구성요건으로 인정하지 않았다.

4. 민간인 상급자의 형사책임 성립요건

(1) 민간인 상급자의 정신적 요건

제28조(가)항과 (나)항을 비교해 볼 때 (가)항은 "알았거나 알았어야 했다"(knew or should have known)의 용어를 사용함으로써 군지휘관의 귀책사유로서의 정신적 요건(mens rea)으로서 인식(knowledge) 또는 과실(negligence)을 기준으로 하는 반면, (나)항은 "알았거나 또는 이를 명백히 보여 주는 정보를 의식적으로 무시하였다" (knew or consciously disregarded information which clearly indicated)의 용어를 사용함으로써 인식(knowledge) 또는 무모함(recklessness)을 기준으로 삼고 있다고 할 수 있

다. 무모함은 미국법상 과실보다 더 높은 수준의 귀책사유로서 우리 법상의 "미필적 고의"의 개념과 비슷한 것으로 보인다. 이는 범죄자의 정신적 요건 중 무모함을 입증하기가 과실을 입증하기보다 어렵다는 점을 감안하면, 군지휘관보다 민간인 상급자의 책임을 입증하기가 어렵고 또한 책임추궁도 어렵다는 것으로 이해된다.

(2) 민간인 상급자의 의무 불이행

로마규정 제28조상의 군지휘관의 의무와 민간인 상급자의 의무를 비교하여 보면 군지휘관에 비하여 민간인 상급자의 형사책임을 인정하기 위한 요건이 보다 엄격한 것을 알 수 있다. 즉, 로마규정 제28조 (나)항 (2)는 "범죄가 상급자의 실효적인 책임과 통제범위 내의 활동과 관련된 것"이어야 함을 추가로 요구하고 있다. 이는 전쟁범죄를 범한 하급자가 민간인 상급자의 실효적인 권위와 통제하에 있었을 뿐만 아니라, 그 범죄가 민간인 상급자의 실효적인 책임과 통제범위 내의 활동과 관련된 것이어야 한다는 것이다. 이에 비해, 군지휘관의 경우는 그의 실효적인 지휘와 통제하에 있는 군대가 전쟁범죄를 범하면, 그 범죄가 자신의 실효적인 책임과 통제범위 내의 활동과 관련된 것인지 여부를 따지지 않고 형사책임을 지게 된다. 따라서 민간인 상급자의 형사책임 성립요건이 군지휘관의 형사책임 성립요건보다 엄격하다고 할 수 있다.

(3) 평　가

위에서 본 바와 같이 로마규정상 민간인 상급자의 형사책임 성립요건은 정신적 요건이나 의무 불이행의 측면에서 군지휘관의 형사책임 성립요건보다 엄격하다고 볼 수 있다. 그러나 민간인 상급자와 군지휘관의 형사책임을 로마규정에서 구별하여 민간인 상급자의 책임요건을 보다 엄격하게 한 것은 많은 비판을 받았다. 예를 들어 프란시스 보일(Francis A. Boyle) 교수는 민간인 상급자와 군지휘관을 구별하는 것은 매우 위험한 것으로서 공적지위(official position)에 관계없이 형사책임을 진다는 뉘른베르그헌장 제7조에 위반된다고 비판하였다.

5. 결　론

지금까지 하급자의 전쟁범죄에 대한 군지휘관 및 기타 상급자의 책임에 관해 살펴보았다. 동경재판소의 야마시타 판결과 미국의 육군교범 27-10, 1977년의 제

1추가의정서 제86조, UN안전보장이사회의 헌장 제7장상의 결의인 ICTY규정과 ICTR규정, 그리고 로마규정을 살펴본 결과, 오늘날의 국제법이 채택하고 있는 군지휘관 및 기타 상급자의 책임성립을 위한 요건으로서 주요 요건들은 "실효적 통제"의 요건, "인식 또는 과실"의 요건, "방지의무 및 처벌의무의 불이행" 요건이라고 할 수 있다.

따라서 군지휘관 및 사실상의 군지휘관이 그 실효적인 지휘와 통제하에 있는 군대가 전쟁범죄를 범하고 있거나 범하려 한다는 사실을 알았거나 당시 정황상 알았어야 하고, 그 범죄를 방지하거나 범죄자를 처벌하기 위하여 모든 필요하고 합리적인 조치를 취하지 않았을 때, 직접 범행을 한 하급자뿐만 아니라 군지휘관 및 사실상의 군지휘관도 처벌을 받게 된다.

그러나 로마규정 제28조 (나)항은 군지휘관과는 별도로 민간인 상급자의 형사책임을 규정하면서, 군지휘관의 형사책임요건보다 엄격한 요건을 요구하고 있다. 이는 국제법이 군지휘관이나 민간인 상급자의 구별 없이 동일한 형사책임 요건을 적용하고 있는 것과 뉘른베르그헌장 제7조의 공적지위의 무관련성 조항과 불일치하는 것으로 보인다. 다만, 이 조항의 교섭과정을 볼 때 이 조항은 국가간의 타협의 산물이라고 할 수 있다. 또한 군지휘관과 민간인 상급자의 책임요건을 다르게 규정한 것은 로마규정에 따라 로마규정의 당사국과 국제형사재판소에서만 적용되는 조약상의 조항이며 국제관습법의 내용은 아니라는 점에 유의해야 한다. 국제관습법은 군지휘관이든 민간인 상급자이든 구별 없이 "실효적 통제"의 요건, "인식 또는 과실"의 요건과 "방지의무 및 처벌의무의 불이행" 요건을 적용하여 상급자의 책임을 인정하고 있다고 할 수 있다.

제5절 시효의 적용배제

제6조(시효의 적용배제) 집단살해죄등에 대하여는 「형사소송법」 제249조부터 제253조까지 및 「군사법원법」 제291조부터 제295조까지의 규정에 따른 공소시효와 「형법」 제77조부터 제80조까지의 규정에 따른 형의 시효에 관한 규정을 적용하지 아니한다.

이행법률 제6조는 "집단살해죄등에 대하여는 시효가 적용되지 않음"을 명시하고 있다. 이는 로마규정 제29조를 반영한 것이다.

로마규정 제29조는 "재판소의 관할범죄에 대하여는 어떠한 시효도 적용되지 아니한다."고 규정하여 집단살해죄, 인도에 반한 죄, 전쟁범죄, 침략범죄는 시효가 적용되지 않음을 명확히 하고 있다. "전쟁범죄와 인도에 반한 범죄에 대해 시효가 적용되지 않는다는 것은 1968년 전쟁범죄와 인도에 반하는 범죄의 시효 부적용에 관한 협약"(Convention on the Non-Applicability of Statutory Limitations to War Crimes and Crimes against Humanity)에 명시적으로 규정된 예가 있다. 로마회의시 일본 등 일부 국가 대표들은 전쟁범죄는 시효가 적용되어야 함을 주장한 바 있으나 압도적으로 많은 국가들은 전쟁범죄도 시효가 적용되어서는 안 된다는 입장을 표명하여 제29조가 채택되었다.

프랑스는 로마규정 제29조가 프랑스 헌법과 충돌한다고 판단하여 프랑스 헌법을 개정하였다. 개정 이전의 프랑스 헌법은 30년 이전에 국제범죄를 범한 사람에 대해 프랑스가 기소 여부를 결정할 수 있도록 하였는데, 프랑스는 이 조항이 시효의 적용을 배제한 로마규정과 충돌한다고 판단한 것이다.

제6절 면소의 판결

> 제7조(면소의 판결) 집단살해죄등의 피고사건에 관하여 이미 국제형사재판소에서 유죄 또는 무죄의 확정판결이 있은 경우에는 판결로써 면소(免訴)를 선고하여야 한다.

이행법률 제7조는 특정인이 집단살해죄등의 피고사건에 관하여 이미 국제형사재판소에서 유죄 또는 무죄의 확정판결을 받은 때에는 우리나라의 법원이 판결로써 면소의 선고를 하도록 하고 있다. 이는 로마규정 제20조 일사부재리 조항을 이행하기 위한 것이다. 특히 로마규정 제20조 2항은 "누구도 재판소에 의하여 이미 유죄 또는 무죄판결을 받은 제5조에 규정된 범죄에 대하여 다른 재판소에서 재판받지 아니한다."고 규정하고 있다.

오스트리아의 "ICC와의 협력에 관한 법"(Act on Cooperation with the ICC)은

2002년 10월 1일부로 발효하였는데, 이 법 제4조 2항은 ICC가 유죄판결하였거나 석방한 피고인에 대하여 오스트리아는 관할권이 없다고 규정하고 있다.

독일도 "ICC와의 협력에 관한 법률"(Law on Cooperation wit the ICC)을 제정하였고, 이 법 제69조 1항에서 ICC가 관련된 사람을 유죄판결하거나 석방한 경우에 독일에서의 형사절차를 금지하고 있다. 또한, 동 조 2항에서 ICC의 최종판결 이전에 독일에서 형사절차가 시작되었고 독일이 이 사실을 알게 되었다면 독일의 국내절차를 종료하도록 규정하였다.

스웨덴의 "국제형사재판소법"(International Criminal Court Act) 제16조도 범죄행위가 국제형사재판소에 의해 최종적으로 재판을 받은 경우 그 사건은 스웨덴에서 다시 절차가 개시되거나 진행될 수 없도록 하고 있다.

제7절 사람에 대한 전쟁범죄

제10조(사람에 대한 전쟁범죄)

① 국제적 무력충돌 또는 비국제적 무력충돌(폭동이나 국지적이고 산발적인 폭력행위와 같은 국내적 소요나 긴장 상태는 제외한다. 이하 같다)과 관련하여 인도에 관한 국제법규에 따라 보호되는 사람을 살해한 사람은 사형, 무기 또는 7년 이상의 징역에 처한다.

② 국제적 무력충돌 또는 비국제적 무력충돌과 관련하여 다음 각 호의 어느 하나에 해당하는 행위를 한 사람은 무기 또는 5년 이상의 징역에 처한다.

1. 인도에 관한 국제법규에 따라 보호되는 사람을 인질로 잡는 행위
2. 인도에 관한 국제법규에 따라 보호되는 사람에게 고문이나 신체의 절단 등으로 신체 또는 건강에 중대한 고통이나 손상을 가하는 행위
3. 인도에 관한 국제법규에 따라 보호되는 사람을 강간, 강제매춘, 성적 노예화, 강제임신 또는 강제불임의 대상으로 삼는 행위

③ 국제적 무력충돌 또는 비국제적 무력충돌과 관련하여 다음 각 호의 어느 하나에 해당하는 행위를 한 자는 3년 이상의 유기징역에 처한다.

1. 인도에 관한 국제법규에 따라 보호되는 사람을 국제법규를 위반하여 주거지로부터 추방하거나 이송하는 행위
2. 공정한 정식재판에 의하지 아니하고 인도에 관한 국제법규에 따라 보호되는

사람에게 형을 부과하거나 집행하는 행위
3. 치료의 목적 등 정당한 사유 없이 인도에 관한 국제법규에 따라 보호되는 사람을 그의 자발적이고 명시적인 사전 동의 없이 생명·신체에 중대한 위해를 끼칠 수 있는 의학적·과학적 실험의 대상으로 삼는 행위
4. 조건 없이 항복하거나 전투능력을 잃은 군대의 구성원이나 전투원에게 상해(傷害)를 입히는 행위
5. 15세 미만인 사람을 군대 또는 무장집단에 징집 또는 모병의 방법으로 참여하도록 하거나 적대행위에 참여하도록 하는 행위
④ 국제적 무력충돌 또는 비국제적 무력충돌과 관련하여 인도에 관한 국제법규에 따라 보호되는 사람을 중대하게 모욕하거나 품위를 떨어뜨리는 처우를 한 사람은 1년 이상의 유기징역에 처한다.
⑤ 국제적 무력충돌과 관련하여 다음 각 호의 어느 하나에 해당하는 행위를 한 사람은 3년 이상의 유기징역에 처한다.
1. 정당한 사유 없이 인도에 관한 국제법규에 따라 보호되는 사람을 감금하는 행위
2. 자국의 주민 일부를 점령지역으로 이주시키는 행위
3. 인도에 관한 국제법규에 따라 보호되는 사람으로 하여금 강제로 적국의 군대에 복무하도록 하는 행위
4. 적국의 국민을 강제로 자신의 국가에 대한 전쟁 수행에 참여하도록 하는 행위
⑥ 제2항·제3항 또는 제5항의 죄를 범하여 사람을 사망에 이르게 한 사람은 사형, 무기 또는 7년 이상의 징역에 처한다.
⑦ 제1항부터 제5항까지에 규정된 죄의 미수범은 처벌한다.

I. 전쟁범죄에 대한 개관

1. 전쟁범죄의 의의

로마규정상 전쟁범죄라 함은 1949년 제네바 4개 협약의 규정하에 보호되는 사람을 고의적으로 살해하는 등 제네바협약의 중대한 위반과 기타 국제적 무력충돌에 적용되는 법과 관습에 대한 중대한 위반, 제네바 4개 협약의 공통3조의 중대한 위반과 기타 비국제적 성격의 무력충돌에 적용되는 법과 관습에 대한 중대한 위반행위를 말한다.

2. 이행법률의 전쟁범죄 조항과 로마규정상의 전쟁범죄 비교

이행법률의 전쟁범죄 조항 규정은 로마규정의 전쟁범죄 조항과 체제를 달리한다. 로마규정에서는 국제적 무력충돌과 비국제적 무력충돌을 나누어 각각 적용되는 국제인도법의 규범을 규정하고 이에 대한 위반을 전쟁범죄로 규정하고 있다. 즉, 로마규정 제8조는 국제적 무력충돌에 적용되는 1949년 제네바협약의 중대한 위반, 제네바협약의 중대한 위반은 아닌 다른 국제인도법 위반과 비국제적 무력충돌에 적용되는 1949년 제네바협약의 공통3조 위반과, 공통3조 위반은 아닌 다른 국제인도법 위반의 네 가지 유형의 전쟁범죄를 규정하고 있다.

이에 비하여 우리나라의 이행법률은 국제적 무력충돌과 비국제적 무력충돌로 나누기보다 사람에 대한 전쟁범죄, 재산 및 권리에 대한 전쟁범죄, 인도적 활동이나 식별표장 등에 관한 전쟁범죄, 금지된 방법에 의한 전쟁범죄, 금지된 무기를 사용한 전쟁범죄로 나누어 규정하고 있다. 이는 독일의 "국제범죄법"(Act to Introduce the Code of Crimes against International Law)의 체제와 유사한 것으로 보인다. 독일은 이러한 방식이 독일 헌법에서 천명하고 있는 죄형법정주의에 합치하기 위한 명료성을 확보하기에 적합한 방식으로 판단하였다.

Ⅱ. 제10조 사람에 대한 전쟁범죄

이행법률 제10조는 사람에 대한 전쟁범죄를 규정하고 있다. 제10조는 국제적 무력충돌과 비국제적 무력충돌에 모두 적용된다. 또한 제10조는 사람을 살해하거나, 고문하거나, 인질로 잡는 것 등 사람에 대한 전쟁범죄를 포괄적으로 규정하고 있다.

이행법률 제10조 1항은 살인에 의한 전쟁범죄를 규정하는 데 로마규정 제8조 2항 가 (1)호와 다 (1)호에 근거하고 있다. 이행법률 제10조 2항 1호는 "인질행위"에 의한 전쟁범죄를 규정하는 데 로마규정 제8조 2항 가 (8)호와 다 (3)호에 근거하고 있다. 이행법률 제10조 2항 2호는 "고문이나 신체절단행위"에 의한 전쟁범죄를 규정하며, 로마규정 제8조 2항 가 (2)호와 다 (1)호에 근거하고 있다. 이행법률 제10조 2항 3호는 "강간 등 성폭력"에 의한 전쟁범죄를 규정하며, 로마규정 제8조

2항 나 (22)와 마 (6)호에 근거한다.

이행법률 제10조 3항 1호는 "주민의 추방 또는 이송행위"에 의한 전쟁범죄를 규정하며, 로마규정 제8조 2항 가 (7)호와 나 (8)호 그리고 마 (8)호에 근거하고 있다. 이행법률 제10조 3항 2호는 "즉결처형"에 의한 전쟁범죄를 규정하며, 로마규정 제8조 2항 가 (6)호와 다 (4)호를 반영한다. 이행법률 제10조 3항 3호는 "생체실험"에 의한 전쟁범죄를 규정하며, 로마규정 제8조 2항 가 (2)호와 나 (10)호 그리고 마 (11)호에 근거한다. 이행법률 제10조 3항 4호는 "전투능력 상실자를 상해"하는 전쟁범죄를 규정하며, 로마규정 제8조 2항 나 (6)호와 다 (1)호를 반영하고 있다. 이행법률 제10조 3항 5호는 "아동사병의 징집 등"에 의한 전쟁범죄를 규정하며, 로마규정 제8조 2항 나 (26)호와 마 (7)호를 반영하고 있다.

이행법률 제10조 4항은 "모욕적인 대우"에 의한 전쟁범죄를 규정하며, 로마규정 제8조 2항 나 (21)호와 다 (2)호에 근거한다. 이행법률 제10조 5항 1호는 "불법감금"에 의한 전쟁범죄를 규정하며, 로마규정 제8조 2항 가 (7)호에 근거한다. 이행법률 제10조 5항 2호는 "자국주민을 점령지역으로 이주시키는 행위"에 의한 전쟁범죄를 규정하며, 로마규정 제8조 2항 나 (8)호를 반영한다. 이행법률 제10조 5항 3호는 "적국 군대에 복무하도록 하는 행위"에 의한 전쟁범죄를 규정하며, 로마규정 제8조 2항 가 (5)호를 반영한다. 이행법률 제10조 5항 4호는 "자국에 대한 전쟁수행에 참여하도록 하는 행위"에 의한 전쟁범죄를 규정하며, 로마규정 제8조 2항 나 (15)호에 근거한다.

결론적으로, 이행법률 제10조는 로마규정의 전쟁범죄 중에서 사람과 관련된 전쟁범죄를 재구성하여 모두 포함하고 있다고 평가된다. 자세한 범죄의 구성요건은 로마규정의 범죄구성요건을 참작하는 것이 필요하다.

III. 국제형사재판소의 관할에 속하는 전쟁범죄의 정의

1. 로마규정 제8조의 구성과 비국제적 무력충돌시의 전쟁범죄

전쟁범죄는 로마회의 당시 가장 어려운 쟁점 중의 하나였다. 특히 어려운 문제는 제네바협약의 제2추가의정서(Protocol II additional to the Geneva Convention)에서 금지한 행위들을 전쟁범죄로 규정할 것인지와 관련하여 비국제적 무력충돌에서도 국제적 무력충돌시에 적용되는 금지행위 규정들이 적용되는지의 문제, 핵무기의 사용금지문제, 아동의 징집문제 등이었다. 이 외에도 강간 등 성범죄의 전쟁범죄화 문제 등이 어려운 쟁점이었다.

이 글에서는 필자의 회의참가 경험을 기초로 첫째, 국제형사재판소 규정상의 전쟁범죄에 관해 로마규정 제8조의 전체적인 체계, 제8조에 나타난 전쟁범죄의 정의와 기존의 국제인도법 관련 조약규정의 관련성, 핵무기의 사용문제 등 전쟁범죄의 정의규정을 살펴보고, 둘째로, 경과규정 등 전쟁범죄의 적용을 위한 관련규정을 중심으로 논의해 보고자 한다.

로마규정 제8조는 국제적 무력충돌시와 비국제적 무력충돌시에 발생가능한 전쟁범죄를 열거하고 있는 세부조항으로 구성되어 있다. 이와 관련하여 로마회의에 참가한 각국 대표단은 비국제적 무력충돌시 적용가능한 대표적인 조약규정으로 제네바 4개 협약의 공통된 3조(common article 3)와 제네바협약의 제2추가의정서를 기초로 토의를 진행하였다. 이들 조약규정은 통합초안에 대안(option)으로서 반영되어 있었다. 공통된 3조에 의해 금지된 행위들에 대해서는 각국 대표 사이에 이들 금지행위를 전쟁범죄로 포함시키는 데 이견이 거의 없었다. 그러나 이 제2추가의정서에 대해 일부 국가는 국제관습법상 승인된 전쟁범죄만을 로마규정에 포함시켜야 한다고 주장하였다. 즉, 이들 국가는 1949년 제네바협약, 1907년 헤이그협약과 1925년 제네바협약에 열거된 전쟁범죄만을 포함할 것을 주장하였다. 그러나 다른 압도적으로 많은 국가들은 국제형사재판소가 1949년 제네바협약의 추가의정서들에 열거된 범죄도 포함시켜야 한다고 주장하였다. 로마회의 중의 많은 논쟁과 타협의 산물로서 로마규정 제8조 2항 (e)는 제네바협약 제2추가의정서의 금지행위 조항에서 유래한 행위들을 국제형사재판소가 처벌할 전쟁범죄로서 규정하게 되었다.

로마규정 제8조는 국제형사재판소의 관할에 속하는 전쟁범죄를 정의하고 있다. 제8조는 크게 네 가지의 종류의 전쟁범죄를 규정하고 있다. 첫째, 제8조 2항 (a)는 1949년 제네바협약들의 중대한 위반(grave breaches)행위를 규정하고 있다. 둘째, 제8조 2항 (b)는 "국제법의 확립된 체제 내에서 국제적 무력충돌시 적용할 수 있는 법과 관습에 대한 다른 중대한 위반"을 규정하고 있는데, 이는 주로 제네바협약 제1 추가의정서와 헤이그규칙에서 유래한 것이다. 셋째, 제8조 2항 (c)는 "제네바 4개 협약에 공통된 제3조의 중대한 위반"을 규정하고 있으며, 이는 비국제적 무력충돌시 발생하는 전쟁범죄 중 공통된 제3조 위반행위를 전쟁범죄로서 명문화한 것이다. 넷째, 제8조 2항 (e)는 "국제법의 확립된 체제 내에서 비국제적 성격의 무력충돌시 적용할 수 있는 법과 관습에 대한 다른 중대한 위반"을 전쟁범죄로서 규정하고 있으며, 이는 주로 제네바협약 제2추가의정서에서 유래한 것이다.

이러한 국제전과 비국제전의 구별은 국제인도법의 관련 조약들이 국제전과 비국제전을 구별하여 전쟁법규 위반행위를 규정하고 있는 것에서 유래한다. 그러나 이러한 국제전과 비국제전의 구별은 국제인도법이 발전하면서 점차 약화되었다. 실제로 로마회의에서 많은 국가들이 본래 국제적 무력충돌에서 적용되는 규정들이 비국제적 무력충돌에도 적용되어야 한다는 입장을 견지하였고, 그 결과 국제적 무력충돌시에 발생하는 전쟁범죄를 규정한 제8조 2항 (b)와 유사한 내용이 비국제적 무력충돌시 발생하는 전쟁범죄를 규정한 제8조 2항 (e)에 규정되었다.

2. 로마규정 제8조 제1항과 관련된 논의

제8조 1항은 재판소가 관할하는 전쟁범죄를 제한하는 문턱조항(threshold)의 의미를 가진다. 로마회의시 토의의 기초가 되었던 통합초안(Draft Statute)은 제1항에 두 가지 대안을 제시하였다. 첫째는 전쟁범죄가 "오직"(only) 계획이나 정책의 일부로서 또는 그러한 범죄의 광범위한 수행의 일부로서 저질러진 경우에만 재판소가 관할권을 행사하도록 하였다. 두 번째 대안은 전쟁범죄가 "특히"(in particular) 계획이나 정책의 일부로서 또는 그러한 범죄의 광범위한 수행의 일부로서 저질러진 경우에 재판소가 관할권을 행사하도록 하였다. 절대 다수의 국가들이 첫 번째 대안은 지나치게 재판소의 관할대상인 전쟁범죄의 범위를 제한한다는 이유로 두 번째 대안을 선호하였다. 따라서 제1항은 두 번째 대안을 채택하였다. 제8조 1항이 "특히"라는 용어를 채택한 것은 동 조 2항에 열거된 전쟁범죄가 반드시 계획이나 정책의 일부로서 행해지거나 광범위한 범죄수행의 일부로서 저질러진 경우에만 국제형사재판소가 관할권을 행사할 수 있는 것이 아니라 그렇지 않은 경우에도 관할권을 행사할 수 있음을 의미한다. 따라서 국제형사재판소는 필요한 경우 정책의 일부도 아니고 광범위한 범죄수행의 일부로서 행해지지도 않은 2항에 열거된 전쟁범죄 중 한 가지 전쟁범죄에 대해서도 관할권을 행사할 수 있을 것이다.

3. 로마규정 제8조 2항의 전쟁범죄 정의규정과 기존의 국제인도법

(1) 제8조 2항(a): 제네바협약상의 중대한 위반행위

제8조 2항은 전쟁범죄의 정의를 규정한 조항으로서 동항 (a)는 제네바협약상의 중대한 위반행위에서 유래한다. 1949년의 제네바 4개 협약은 각기 중대한 위반행위를 규정하고 있다. 즉, 제네바 제1협약(육전에서의 상병자 보호) 제50조, 제네바 제2협약(해전에서의 상병자 보호) 제51조, 제네바 제3협약(포로의 대우) 제130조, 제네바 제4협약(전시민간인의 보호) 제147조는 각 협약상의 중대한 위반행위를 규정하고 당사국에게 그러한 위반행위를 처벌할 의무를 부과하고 있다. 로마규정 제8조 제2항 (a)는 이러한 중대한 위반행위를 전쟁범죄화한 것으로 로마회의시 각국 대표단은 동 항을 채택하는 것에 쉽게 합의하였다.

(2) 제8조 2항(b): 국제적 무력충돌시 적용되는 국제인도법과 관습에 대한 다른 중대한 위반행위

제8조 2항 (b)는 제네바협약상의 중대한 위반은 아니나 국제인도법과 관습에 대한 중대한 위반행위를 규정하고 있다. 제2항 (b)는 제네바협약 제1추가의정서와 헤이그규칙에서 유래하였으며, 국제인도법 규정과 구체적으로 비교하면, 먼저 (i)항은 제네바협약 제1추가의정서 제85조 3항 (a)와 유사하며, (ii)항은 제1추가의정서 제52조 1항과 유사한 규정이다. 또한, (iii)항은 제1추가의정서 제70조와 제71조에 근거하고 있는 듯하며, 또한 "UN 요원 등의 안전에 관한 협약"에 기초하고 있다. (iv)항은 제1추가의정서 제51조 5항 (b)와 제85조 3항에서 유래한 것으로 보인다. (v)항은 제1추가의정서 제59조에서, (vi)항은 제1추가의정서 제41조에서, (vii)항은 제1추가의정서 제37조 내지 제39조와 제85조 3항 (f) 및 헤이그규칙 제23조 (f)에서 각각 유래한 듯하다. (viii)항은 제네바 제4협약 제45조와 제1추가의정서 제85조 4항 (a)에서 유사규정을 찾을 수 있다. 다음으로 (ix)항은 헤이그규칙 제56조와 제1추가의정서 제85조 4항 (d) 등에서, (x)항은 제1추가의정서 제11조에서, (xi)항은 헤이그규칙 제23조(b)에서, (xii)항은 헤이그규칙 제23조 (d)와 제1추가의정서 제40조에서 유사규정이 발견된다. (xiii)항은 헤이그규칙 제23조 (g)에서, (xvi)항은 헤이그규칙 제23조 (h)에서, (xv)항은 헤이그규칙 제23조 마지막 문단에서 그 근거를 찾아볼 수 있다. (xvi)항은 헤이그규칙 제28조에, (xvii)항은 헤이그

규칙 제23조 (a)에 근거하고 있다. (xviii)항은 국제관습법화된 1899년 질식가스 등에 관한 헤이그 제2선언과 1925년 제네바의정서에 근거하고 있으며, (xix)항은 역시 국제관습법화된 1899년 확장탄환에 관한 헤이그 제3선언에서 유래한다. (xx)항은 핵무기 등 금지무기를 상정한 조항이나 후술하는 바와 같은 교섭과정을 거쳐 채택된 것이며, (xxi)항은 제1추가의정서 제75조 2항 (b)와 제85조 4항 (c)와 유사하다. (xxii)항은 강간 등 성범죄에 의한 전쟁범죄로서 제네바 제4협약 제27조 2항은 강간을 금지하고 있다. 또한 제네바 제1추가의정서 제75조 2항 (b)도 강제매춘 (enforced prostitution)과 여타의 성범죄(any form of indecent assault)를 금지하고 있다. (xxiii)항은 제네바 제4협약 제28조와 제1추가의정서 제28조 1항에 근거하고 있으며, (xxiv)항은 제네바 제4협약 제18조, 제네바 제1협약 제19조, 제1추가의정서 제18조 5항에서 유래한 것으로 보인다. (xxv)항은 제네바 제4협약 제23조와 제1추가의정서 제54조에서 유래하며, 끝으로 (xxvi)항은 제1추가의정서 제77조 2항과 아동의 권리에 관한 협약 제38조 2항에 근거하고 있다.

(3) 제8조 2항(c): 제네바협약의 공통된 제3조 위반행위

제2항 (c)는 비국제적 무력충돌시 금지되는 행위를 규정한 제네바 4개 협약의 공통된 3조에서 유래한 전쟁범죄행위이다. 로마회의 초기단계에서 일부 국가는 비국제적 무력충돌에서 적용되는 금지규정을 모두 형사재판소 관할범죄에서 제외하자고 주장하여 공통된 3조 위반행위도 전쟁범죄로 규정하는 것을 반대하였으나, 압도적으로 많은 국가들이 비국제적 무력충돌에서 적용되는 금지규정도 전쟁범죄로서 규정해야 하며 특히 공통된 3조에서 금지한 행위들은 전쟁범죄로서 형사재판소가 처벌해야 한다는 입장을 표명하였다. 이에 따라 공통된 3조의 위반행위들이 전쟁범죄로서 로마규정 제8조 2항 (c)에 규정되었다.

(4) 제8조 2항(e): 비국제적 무력충돌시 적용되는 국제법과 관습에 대한 다른 중대한 위반행위

제2항 (e)는 국제법의 확립된 체제 내에서 비국제적 성격의 무력충돌시 적용할 수 있는 법과 관습에 대한 다른 중대한 위반행위를 전쟁범죄로서 규정하고 있는바, 이는 주로 제2추가의정서에 있는 금지행위로부터 유래한 것이다. 제2항 (e)의 로마규정 포함 여부를 두고 로마회의시 국가들은 많은 논쟁과 대립을 보였다.

특히 제2추가의정서의 금지행위가 국제관습법이 되지 않았다는 이유로 반대하는 국가가 많았다. 그러나 많은 국가들은 오늘날 비국제적 무력충돌의 희생자가 실제로 다수 발생하고 비국제적 무력충돌의 경우에도 국제적 무력충돌시 적용되는 금지규정들을 적용할 필요성이 절실함을 이유로 (e)항의 포함을 강하게 주장한바, 일괄타결의 일부로서 (e)항의 채택이 가능하게 되었다.

(e)항을 구체적으로 살펴보면, (i)항은 제2추가의정서 제13조 2항에서, (ii)항은 제2추가의정서 제12조에서 유래하였다. (iii)항은 제2추가의정서 제13조와 제18조 2항에서, (iv)항은 제2추가의정서 제16조에서 유래하였다. (v)항은 제2추가의정서 제4조 2항 (g)에, (vi)항은 동 의정서 제4조 2항 (e)에 근거하고 있다. (vii)항은 제2추가의정서 제4조 3항 (c)에, (viii)항은 제17조 1항에 유사규정을 가지고 있다. (ix)항은 국제적 무력충돌에 적용되는 국제관습법인 헤이그규칙 제23조 (b)를 비국제적 무력충돌에도 적용되도록 한 것이며, (x)항은 제2추가의정서 제4조 1항에 근거하고 있다. (xi)항은 제2추가의정서 제4조 2항 (a)에 근거하며, (xii)항은 국제적 무력충돌에 적용되는 국제관습법인 헤이그규칙 제23조 (g)를 비국제적 무력충돌에도 적용되도록 한 것이다.

(5) 제8조 2항 (d), (f)와 제3항

제8조 2항 (d)와 (f)는 로마규정 제8조에서 상정하는 비국제적 무력충돌에 "폭동, 고립되고 산발적인 폭력행위 또는 이와 유사한 성격의 다른 행위와 같은 국내적 소요나 긴장상태"는 포함되지 아니함을 명확히 하고 있다.

한편 (f)항은 "제2항 (e)는 정부당국과 조직된 무장집단간 또는 그러한 무장집단간에 장기간의 무력충돌이 존재할 때, 그 국가의 영역에서 발생하는 무력충돌에 적용된다."고 규정하고 있는바, 그 이유는 제네바협약 제2추가의정서의 적용요건보다 완화된 요건을 규정하기 위한 것이다. 즉, 동 의정서 제1조 1항은 동 의정서가 적용되는 상황은 분쟁당사자의 적어도 한 측이 정부당국이고, 반군이 일정한 영역을 합리적인 지휘하에 군사작전과 동 의정서의 이행이 가능한 정도로 통제하고 있어야 할 것을 요건으로 하고 있다. 이에 반해, 로마규정 제8조 2항 (f)는 어느 한 측이 정부당국일 것을 요구하지 않으며 합리적인 지휘하에 있을 것과 일정 영역을 어느 정도로 통제할 것도 요구하지 않고 있다. 다만, (f)항은 무장집단간의 장기간의 무력충돌이 있으면 (e)항이 적용되도록 하고 있다. 이러한 점에서 (f)항은 기존 국제법규정에 비해 상당한 진전으로 평가된다.

한편, 로마규정 제8조 3항은 비국제적 무력충돌시 "제2항 (c)와 (d)의 어떠한 규정도 모든 정당한 수단에 의하여 그 국가 내에서 법과 질서를 유지하거나 재확립하려는, 또는 그 국가의 통일성과 영토보전을 지키려는 정부의 책임에 영향을 미치지 아니한다."고 하고 있는바, 이는 제2항 (c)와 (d)가 한 국가의 영토보전을 침해하는 외국의 간섭에 이용되어서는 안 된다는 일부 국가들의 우려를 반영한 것이라고 볼 수 있다.

4. 전쟁범죄 관련 경과조항

로마규정 제124조는 전쟁범죄와 관련하여 경과조항을 두고 있다. 즉, 로마규정 제124조는 "제12조 1항 및 2항에도 불구하고, 국가는 이 규정의 당사자가 되는 때에, 제8조에 규정된 범죄의 범주에 속하는 범죄가 그 국민에 의하여 행하여지거나 또는 그 영역에서 발생한 혐의를 받는 경우, 이 규정이 그 국가에 대해 발효한 후 7년의 기간 동안 이러한 범주의 범죄에 대한 재판소의 관할권을 수락하지 아니한다고 선언할 수 있다."고 하여 전쟁범죄에 관하여 당사국은 7년 동안 전쟁범죄에 대한 재판소의 관할권으로부터 면제를 받을 것을 선언할 수 있다. 따라서 제124조에 의하여 전쟁범죄에 대한 재판소의 관할권을 수락하지 않은 국가와 관련하여, 재판소는 그 국가의 국민이 전쟁범죄를 범했거나 그 국가의 영역에서 전쟁범죄가 범해진 경우에는 관할권을 행사할 수 없다. 제124조에 따른 선언은 언제든지 철회될 수 있으며 동 조의 규정은 제123조 1항에 따라 소집되는 검토회의에서 검토된다. 7년의 기간은 당해 당사국에게 재판소규정이 발효하는 시점부터 기산된다.

한편, 동 조에서 주의해야 할 점은 제124조에 의한 재판소 관할권면제는 재판소의 관할권이 당사국의 보고에 의해서나 또는 독립검사에 의해 시작된 경우에만 해당한다는 점이다. 즉, UN안전보장이사회가 재판소에 상황을 보고하여 재판소가 관할권을 행사하는 경우에는 제124조가 적용되지 않는다.

제124조는 로마회의 마지막 단계에서 미국의 주장으로 일괄타결안(package deal)의 일부로서 채택된 것이며, 국가들이 로마규정에 가입하면서 7년 동안 전쟁범죄 관련 재판소의 관할권을 면제받는 경과조항의 의미를 갖는다고 하겠다.

그 후 프랑스는 로마규정을 비준하면서 제124조에 의한 선언을 하였다가 2008년 8월 이 선언을 철회한 바 있다. 제124조는 2015년 11월 26일 결의(resolution

ICC-ASP/14/Res.2)에 의해 삭제되었다.[1]

제8절   재산 및 권리에 대한 전쟁범죄

제11조(재산 및 권리에 대한 전쟁범죄)
① 국제적 무력충돌 또는 비국제적 무력충돌과 관련하여 적국 또는 적대 당사자의
재산을 약탈하거나 무력충돌의 필요상 불가피하지 아니한데도 적국 또는 적대
당사자의 재산을 국제법규를 위반하여 광범위하게 파괴·징발하거나 압수한 사
람은 무기 또는 3년 이상의 징역에 처한다.
② 국제적 무력충돌과 관련하여 국제법규를 위반하여 적국의 국민 전부 또는 다수
의 권리나 소송행위가 법정에서 폐지·정지되거나 허용되지 아니한다고 선언한
사람은 3년 이상의 유기징역에 처한다.
③ 제1항 또는 제2항에 규정된 죄의 미수범은 처벌한다.

I. 로마규정상의 근거

이행법률 제11조는 재산 및 권리에 대한 전쟁범죄를 규정한다. 전쟁범죄는
사람에 대해서뿐만 아니라 재산 및 권리에 대해서도 범하여질 수 있다. 예를 들어
1907년 헤이그규칙 제28조도 약탈행위를 금지하고 있다.

이행법률 제11조 1항은 약탈, 징발, 파괴에 의한 전쟁범죄를 규정하며, 로마
규정 제8조 2항 가 (4)호, 나 (13)호, 마 (12)호, 나 (16)호와 마 (5)호에 근거한다.
이행법률 제11조 2항은 다른 권리의 침해에 의한 전쟁범죄를 규정하며, 로마규정
제8조 2항 나 (14)호를 반영한다.

이행법률 제11조는 로마규정상의 전쟁범죄 중 재산 및 권리에 대한 전쟁범죄
를 모두 반영하고 있는 것으로 평가된다.

---

1) Young Sok Kim, The Law of the International Criminal Court (2nd Ed.,William S. Hein & Co., Inc. 2019) p. 405.

Ⅱ. 약   탈

약탈(pillaging)은 특정재산을 범죄자가 사적인 사용을 위해 소유할 의사로 원소유자의 동의 없이 그 사람으로부터 점유를 박탈하는 행위를 말한다. 약탈에 의한 전쟁범죄는 "적국 또는 적대당사자의 재산"에 대해서만 적용된다. 약탈자와 같은 편의 주민이 소유한 재산에 대해서는 약탈죄가 성립되지 않는다.

Ⅲ. 징발 또는 압수

징발(appropriation) 또는 압수(confiscation)는 특정 재산을 권한 있는 사람으로부터 그 사람의 동의 없이 점유를 상당기간 박탈하는 행위를 말한다. 국제인도법에서는 징발 또는 압수는 구별되지 않고 종종 동의어로 사용되기 때문에 두 용어를 엄밀히 구별할 필요는 없다. 징발 또는 압수와 약탈의 다른 점은 징발 또는 압수의 경우에는 범죄자가 관련된 재산을 소유할 의사가 없다는 점이다.

징발 또는 압수의 대상이 되는 재산은 적국 또는 적대당사자의 재산이어야 한다. 범죄자와 같은 편 또는 제3국의 재산은 보호대상이 아니다.

징발 또는 압수는 광범위하게(extensive) 이루어져야 한다. 한 건의 불법 압수는 이행법률 제11조상의 압수에 해당하지 않는다. 이러한 행위는 형법상의 범죄가 될 수 있지만 국제인도법상의 압수에 의한 전쟁범죄를 구성하지는 않는다.

제11조는 "무력충돌의 필요상 불가피하지 아니함에도"라는 문구를 두어 "군사적 필요"(military necessity)가 있을 경우에 징발 또는 압수가 허용될 수 있는 가능성을 규정하고 있다. 즉, 군사적 필요로 인해 불가피한 경우 징발 또는 압수를 하여도 전쟁범죄로서 처벌되지 않을 수 있다. 예를 들어 제4협약 제57조는 부상병을 치료하기 위한 긴급한 필요가 있는 예외적인 경우에 민간병원을 징발할 수 있음을 규정하고 있다.

그러나 "군사적 필요"는 매우 엄격하게 해석하여야 한다. 첫째로, 군사적 필요가 있더라도 징발 또는 압수가 완전히 금지되는 경우가 있다. 예를 들어 중요한 문화재를 징발 또는 압수하는 것은 제1추가의정서 제53조와 제2추가의정서 제16

조에 의해 어떤 경우에도 금지된다. 이렇게 완전히 징발 또는 압수를 금지하는 규정이 없는 경우에도 군사적 필요를 이유로 징발 또는 압수하는 것은 최후의 수단으로서 행하여지는 것이 타당하다.

Ⅳ. 파   괴

이행법률 제11조는 "무력충돌의 필요상 불가피하지 아니함에도 적국 또는 적대당사자의 재산을 국제법규에 위반하여 광범위하게 파괴"하는 행위를 전쟁범죄로서 규정하고 있다. 이 범죄는 군사작전을 수행하는 과정에서 발생할 수도 있고, 적의 재산을 범죄자가 속한 국가가 점유하고 있는 경우에 발생할 수도 있다. 군사작전 중에 적의 재산을 파괴하는 것은 군사목표가 될 수 없는 재산을 파괴하는 전쟁범죄와 겹치는 부분이 있기 때문에 독일의 법률은 재산의 파괴범죄는 적의 재산을 점유하고 있으면서 파괴하는 경우만 한정하여 규정하고 있다. 그러나 우리나라의 이행법률은 독일과 같은 제한을 두고 있지 않은 것으로 보인다.

군사적 필요 등 다른 요건은 징발 또는 압수의 경우에 적용되는 요건과 유사하다. 제4협약 제53조는 절대적으로 필요한 경우 적국이나 적국 개인의 재산을 파괴할 수 있음을 규정하고 있다. 그러나 군사적 필요가 징발이나 압수에 의해 달성될 수 있는데도 관련 재산을 파괴하는 것은 비례성의 원칙을 위반한 것이 될 것이다.

Ⅴ. 제11조 2항(다른 권리의 침해)

이행법률 제11조 2항은 국제적 무력충돌과 관련하여 적국의 국민 전부 또는 다수의 권리나 소송행위가 법정에서 폐지, 정지 또는 불허된다고 선언한 자를 처벌하도록 하고 있다. 먼저 이 조항은 국제적 무력충돌에만 적용된다. 이 조항은 로마규정 제8조 2항 나 (14)호에 근거를 두고 있고 로마규정의 이 조항은 헤이그규칙 제23조 (h)항을 채택한 것이다. 이 조항은 점령된 지역에서 사법부의 권한을 완전히 또는 부분적으로 정지시키는 것을 막기 위한 것이다. 이 조항에 의하면 적국의 국민의 제소권이나 재산권을 침해하는 것 자체가 범죄가 된다. 우리나라의 이행법률에 의하여도 동일한 해석이 가능하다.

이 조항이 적용되기 위해서는 침해가 상당히 광범위하여야 한다는 주장이 있다. 이를 주장하는 입장에서는 재산권 등의 경미한 침해가 국제형사재판소의 관할범죄를 규정한 로마규정 제5조 1항상의 "국제공동체 전체의 관심사인 가장 중요한 범죄"에 해당한다고 보기 어렵기 때문이라고 한다. 결국 각 사안의 구체적인 판단은 개별적으로 법원이 결정하여야 할 문제라고 보인다.

제9절 인도적 활동이나 식별표장 등에 관한 전쟁범죄

제12조(인도적 활동이나 식별표장 등에 관한 전쟁범죄)

① 국제적 무력충돌 또는 비국제적 무력충돌과 관련하여 다음 각 호의 어느 하나에 해당하는 행위를 한 사람은 3년 이상의 유기징역에 처한다.

　1. 국제연합헌장에 따른 인도적 원조나 평화유지임무와 관련된 요원·시설·자재·부대 또는 차량이 무력충돌에 관한 국제법에 따라 민간인 또는 민간대상물에 부여되는 보호를 받을 자격이 있는데도 그들을 고의적으로 공격하는 행위

　2. 제네바협약에 규정된 식별표장(識別表裝)을 정당하게 사용하는 건물, 장비, 의무부대, 의무부대의 수송수단 또는 요원을 공격하는 행위

② 국제적 무력충돌 비국제적 무력충돌과 관련하여 제네바협약에 규정된 식별표장·휴전기(休戰旗), 적이나 국제연합의 깃발·군사표지 또는 제복을 부정한 방법으로 사용하여 사람을 사망에 이르게 하거나 사람의 신체에 중대한 손상을 입힌 사람은 다음의 구분에 따라 처벌한다.

　1. 사람을 사망에 이르게 한 자는 사형, 무기 또는 7년 이상의 징역에 처한다.

　2. 사람의 신체에 중대한 손상을 가한 자는 무기 또는 5년 이상의 징역에 처한다.

③ 제1항 또는 제2항에 규정된 죄의 미수범은 처벌한다.

Ⅰ. 제12조 인도적 활동이나 식별표장 등에 관한 전쟁범죄

이행법률 제12조는 인도적 활동이나 식별표장 등에 관한 전쟁범죄를 규정한다. 인도적 활동에 관한 전쟁범죄는 로마규정에서 새롭게 포함된 전쟁범죄라고 할

수 있다. 로마규정 제8조 2항 나 (3)호는 "인도적 활동에 대한 공격"(Attack against Humanitarian Assistance Missions)을 금지하고 있는데, "인도적 활동"을 명확히 규정하고 있는 국제인도법 조약은 존재하지 않는다. 그러나 제네바 제4협약 59조에서 63조와 제1추가의정서 제70조 및 제71조에 "구호활동에 종사하는 사람이나 장비"(relief personnel, equipments) 등을 보호할 것을 규정하고 있다. 인도적 활동은 적어도 이러한 구호활동을 포함하는 개념으로 이해된다.

Ⅱ. 제12조 1항

이행법률 제12조 1항 1호는 로마규정 제8조 2항 나 (3)호와 마 (3)호에 근거한다.

이행법률 제12조 1항 2호는 로마규정 제8조 2항 나 (25)호와 마 (2)호를 반영한다. "제네바협약에 규정된 식별표장"은 제네바 제1협약 제38조에 있는 적십자, 적신월 그리고 적사자와 적태양이며, 최근 제네바협약에 대한 제3추가의정서의 채택으로 적수정이 포함되었다.

Ⅲ. 제12조 2항

이행법률 제12조 2항은 로마규정 제8조 2항 나 (7)호에 근거한 조항이다. 제12조 2항은 제네바협약에 규정된 식별표장, 휴전기, 적의 깃발·군사표지 또는 제복, 국제연합(UN)의 깃발·군사표지 또는 제복을 부정한 방법으로 사용하여 사람을 사망시키거나 신체에 중대한 손상을 가하는 행위를 처벌한다.

Ⅳ. 평   가

이행법률의 조항은 로마규정의 내용을 잘 반영하고 있다고 평가된다. 이행법률 제12조는 독일의 이행법률인 국제범죄법전 제11조 1항과 같이 인도적 활동이나 식별표장 등에 관한 범죄에 있어서 국제적 무력충돌과 비국제적 무력충돌을 구별하지 않는다.

제10절 금지된 방법에 의한 전쟁범죄

제13조(금지된 방법에 의한 전쟁범죄)

① 국제적 무력충돌 또는 비국제적 무력충돌과 관련하여 다음 각 호의 어느 하나에 해당하는 행위를 한 사람은 무기 또는 3년 이상의 징역에 처한다.

1. 민간인 주민을 공격의 대상으로 삼거나 적대행위에 직접 참여하지 아니한 민간인 주민을 공격의 대상으로 삼는 행위

2. 군사목표물이 아닌 민간 대상물로서 종교·교육·예술·과학 또는 자선 목적의 건물, 역사적 기념물, 병원, 병자 및 부상자를 수용하는 장소, 무방비 상태의 마을·거주지·건물 또는 위험한 물리력을 포함하고 있는 댐 등 시설물을 공격하는 행위

3. 군사작전상 필요에 비하여 지나치게 민간인의 신체·생명 또는 민간 대상물에 중대한 위해를 끼치는 것이 명백한 공격 행위

4. 특정한 대상에 대한 군사작전을 막을 목적으로 인도에 관한 국제법규에 따라 보호되는 사람을 방어수단으로 이용하는 행위

5. 인도에 관한 국제법규를 위반하여 민간인들의 생존에 필수적인 물품을 박탈하거나 그 물품의 공급을 방해함으로써 기아(飢餓)를 전투수단으로 사용하는 행위

6. 군대의 지휘관으로서 예외 없이 적군을 살해할 것을 협박하거나 지시하는 행위

7. 국제법상 금지되는 배신행위로 적군 또는 상대방 전투원을 살해하거나 상해를 입히는 행위

② 제1항 제1호부터 제6호까지의 죄를 범하여 인도에 관한 국제법규에 따라 보호되는 사람을 사망 또는 상해에 이르게 한 사람은 다음의 구분에 따라 처벌한다.

1. 사망에 이르게 한 사람은 사형, 무기 또는 7년 이상의 징역에 처한다.

2. 중대한 상해에 이르게 한 사람은 무기 또는 5년 이상의 징역에 처한다.

③ 국제적 무력충돌 또는 비국제적 무력충돌과 관련하여 자연환경에 군사작전상 필요한 것보다 지나치게 광범위하고 장기간의 중대한 훼손을 가하는 것이 명백한 공격 행위를 한 사람은 3년 이상의 유기징역에 처한다.

④ 제1항 또는 제3항에 규정된 죄의 미수범은 처벌한다.

I. 제13조 금지된 방법에 의한 전쟁범죄

이행법률 제13조는 금지된 방법에 의한 전쟁범죄를 규정하고 있다. 국제인도 법의 중요한 원칙 중의 하나는 "제한의 원칙"이다. 이는 적에 대한 공격행위가 무제한적인 것이 아니며 공격방법과 수단은 일정한 제한을 가지고 있다는 것이다. 1907년 헤이그규칙 제22조도 "적을 해하는 수단을 채택할 수 있는 교전국의 권리가 무제한적인 것은 아니다."라고 규정하고 있다. 따라서 로마규정은 전투수단과 전쟁무기를 제한하는 여러 조항을 두고 있다.

II. 제13조 1항

이행법률 제13조 1항 1호는 로마규정 제8조 2항 나 (1)호와 마 (1)호를 반영한 것이다. 이 호는 민간인 주민을 공격의 대상으로 하는 행위를 전쟁범죄로 규정한다.

이행법률 제13조 1항 2호는 로마규정 제8조 2항 나 (5)호, 나 (9)호와 마 (4)호를 반영한 것이다. 이 호는 종교·교육·예술·과학 또는 자선목적의 건물, 역사적 기념물, 병원, 무방비 상태의 마을, 또는 위험한 물리력을 포함하고 있는 댐 등 시설물을 공격하는 행위를 전쟁범죄로 규정한다. 위험한 물리력을 포함하고 있는 시설물에는 원자력발전소와 제방도 포함한다.

이행법률 제13조 1항 3호는 로마규정 제8조 2항 나 (3)호를 반영한다. 이 호는 군사적 이익이 민간인의 신체·생명 등을 지나치게 초과하여 침해하는 공격행위를 전쟁범죄로서 규정한다. 이는 국제인도법상 비례성의 원칙(rule of proportionality)을 확인하는 조항이다.

이행법률 제13조 1항 4호는 로마규정 제8조 2항 나 (23)호에 근거를 두고 있다. 이 호는 "인간방패(human shields) 사용"을 전쟁범죄로 규정하고 있다. 인간방패 사용은 민간인 등을 군사목표 주위에 배치하여 적의 공격을 억제시키는 등 군사적 이익을 얻으려는 행위이다. ICC규정은 인간방패사용을 국제적 무력충돌시에만 적용되는 범죄로 규정하고 있으나, 우리 이행법률은 독일의 국제범죄법전(Code of Crimes Against International Law) 제11조 1항과 같이 비국제적 무력충돌에서의 인간방패 사용도 전쟁범죄로서 규정하고 있다.

　　이행법률 제13조 1항 5호는 로마규정 제8조 2항 나 (25)호를 반영한다. 이 호는 기아를 전투수단으로 사용하는 행위를 전쟁범죄로 규정하고 있다. "기아"(starvation)는 엄밀하게는 식량을 박탈하는 행위를 의미하나, 로마규정과 이행법률은 식량 이외에도 생존에 필수적인 물품을 박탈하는 행위도 이 호의 범죄를 구성한다고 규정한다. 생존에 필수적인 물품에는 의약품이나 의복 또는 담요 등도 포함될 수 있다. 로마규정은 이 범죄가 국제적 무력충돌시에만 성립하도록 규정하였으나 우리나라의 이행법률은 독일의 국제범죄법전 제11조 1항과 같이 비국제적 무력충돌시에도 이 범죄가 성립할 수 있도록 규정하고 있다.

　　이행법률 제13조 1항 6호는 로마규정 제8조 2항 나 (12)호와 마 (10)에 근거한다. 이 호는 군대의 지휘관이 적의 생존자를 남겨 두지 않겠다고 선언하는 행위(declaration that no quarter will be given)를 범죄로서 규정한다. 따라서 사병이 이러한 선언을 하고 전투행위에 임하는 것은 이 호의 전쟁범죄가 되지 않는다. 한편, 이 호의 범죄는 로마규정과 이행법률이 모두 국제적 무력충돌시와 비국제적 무력충돌시에 성립이 가능한 범죄로 규정하고 있다.

　　이행법률 제13조 1항 7호는 로마규정 제8조 2항 나 (11)호와 마 (9)호를 반영한다. 이 호는 배신적인 살해 또는 상해(Perfidious Killing or Wounding)행위를 범죄로 규정하고 있다. 이 범죄는 헤이그규칙 23조(b)와 제1추가의정서 제37조에 의해 금지되며, 로마규정은 이 조항들에 기초하고 있다.

Ⅲ. 제13조 2항

　　이행법률 제13조 2항은 동 조 1항 1호부터 6호까지의 죄를 범하여 보호되는 사람을 사망 또는 상해에 이르게 한 자에 대한 가중처벌을 규정하고 있다. 이를 볼 때 제1항 1호부터 6호까지의 죄를 범하는 것 자체가 처벌을 받을 죄이며, 이러한 죄로 사람의 사망 또는 중대한 상해를 결과하였다면 가중처벌을 받게 된다는 점을 알 수 있다.

Ⅳ. 제13조 3항

이행법률 제13조 3항은 로마규정 제8조 2항 나 (4)호에 근거를 두고 있다. 이 항은 군사작전상의 필요에 비하여 지나치게 광범위하고도 장기간의 중대한 훼손을 자연환경에 가하는 공격행위를 한 자를 처벌하도록 한다. 이때 공격행위는 군사목표와 비군사목표를 모두 대상으로 할 수 있다. 즉, 군사목표를 공격할 때도 과도한 자연환경의 파괴를 초래해서는 안 된다.

Ⅴ. 평   가

우리나라의 이행법률 제13조는 로마규정의 전투수단을 제한하는 규정을 잘 반영하고 있다고 평가된다.

제11절 금지된 무기를 사용한 전쟁범죄

제14조(금지된 무기를 사용한 전쟁범죄)
① 국제적 무력충돌 또는 비국제적 무력충돌과 관련하여 다음 각 호의 어느 하나에 해당하는 무기를 사용한 사람은 무기 또는 5년 이상의 징역에 처한다.
  1. 독물(毒物) 또는 유독무기(有毒武器)
  2. 생물무기 또는 화학무기
  3. 인체 내에서 쉽게 팽창하거나 펼쳐지는 총탄
② 제1항의 죄를 범하여 사람의 생명·신체 또는 재산을 침해한 사람은 사형, 무기 또는 7년 이상의 징역에 처한다.
③ 제1항에 규정된 죄의 미수범은 처벌한다.

Ⅰ. 제14조 금지된 무기를 사용한 전쟁범죄

이행법률 제14조는 금지된 무기를 사용한 전쟁범죄를 규정한다. 특정한 무기를 전투시에 사용하지 못하도록 금지하는 것은 오래전부터 존재하였다. 예를 들어 인도의 마누(Manu)법전은 힌두교도들이 독화살을 사용하는 것을 금지하였다. 또한 중세에도 일정한 무기를 비기독교적인 것이라고 금지하였다. 로마규정도 독무기, 화학무기, 생물무기 등 일정한 무기를 금지무기로 정하고, 이러한 무기를 사용하는 경우에는 전쟁범죄로서 처벌하도록 하였다.

Ⅱ. 제14조 1항

이행법률 제14조 1항 1호는 로마규정 제8조 2항 나 (17)호를 반영한다. 이 호는 독물 또는 유독무기의 사용을 전쟁범죄로 규정한다. 유독무기의 사용은 군사적 필요(military necessity)를 이유로 정당화될 수 없다.

"독(poison)"은 범죄구성요건에 의하면 그 독성으로 인해 사망이나 건강에 중대한 침해를 초래하는 물질이라고 정의된다. 따라서 일시적이거나 경미한 손상을 가져오는 물질(예를 들어 최루가스)을 사용하는 것은 이 호의 범죄가 되지 않는다.

한편 로마규정 제8조 2항 나 (18)호는 독가스(poison gas)의 사용을 전쟁범죄로 규정하고 있는데, 우리나라의 이행법률에서는 명확하게 독가스의 사용을 전쟁범죄화하고 있지 않다. 그러나 이 호의 유독무기에 독가스도 포함되는 것으로 해석할 수 있고 또한 이행법률 제14조 1항 2호의 생물무기 또는 화학무기에 독가스가 포함된다고 볼 수도 있다.

이행법률 제14조 1항 2호는 로마규정 제8조 2항 나 (18)호에 근거한다. 로마규정 제8조 2항 나 (18)호는 질식가스, 유독가스 등을 사용하는 것을 전쟁범죄로서 규정하고 있다. 이 규정이 명시적으로 생물무기 또는 화학무기를 언급하고 있지 않지만 우리 이행법률은 이 규정에 기초하여 생물무기 또는 화학무기의 사용도 전쟁범죄로서 규정하고 있다. 독일의 국제범죄법전 제12조 1항도 동일한 규정을 두고 있다.

이행법률 제14조 1항 3호는 로마규정 제8조 2항 나 (19)호에 근거한다. 이 호는 소위 "덤덤탄"(dum dum bullet)을 금지무기로서 규정하고 있다.

Ⅲ. 제14조 2항

이행법률 제14조 2항은 1항에서 금지된 무기를 사용하여 사람의 생명이나 신체 또는 재산을 해한 자를 가중처벌하도록 하고 있다.

Ⅳ. 평   가

한편, 이행법률은 핵무기 등을 앞으로 금지무기로 규정할 수 있도록 한 로마규정 제8조 2항 나 (20)호에 관하여는 규정하지 않고 있다. 이는 로마규정의 조항이 아직 핵무기 등을 금지무기로 규정하지 않아 우리나라의 이행법률이 아직 규율하기가 곤란하기 때문이다. 앞으로 로마규정에 의해 핵무기 등이 금지무기로 정하여진다면 우리나라의 이행법률도 그에 따라 개정되어야 할 것이다.

결론적으로 로마규정 제14조는 로마규정이 정하고 있는 금지된 무기를 사용한 전쟁범죄를 잘 반영하고 있다고 평가된다.

제12절 지휘관 등의 직무태만죄

제15조(지휘관 등의 직무태만죄)
① 군대의 지휘관 또는 단체·기관의 상급자로서 직무를 게을리하거나 유기(遺棄)하여 실효적인 지휘와 통제하에 있는 부하가 집단살해죄등을 범하는 것을 방지하거나 제지하지 못한 사람은 7년 이하의 징역에 처한다.
② 과실로 제1항의 행위에 이른 사람은 5년 이하의 징역에 처한다.
③ 군대의 지휘관 또는 단체·기관의 상급자로서 집단살해죄등을 범한 실효적인 지휘와 통제하에 있는 부하 또는 하급자를 수사기관에 알리지 아니한 사람은 5년 이하의 징역에 처한다.

제15조는 지휘관 등의 직무태만죄를 규정하며, 로마규정 제28조에 근거하고 있다. 캐나다의 ICC이행법률은 "지휘관책임위반"(breach of command responsibility) 범

죄를 규정하고 이 범죄가 군사지휘관과 민간인 상급자에 모두 적용되도록 하고 있다. 스위스의 이행법률, 영국의 ICC Act도 상급자의 책임을 규정하고 있다.

제13절 사법방해죄

제16조(사법방해죄)

① 국제형사재판소에서 수사 또는 재판 중인 사건과 관련하여 다음 각 호의 어느 하나에 해당하는 사람은 5년 이하의 징역 또는 1천500만원 이하의 벌금에 처하거나 이를 병과(倂科)할 수 있다.

1. 거짓 증거를 제출한 사람

2. 폭행 또는 협박으로 참고인 또는 증인의 출석·진술 또는 증거의 수집·제출을 방해한 사람

3. 참고인 또는 증인의 출석·진술 또는 증거의 수집·제출을 방해하기 위하여 그에게 금품이나 그 밖의 재산상 이익을 약속·제공하거나 제공의 의사를 표시한 사람

4. 제3호의 금품이나 그 밖의 재산상 이익을 수수(收受)·요구하거나 약속한 참고인 또는 증인

② 제1항은 국제형사재판소의 청구 또는 요청에 의하여 대한민국 내에서 진행되는 절차에 대하여도 적용된다.

③ 제1항의 사건과 관련하여 「형법」 제152조, 제154조 또는 제155조 제1항부터 제3항까지의 규정이나 「특정범죄 가중처벌 등에 관한 법률」 제5조의9에 따른 행위를 한 사람은 각 해당 규정에서 정한 형으로 처벌한다. 이 경우 「형법」 제155조 제4항은 적용하지 아니한다.

④ 제1항의 사건과 관련하여 국제형사재판소 직원에게 「형법」 제136조, 제137조 또는 제144조에 따른 행위를 한 사람은 각 해당 규정에서 정한 형으로 처벌한다. 이 경우 국제형사재판소 직원은 각 해당 조문에 따른 공무원으로 본다.

⑤ 제1항의 사건과 관련하여 국제형사재판소 직원에게 「형법」 제133조의 행위를 한 사람은 같은 조에서 정한 형으로 처벌한다. 이 경우 국제형사재판소 직원은 해당 조문에 따른 공무원으로 본다.

⑥ 이 조에서 "국제형사재판소 직원"이란 재판관, 소추관, 부소추관, 사무국장 및 사무차장을 포함하여 국제형사재판소규정에 따라 국제형사재판소의 사무를 담

당하는 사람을 말한다.

이행법률 제16조는 사법방해죄를 규정하고 있다. 이행법률 제16조는 로마규정 제70조 사법운영을 침해하는 범죄에 근거하고 있다. 특히 로마규정 제70조 4항 가호는 "각 당사국은 이 조에 규정된 사법운영을 침해하는 범죄가 자국의 영역 안에서 또는 자국민에 의하여 범하여진 경우, 자국의 수사 또는 사법절차의 일체성을 침해하는 범죄행위를 처벌하는 자국의 형법을 동 범죄행위에 확장·적용한다."고 규정하고 있어 이행법률 제16조의 필요성을 명확히 하고 있다.

독일, 노르웨이, 핀란드, 오스트리아, 스위스, 뉴질랜드, 남아프리카공화국, 영국 등 대부분의 많은 나라에서 사법방해죄를 규정하고 처벌하도록 하고 있다.

제14절   친고죄·반의사불벌죄의 배제

제17조(친고죄·반의사불벌죄의 배제) 집단살해죄등은 고소가 없거나 피해자의 명시적 의사에 반하여도 공소를 제기할 수 있다.

이행법률 제17조는 "집단살해죄등은 고소가 없거나 피해자의 명시한 의사에 반하여도 공소를 제기할 수 있다."고 하여 집단살해죄, 인도에 반한 죄, 전쟁범죄는 친고죄나 반의사불벌죄가 아님을 규정하고 있다. 친고죄는 검사가 공소제기함에 있어서 피해자, 기타 일정한 자의 고소를 필요로 하는 범죄이다. 반의사불벌죄는 다른 범죄와 동일하게 피해자의 의사와 관계없이 소추할 수 있으나, 다만 피해자가 처벌을 희망하지 않는 의사를 명백히 한 경우에는 소추할 수 없는 것이다. 친고죄를 두는 이유는 관련 사실이 공개되는 때에는 피해자의 명예가 손상되어 오히려 피해자에게 불이익을 초래할 우려가 있기 때문이다.

국제형사재판소의 관할범죄는 "국제적 관심사인 가장 중대한 범죄"이기 때문에 친고죄나 반의사불벌죄가 되지 않는다고 규정한 이행법률 제17조는 타당하다고 할 수 있다.

제15절 국제형사재판소규정 범죄구성요건의 참작

제18조(국제형사재판소규정 범죄구성요건의 참작) 제8조부터 제14조까지의 적용과 관련하여 필요할 때에는 국제형사재판소규정 제9조에 따라 2002년 9월 9일 국제형사재판소규정 당사국총회에서 채택된 범죄구성요건을 고려할 수 있다.

이행법률 제18조는 "제8조부터 제14조까지의 적용과 관련하여 필요한 때에는 국제형사재판소규정 제9조에 따라 2002년 9월 9일 국제형사재판소규정 당사국총회에서 채택된 범죄구성요건을 참작할 수 있다."고 하여 우리나라의 법원이 국제형사재판소의 범죄구성요건을 참작할 수 있도록 규정하고 있다.

범죄구성요건은 로마규정 제9조에 규정되어 있는데, 제9조는 로마회의에서 미국의 주장으로 도입되었다. 미국은 범죄구성요건을 작성하는 것이 죄형법정주의(Nullum Crimen Sine Lege) 원칙에 부합한다고 주장하였다. 그러나 대다수의 국가들은 범죄구성요건을 로마회의 중에 합의하여 채택하기는 곤란하며 로마회의 이후에 개최되는 준비위원회에서 채택하기를 희망하였다. 또한 범죄구성요건의 성격도 구속력이 있는 것보다는 ICC가 로마규정 제6조, 제7조 및 제8조를 해석하고 적용하는 데 있어서 도움을 주는 것을 희망하였다. 따라서 로마규정 제9조의 현재 문안이 타협안으로서 채택되었다.

범죄구성요건은 로마회의 최종의정서에 따라 그 초안이 2000년 6월 30일까지 준비위에 의해 완성되어야 했으며, 준비위는 그 임무를 기한 내에 완수하여 범죄구성요건 초안을 완성하였다. 이 초안은 2002년 9월 9일 당사국총회의 승인을 얻어 발효하였다.

제9장

중 립

제1절 서 론

1. 정 의

중립이란 전쟁(무력충돌)에 참가하지 않은 국가의 국제법상 지위로 공평과 무원조를 내용으로 하는 것이라고 정의할 수 있다.[1] 전쟁에 참가하지 않은 국가는 전쟁에 대한 모든 참여를 삼가고, 특정한 행위를 그 스스로나 그 국민이 그리고 교전국이 수행하는 것을 방지하거나, 용인하거나, 규율할 의무가 있다. 중립국의 권리와 영토를 존중하는 것은 교전국들의 의무이다.

2. UN헌장상의 중립

UN은 집단안전보장제도를 채택하고 있기 때문에 중립제도가 UN헌장상에도 존재할 수 있는지 여부가 논란이 될 수 있다. 평화의 위협, 평화의 파괴 또는 침략행위가 있을 때, UN안전보장이사회는 헌장 제39조부터 제42조까지의 조항을 통해 국제평화와 안전의 유지 또는 회복을 위해, 권고하거나, 비무력적인 조치를 요청하거나, 무력적인 조치를 요청할 수 있다. UN총회도 비무력적인 조치나 무력적인 조치를 권고할 수 있고, 이 권고에 따라 이러한 조치가 실행될 수 있다. 평화를 위한 단결결의(Uniting for Peace Resolution)를 통해 비무력적 또는 무력적 조치가 권고되고 실행될 수 있다. 이러한 UN헌장의 조항들은 UN회원국들이 중립으로 남아있기 어렵게 만들지만, UN회원국들이 중립을 완전히 폐기하도록 만들지는 않는다. 예를 들어, UN헌장 제42조에 따라 한 국가가 침략국에 대해 무력조치를 취할 것을 요청받았다면, 그 국가는 중립을 유지할 권리를 상실하였지만, 실제로는 안전보장이사회의 요청사항을 준수하는 범위에서만 중립성을 상실하였다고 할 수 있다.[2] 또한, UN안전보장이사회나 총회가 어느 국가가 침략자인지 결정하지 못하여 특정국가에 대한 제재조치를 요청하거나 권고하지 못할 때 해당 전쟁에 참여하지 않는 국가들은 중립이며 중립법에 따라 행동하여야 할 것으로 보인다.

---

1) 김명기, 국제법원론(박영사, 1996), p. 1456.
2) 미국육군교범, 513항.

3. 중립국에 대한 전쟁상태의 통지

전쟁상태가 존재한다는 것은 중립국들에게 지체 없이 통지되어야 하며, 통지가 접수될 때까지는 전쟁상태의 존재가 중립국에 대하여 효력을 갖지 않는다. 통지는 전보로 전달될 수 있으며, 중립국은 그들이 전쟁상태의 존재를 실제로 알고 있었다는 것이 명백하게 인정되면 통지가 없었다는 것을 원용할 수 없다.3)

전쟁이 발발하면 중립국들이 보통 중립을 선포하며, 이 선포를 통해 그들이 중립의 의무를 지킬 것을 선언하고, 그 국민들이 교전국을 원조하는 경우 처벌을 받을 수 있음을 경고한다.

4. 영토의 불가침

중립국의 영토는 불가침이다.4) 따라서, 중립국의 영토나 영해, 영공을 군대나 군함, 전투기 등 전쟁 수단이 허가 없이 진입하는 것은 금지된다. 교전국의 무허가 진입으로 중립국이 손해를 입은 경우, 가해국은 상황에 따라서, 손해배상을 요구받을 수 있다.5)

5. 군대와 보급품 호송대의 이동

교전국은 군대나 전쟁 탄약 또는 보급품을 중립국의 영토를 통과하여 이동시키는 것이 금지된다.6) 그러나, 교전국이 원정의 일부로서 중립국의 영토를 통하여 탄약이나 보급품을 호송하거나 운반하는 공식적인 행위는 금지되지만, 사인(private persons)이 그러한 물건을 운송하는 것은 허용된다.7)

6. 중립국이 그 자신의 영토에서 금지해야 할 행위들

중립국은 그 자신의 영토에서 헤이그 중립협약의 제2조부터 4조까지에서 언급

---

3) 개전에 관한 협약 제2조.
4) 1907년 육전에서의 중립국과 중립국민의 권리와 의무에 관한 헤이그 제5협약(Hague Convention No.V Respecting the Rights and Duties of Neutral Powers and Persons in Case of War on Land, 18 October 1907, 헤이그 중립협약으로 약칭) 제1조.
5) 미국육군교범, 515항.
6) 헤이그 중립협약 제2조.
7) 미국육군교범 517항.

된 행위들이 발생하는 것을 허용해서는 안 된다. 위에 언급된 행위들이 그 자신의 영토에서 발생하지 않으면 그 행위들을 중립 위반으로 처벌할 것이 요구되지 않는다.[8]

　　헤이그 중립협약 제2조에서 제4조는 다음과 같다.

제2조　교전국은 군대나 전쟁 탄약 또는 보급품을 중립국의 영토를 통과하여 이동시키는 것이 금지된다.

제3조　교전국은 또한 다음과 같은 행위를 하는 것이 금지된다.

　(a) 육지 또는 해상에서 교전국 군대와의 통신을 목적으로 중립국의 영토에 무선전신국 또는 기타 장치를 설치하여야 하는 행위.

　(b) 전쟁 전에 중립국가에 설치된 이러한 유형의 시설은 순전히 군사적 목적으로만 사용되며 공중(public) 메시지 서비스를 위해 개방되지 않는다.

제4조　중립국 영토에서 교전국을 지원하기 위한 전투부대를 구성하거나　모집기관을 개설할 수 없다.[9]

---

7. 중립 위반에 대한 저항

　　그 중립을 위반하려는 시도들에 대해 중립국이 저항하는 행위는, 무력을 사용하더라도, 적대적인 행위로 간주될 수 없다.[10] 그 중립을 보호하기 위해, 전쟁터에 인접한 국가는 어느 한 측의 교전국이 그 영토에 진입하는 것을 막기위해 그 군대의 일부를 동원하는 것이 통상적이다. 또한, 그 중립의무를 준수하기 위해, 군대의 진입을 허용하는 경우에 그들을 특정한 장소에 수용하기도 한다.[11]

---

8) 헤이그 중립협약 제5조.
9) 영문은 다음과 같다.
　Art. 2. Belligerents are forbidden to move troops or convoys of either munitions of war or supplies across the territory of a neutral Power.
　Art. 3. Belligerents are likewise forbidden to:
　(a) Erect on the territory of a neutral Power a wireless telegraphy station or other apparatus for the purpose of communicating with belligerent forces on land or sea;
　(b) Use any installation of this kind established by them before the war on the territory of a neutral Power for purely military purposes, and which has not been opened for the service of public messages.
　Art. 4. Corps of combatants cannot be formed nor recruiting agencies opened on the territory of a neutral Power to assist the belligerents.
10) 헤이그 중립협약 제10조.
11) 미국육군교범 515항.

만일 중립국이 한 교전국의 군대가 그 영토에 진입하거나 통과하여 중립을 위반하는 것을 막지 못하거나 어떤 이유로든 실패하면, 다른 교전국이 이 중립국 영토에 있는 적의 군대를 공격하는 것이 정당화될 수 있다.[12]

이러한 국제법의 규칙에 더하여, 국가들은 중립의 위반에 대한 범죄를 정하고 형량을 정하는 국내법 규칙을 두는 경우가 있다. 미국은 이러한 국내법 규칙을 가지고 있다.[13]

제2절 중립국 영토에서의 모병

1. 전투부대 구성과 모병은 금지

헤이그 중립협약 제4조는 중립국 영토에서 교전국을 돕기 위해 전투부대를 구성하거나 모병기관을 설립하는 것을 금지하고 있다. 즉, 중립국 영토에서 교전국을 돕기 위해 모병기관을 설립하거나, 징병을 하거나, 원정대를 구성하고 조직하는 것은 금지되며, 군에 가담하기 위하여 조직화된 사람들의 단체가 중립국의 국경을 통과하는 것도 금지된다.[14]

그러나, 이러한 금지가 한 교전국에 가는 것이 정당하게 승인된 의료인력이나 자원봉사단에게까지 적용되지는 않는다.[15]

2. 개인과 단체의 구별

헤이그 중립협약 제6조는 한 교전국에 복무하기 위하여 국경을 개별적으로 (separately) 넘는 사람들이 있다는 사실로서 중립국은 책임을 지지 않는다고 규정한다.[16] 위에서 언급한 헤이그 중립협약 제4조가 금지하고 있는 것은 무장만 하면 즉시 전투부대가 될 수 있는 조직화된 단체에 대한 것이다. 중립국은 그 국민

---

12) Id. 520항.
13) 예를 들어 18 USC 956-968.
14) 미국육군교범 522항.
15) 미국육군교범 522항. 제네바 제1협약 제27조.
16) 제6조의 영문은 다음과 같다.
  Art. 6. The responsibility of a neutral Power is not engaged by the fact of persons crossing the frontier separately to offer their services to one of the belligerents.

이 교전국의 군대에 가담하는 것을 금지하는 법령을 제정하여야 하는 것은 아니다. 개별적으로 또는 소규모로 국경을 넘는 비조직화된 개인들에 대해서는 중립국의 책임이 없다.[17] 그러나, 중립이라고 선포한 국가가 정기적으로 군사부대를 "의용대(volunteers)" 또는 소규모의 비조직화된 사람들로 위장하여 국경을 넘도록 구성하는 것은 금지된다.[18]

교전국의 국민은 그들의 군대에 가담하기 위하여 중립국을 자유롭게 떠날 수 있다.

제3절 중립국 영토로부터의 공급(supplies)과 용역

1. 공급과 관련된 중립국의 의무

헤이그 중립협약 제7조는 중립국이, 어느 한 교전국을 위하여, 무기, 탄약, 또는 군대나 함대에게 사용될 수 있는 어느 것도 수출하거나 운송하는 것을 방지할 것이 요구되지 않는다고 규정하고 있다. 비록 중립국이 사적 개인에 의한 보급품이나 전쟁물자의 배송을 금지할 것이 요구되지 않더라도, 중립국은 그 자신이 교전국에게 보급품이나 전쟁물자 그리고 차관(loan)을 제공하는 것이 금지된다.[19] 또한, 중립국은 그 영토가 적대적인 군사작전에 활용되도록 허용하는 것이 금지된다.[20]

중립국의 법인, 회사, 국민, 거주자가 교전국과 상업적 거래를 하는 것은 금지되지 않는다. 교전국은 이러한 사람들에게 물자, 탄약 또는 군대나 함대에 사용할 수 있는 어느 것도 구입할 수 있으며, 이러한 물건은 중립국의 관여 없이 수출되거나 배송될 수 있다.[21]

2. 통신 수단

헤이그 중립협약 제8조는 중립국은 그 국가나 회사 또는 개인이 소유한 전신 케이블, 전화 케이블 또는 무선 전신 장치가 교전국을 위하여 사용되는 것을 금지

---

17) 미국육군교범 524항.
18) Id.
19) 미국육군교범 526항
20) Id.
21) 미국육군교범 527항.

하거나 제한하도록 요구되지 않는다고 규정한다. 그러나 중립국은 어느 한 측의 교전국에게만 원조하기 위해서 이러한 통신수단을 사용하도록 허가해서는 안 된다.[22] 즉, 통신수단의 사용을 허가함에 있어서도 중립국은 공평하여야 한다.

3. 공평(impartiality)의 의무

헤이그 중립협약 제9조는 "중립국이 제7조 및 제8조에 언급된 문제에 관해 취한 모든 제한 또는 금지 조치는 중립국에 의해 양쪽 교전국에 공평하게 적용되어야 한다.

중립국은 전신, 전화 케이블 또는 무선 전신 장치를 소유한 회사 또는 개인이 위와 동일한 의무를 준수하도록 하여야 한다."고 규정한다. 이는 중립국이 물자의 공급이나 통신수단의 사용 등에서 교전국들에게 공평하게 제한이나 금지 조치를 취하여야 할 공평의 의무를 중립국에 부과하고 있는 것이라고 할 수 있다.

제4절 교전국 군대의 수용과 중립국 영토에서의 상병자 보호

1. 수용(Internment)

헤이그 중립협약 제11조는 다음과 같이 규정한다.

제11조 중립국은 교전국 소속의 병력을 접수하였을 때에는 그들을 전쟁터에서 가능한 한 멀리 떨어진 곳에 수용시켜야 한다.

중립국은 그들을 수용소에 가둘 수도 있고, 심지어 요새나 이러한 목적을 위해 분리된 장소에 가둘 수도 있다.

중립국은 장교들이 허가 없이 중립 지역을 떠나지 않는 조건으로 가석방을 허락할 수 있는지 여부를 결정해야 한다.

중립국은 교전국 군대가 그 영토에 진입하는 것을 허락할 의무는 없다. 한편, 중립국은 그 중립성을 위반하지 않으면서 교전국 군대가 그 영토에 진입하는 것을 허용할 수 있지만, 그 군대는 중립국이 지정한 장소에 수용되거나 억류되어야

---

22) 미국육군교범 530항.

한다.[23] 그들은 무장이 해제되고 중립국을 떠나는 것을 방지하기 위해 필요한 조치가 취하여져야 한다.

이 경우 이러한 군대의 사람들은 관련 국가들이 제네바 제3협약의 당사국인 경우에 동 협약 제4조 2항 나호에 의하여 제3협약상의 포로로 대우되어야 한다.

교전국의 군대나 병사가 중립국으로 피난하는 것이 허용된 경우에, 중립국은 일정한 조건을 부과할 수 있다. 대규모의 군대가 중립국에 피난할 경우, 중립국의 대표와 그러한 군대의 고위 장교가 작성한 협약에 이러한 조건들이 규정되는 것이 보통이다.[24]

2. 중립국에 의한 가석방

중립국에 수용된 장교나 사람들은 중립국의 재량으로 일정한 조건을 부과하여 가석방될 수 있다. 만일 그러한 사람이 가석방 조건을 위반하고 중립국을 떠난 경우에는 그 사람이 복무한 군대의 소속국이 그 사람을 중립국의 요청에 의해 중립국에 복귀시킬 의무가 있다.[25]

3. 무기, 차량, 장비 등의 처리

중립국 영토에 수용된 군대가 가지고 온 탄약, 무기, 차량, 장비와 다른 물자들은 중립국이 보관한다. 이 무기, 차량 등은 전쟁 종료 후에 그 소유권이 있는 국가에 반환된다.[26]

4. 식량, 의복 등의 제공

헤이그 중립협약 제12조는 "이에 특별한 협약이 없는 경우, 중립국은 수용자들에게 식량, 의복과 인도적인 필요에 의한 구호품을 공급해야 한다.

평화 협정의 체결 시에 억류로 인한 비용은 변제될 것이다."고 규정한다. 따라서, 중립국은 그들이 수용하고 있는 사람들에게 식량, 의복, 구호품 등을 공급할 의무가 있다.

---

23) 미국육군교범 533항.
24) Id. 534항.
25) 미국육군교범 535항.
26) Id. 536항.

5. 전쟁 포로

헤이그 중립협약 제13조는 "도주한 전쟁 포로를 받아들이는 중립국은 그들을 자유롭게 두어야한다. 만약 그들이 그들의 영토에 머무르는 것을 허락한다면, 중립국은 그들에게 거주지를 지정할 수 있다.

중립국 영토로 피난하는 군대에 의해 끌려온 전쟁 포로들에게도 같은 규칙이 적용된다."고 규정하고 있다.

6. 상병자의 통과

헤이그 중립협약 제14조는 다음과 같이 규정한다.

제14조 중립국은 교전국에 소속된 병자와 부상자가, 그들을 이송하는 기차에 전쟁 병력이나 물자를 운반하지 않는 것을 조건으로, 그 영토를 통과하는 것을 허가할 수 있다. 이러한 경우 중립국은 이 목적에 필요한 모든 안전 및 통제 조치를 취하여야 한다.

이러한 조건 하에서 적대적인 당사국에 속하며, 교전국 중 하나가 중립국 영토로 데려온 병자나 부상자는 중립국의 감시를 통해 다시 군사 작전에 참여하지 않도록 하여야 한다. 중립국의 보호 하에 있는 다른 군대의 병자나 부상자에 관해서도 동일한 의무가 중립국에게 부과된다.

한편 의무항공기의 통과와 착륙에 관해서는 제네바 제1협약(육전에서의 상병자 보호 협약) 제37조가 적용된다.[27]

---

27) 제네바 제1협약 제37조는 다음과 같다.
제37조 중립국영역 상공의 비행
충돌당사국의 위생항공기는 제2항의 규정에 따를 것을 조건으로 하여 중립국 영역의 상공을 비행하고 필요한 경우에는 그 영역에 착륙하여 또는 그 영역을 기항지로 사용할 수 있다. 그들 위생항공기는 당해 영역 상공의 통과를 중립국에 사전 통고하고 또한 착륙 또는 착수의 모든 요청에 따라야 한다. 그들 위생항공기는 충돌당사국과 관계 중립국간에 특별히 합의된 항로, 고도 및 시각에 따라서 비행하고 있는 경우에 한하여 공격을 면한다.
특히 중립국은 위생항공기가 자국 영역의 통과 또는 착륙에 관하여 조건 또는 제한을 과할 수 있다. 그 조건 또는 제한은 모든 충돌당사국에 대하여 평등히 적용되어야 한다.
중립국과 충돌당사국과의 간에 반대의 합의가 없는 한 현지 당국의 동의를 얻어 위생항공기가 중립지역에 내려놓는 부상자 및 병자는 국제법상 필요가 있는 경우에는 군사행동에 다시 참가할 수 없도록 중립국이 억류하여야 한다. 그들의 입원 및 수용을 위한 비용은 그들이 속하는 국가가 부담하여야 한다.

중립국은 상병자의 호송대가 그 영토를 통과하는 것을 허용할 의무가 없다. 그러나 그러한 통과를 허용할 경우 중립국은 상병자의 치료에 필요하지 않은 인원이나 물자가 운반되지 않도록 해야 하고, 일반적으로 교전국간의 대우에 있어서 공평함을 지켜야 한다.[28]

교전국의 상병자는 중립국의 영토를 통과하여 교전국의 영토로 이송될 수 있다. 그러나 만일 그들이 중립국의 영토에 남겨질 경우, 그들은 전쟁에 다시 참여하지 않도록 수용되어야 한다.

억류국에 의해 중립국 영토로 이송된 부상 포로는 그 본국으로 송환되거나 석방되지 않고 중립국에 의해 억류되어 있어야 한다. 다만, 이들은 제네바 제3협약 제109조부터 제117조의 조항을 적용받는다.

7. 해전에서의 상병자 또는 조난자

제네바 제2협약(해전에서의 상병자, 조난자 보호협약) 제15조(중립국 군함에 수용된 부상자)는 "부상자, 병자 또는 조난자가 중립국의 군함 또는 중립국의 군용기에 수용되는 경우, 그들이 군사작전에 더 이상 참가할 수 없도록 보장(국제법상 그러한 것을 필요로 할 때)되어야 한다."고 규정하고 있다.

또한 동 협약 제17조(중립국 항구에 상륙한 부상자)는 "현지당국의 동의를 얻어 중립국 항구에 상륙되는 부상자, 병자 및 조난자는 중립국과 교전국간의 반대되는 약정이 없는 한, 군사작전에 다시 참가할 수 없도록 중립국이 감시(국제법상 그러한 것을 필요로 할 때)하여야 한다.

병원에의 입원 및 억류의 비용은 부상자, 병자 및 조난자가 의존하는 국가가 부담한다."고 규정한다.

8. 의무요원

교전국 군대의 의무요원과 종교요원으로서 헤이그 중립협약 제11조에 따라 중립국에 피난한 사람은 억류될 수 있고 제네바 제1협약 제28조와 제30조에 규정된 바에 의하여 석방되어야 한다.[29] 헤이그 중립협약 제14조에 따라 중립국 영토의 통과를 허가받은 호송대의 상병자를 치료하기 위해 필요한 의무요원과 물자는

---

28) 미국육군교범 541항.
29) Id. 545항.

호송대에 수행하는 것이 허용된다.[30] 제네바 제1협약 제28조와 제30조에 따를 것을
조건으로, 중립국은 그 국가의 보호 하에 남겨진 상병자의 치료를 위해 필요한 인
력과 물자를 억류할 수 있다.[31] 그렇지 않으면, 중립국이 그러한 인력과 물자를 제
공하여야 하고, 그 비용은 전쟁의 종료이전까지 관련 교전국이 상환하여야 한다.[32]

9. 장기간 억류된 상병자와 포로의 중립국 영토 내 수용

제네바 제3협약(포로대우에 관한 협약) 제109조부터 제117조는 분쟁당사국이
중립국과 중상인 상병자와 장기간 억류되어 있는 사람들의 수용을 위한 협정을
체결하는 것을 인정하고 있다. 이 조항들은 특정한 상병자의 경우에는 중립국 영
토로부터 직접 본국으로의 송환도 규정하고 있다.

제5절 중립국의 국민

1. 중립국의 국민

헤이그 중립협약 제16조는 "중립국의 국적자로서 전쟁에 참여하지 않는 사람
은 중립으로 간주된다."고 규정한다.

중립국의 국민으로서 점령된 영토에 거주하는 사람은, 일반적으로, 다른 거주
자들에게 부여되는 대우와 다른 대우를 주장할 수 없다.[33] 그들은 모든 전쟁에 참
가하는 행위, 모든 적대적 행위를 삼가고, 점령당국의 규칙을 엄격히 준수하여야
한다.[34] 점령영토에 거주하든지 잠시 방문하였든지, 모든 중립국 국민은 그들이
범죄를 저지를 경우 적의 국민들과 동일한 정도와 방식으로 처벌될 수 있다.[35]

점령된 영토에 있는 중립국의 외교관은 정중하게 대우받아야 하며, 전쟁의 필
요를 정당히 고려하여 가능한 한 행동의 자유가 허락되어야 한다.[36] 이 규칙은 중

---

30) Id.
31) Id.
32) Id.
33) 미국육군교범 547항.
34) Id.
35) Id. 제네바 제4협약 제4조 참조.
36) 미국육군교범 549항.

립국의 영사관원에 대해서도, 그들이 적국의 국민이 아닌 한, 동일하게 적용된다.[37]

2. 중립국 국민의 권리 박탈

헤이그 중립협약 제17조는 다음과 같이 규정한다.

제17조　중립인은 다음의 경우에 그 중립성을 주장할 수 없다.
　(a) 그가 교전국에 대해 적대적인 행위를 한 경우
　(b) 특히 그가 자발적으로 당사국 중 하나의 군대에 입대하는 것을 포함하여, 그가
　　　한 교전국에게 유리한 행동을 하는 경우.
　이 경우, 그 중립국 국민은 그가 중립성을 포기한 교전국에 의해 다른 교전국의 국
민이 동일한 행위에 대해 받을 수 있는 대우보다 더 가혹하게 대우받아서는 안 된다.

점령된 영토에 거주하든 방문하든, 중립국의 국민은 적국 국민과 동일한 방식으로 범죄로 인해 처벌받을 수 있다.[38] 그들은 정당한 이유가 있으면 추방되거나 퇴거될 수 있다. 그러한 사람이 체포되면, 혐의는 신중한 조사에 의하여 확인되어야 하고, 체포된 중립국 국민은 그 자신을 변호할 권리가 부여되어야 하며, 그가 요청할 경우 그의 국가의 영사와 연락할 기회가 부여되어야 한다.[39]

3. 일방 교전국에게 유리한 행위가 아닌 행위

헤이그 중립협약 제18조는 일방 교전국에게 유리한 행위가 아닌 행위를 다음과 같이 규정한다.

제18조　다음의 행위는 제17조 제(b)항의 의미에서 한 교전국에게 유리한 것으로 간주되지 않는다.
　(a) 교전국 중 한 국가에게 물자를 공급하거나 자금을 대여하는 행위. 다만, 공급
　　　한 자 또는 대여한 자는 그 공급 상대방의 영토나 점령한 영토에 거주하지 아
　　　니하며, 그 물자는 이러한 영토에서 나온 것이 아니하여야 한다.
　(b) 경찰 또는 민사 행정의 사항에 제공되는 용역.

---

37) Id.
38) 미국육군교범 550항.
39) Id.

4. 철도 자재

헤이그 중립협약 제19조는 다음과 같이 규정한다.

제19조 중립국의 영토로부터 온 철도 자재는 해당 국가, 회사 또는 민간인의 소유물이든 간에 절대적으로 필요한 경우를 제외하고는 교전국에 의해 징발되거나 사용될 수 없다. 그것은 가능한 한 빨리 원산지 국가로 반송되어야 한다.

중립국도 마찬가지로 필요한 경우, 교전국의 영토에서 나오는 동일한 범위의 자재를 보유 및 활용할 수 있다.

보상금은 사용된 자재와 사용 기간에 비례하여 한 당사국 또는 다른 당사국이 지급한다.

이 조항은 국제관습법상 인정되어온 수용권 또는 비상징용권(right of angary)을 인정한 것이다.[40]

비상징용권은 공격이나 방어의 목적을 위해 필요한 경우, 교전국이 그 영토나 적국의 영토 또는 공해에 있는 중립국의 재산을 파괴하거나 사용할 수 있는 권리이다.[41]

현대의 비상징용권은, 기존의 권리와 달리, 중립국 인원에 대해 용역의 제공을 강제할 수 없고, 중립국 재산에 대해서만 행사할 수 있다.[42] 제1차, 제2차 세계대전에서 이 수용권이 널리 활용되었다.[43]

---

40) 아르투어 누스바움 저, 김영석 역, 국제법의 역사(한길사, 2013), p.244-245; 김명기, *supra note 1*, p. 1492-1493.

41) L. Oppenheim, *International Law*, Vol. Ⅱ(7th ed., 1952), p. 761.

42) Id.

43) 아르투어 누스바움 저, *supra note 40*, p. 245.

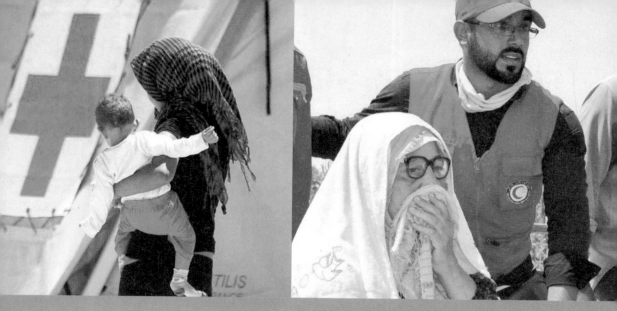

EMBLEMS
OF HUMANITY

International Federation
of Red Cross and Red Crescent Societies

ICRC

EMBLEMS OF HUMANITY

The red cross and red crescent emblems are a universal sign of hope for people in humanitarian crises. For communities enduring the trauma of armed conflict and other situations of violence or the hardships of natural disaster, the emblems signal that help is on its way.

Whether displayed on the badge of a doctor working in a field hospital, the side of a vehicle transporting wounded people in war, or a plane delivering relief supplies, these emblems symbolize impartial, neutral and independent humanitarian action to people around the world.

But they are also about much more. In times of armed conflict, the red cross and the red crescent together with the red crystal, are internationally recognized symbols of the protection that is due to the armed forces' medical personnel, facilities and vehicles and to authorized civilian medical services. This includes the medical services of National Red Cross and Red Crescent Societies (National Societies) when acting as auxiliaries to armed forces' medical services or when duly authorized by the authorities in accordance with the Geneva Conventions.

The emblems are free of any religious, political or cultural association. They may be put to two different uses:

> A sign of protection, which informs the parties to an armed conflict that the people, vehicles or facilities displaying these emblems must be protected at all times and may never be targeted or attacked. This is known as the protective use of the emblems.

> To indicate the affiliation of a person, vehicle or facility with the organizations that make up the International Red Cross and Red Crescent Movement. This is known as the indicative use of the emblems.

The emblems

There are three emblems in use today:

the red cross

the red crescent

the red crystal

국제인도법에 규정된 보호표장
Internationally Recognized Protective Emblems And Signs

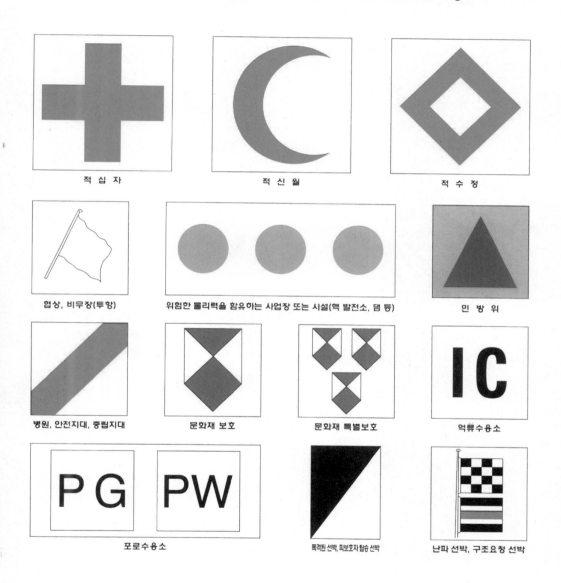

적십자

적신월

적수정

협상, 비무장(투항)

위험한 물리력을 함유하는 사업장 또는 시설(핵 발전소, 댐 등)

민방위

병원, 안전지대, 중립지대

문화재 보호

문화재 특별보호

억류수용소

포로수용소

폭격된 선박, 피보호자탑승 선박

난파 선박, 구조요청 선박

✚ 대한적십자사 인도법연구소
The Korean Red Cross Humanitarian Law Institute

2007. 12. 15

사항 색인

저자소개

김영석

서울대학교 법과대학 졸업(법학사)

서울대학교 대학원 법학과 졸업(법학석사, 국제법)

미국 일리노이대학 법학전문대학원(University of Illinois at Urbana－Champaign College of Law)
    법학석사(LL.M) 및 법학박사(J.S.D, 국제법) 취득

제25회 외무고등고시 합격(1991년)

외무부 조약과, 재외국민과, 인사과 등 근무

서울대학교 대학원 법학과 강사, 아주대학교 법학부 조교수 역임

이화여자대학교 법과대학 조교수, 부교수 역임

외무고시, 행정고시, 사법시험, 7급, 9급 공무원시험 등 출제위원 역임

미국 일리노이대학교(University of Illinois at Urbana－Champaign), 포담대학교(Fordham University),
    이탈리아 밀라노대학교(University of Milan) 방문교수 역임

주시카고 대한민국 총영사

현재 이화여자대학교 법학전문대학원 교수
       해양투기금지에 관한 런던의정서 준수그룹 부의장
       서울국제법연구원 이사, 대한국제법학회 이사
       대한적십자사 인도법 자문위원

[저서 및 역서]

The Law of the International Criminal Court, William S. Hein Co.(New York, USA) (2019, 2nd
    edition)

국제법, 박영사(2017, 제2판)

국제형사재판소법강의, 법문사(2014, 개정판)

국제법의 역사: 전쟁과 평화와 국제법, 박영사(아르투어 누스바움 저, 김영석 역, 2019)

국제인도법, 박영사(2022, 개정판)

세계질서의 기초, 박영사(Francis A. Boyle 저, 김영석 역)(2004. 2, 개정판)

The International Criminal Court, Wisdom House Publication(England), (2003) 그 외 논문 다수

개정판
국제인도법

초판발행   2012년 6월 25일
개정판발행   2022년 9월 1일

지은이   김영석
펴낸이   안종만·안상준

편 집   이승현
기획/마케팅   이후근
표지디자인   이영경
제 작   고철민·조영환

펴낸곳   (주) **박영사**
            서울특별시 금천구 가산디지털2로 53, 210호(가산동, 한라시그마밸리)
            등록 1959. 3. 11. 제300-1959-1호(倫)
전 화   02)733-6771
f a x   02)736-4818
e-mail   pys@pybook.co.kr
homepage   www.pybook.co.kr
ISBN   979-11-303-4296-2   93360

copyright©김영석, 2022, Printed in Korea

* 파본은 구입하신 곳에서 교환해 드립니다. 본서의 무단복제행위를 금합니다.
* 저자와 협의하여 인지첩부를 생략합니다.

정 가   24,000원